EXAM PRESS ®

建築物環境衛生管理技術者
試験学習書

建築土木
教　科　書

炎の
ビル管理士
[テキスト&問題集]
建築物環境衛生管理技術者試験

石原鉄郎

SE
SHOEISHA

本書内容に関するお問い合わせについて

このたびは翔泳社の書籍をお買い上げいただき、誠にありがとうございます。弊社では、読者の皆様からのお問い合わせに適切に対応させていただくため、以下のガイドラインへのご協力をお願い致しております。下記項目をお読みいただき、手順に従ってお問い合わせください。

●ご質問される前に

弊社Webサイトの「正誤表」をご参照ください。これまでに判明した正誤や追加情報を掲載しています。

正誤表　https://www.shoeisha.co.jp/book/errata/

●ご質問方法

弊社Webサイトの「書籍に関するお問い合わせ」をご利用ください。

書籍に関するお問い合わせ　https://www.shoeisha.co.jp/book/qa/

インターネットをご利用でない場合は、FAXまたは郵便にて、下記"翔泳社 愛読者サービスセンター"までお問い合わせください。
電話でのご質問は、お受けしておりません。

●回答について

回答は、ご質問いただいた手段によってご返事申し上げます。ご質問の内容によっては、回答に数日ないしはそれ以上の期間を要する場合があります。

●ご質問に際してのご注意

本書の対象を越えるもの、記述個所を特定されないもの、また読者固有の環境に起因するご質問等にはお答えできませんので、予めご了承ください。

●郵便物送付先およびFAX番号

送付先住所　〒160-0006　東京都新宿区舟町5
FAX番号　　03-5362-3818
宛先　　　　（株）翔泳社 愛読者サービスセンター

はじめに

みなさん、こんにちは。炎のビル管理士の著者の石原鉄郎です。翔泳社の「炎シリーズ」にビル管理士がラインナップされると聞き、その執筆を依頼されたとき思わず天を仰ぎました。7科目180問も出題されるクレイジーなビル管理士試験を炎シリーズにまとめることなどできるのだろうかと。すぐさま断ろうと思いましたが、断ると炎シリーズ国松先輩に「逃げるのか！」と激怒されそうなので、お引き受けさせていただいた次第でございます。

さて、ビル管理士の試験は、ゴキブリから建築構造までと例えられる広範囲な分野について、数多くの問題が出題されるので学習の絞り込みが難しい試験となっています。

さきに断言しておきますが、本試験に合格するには、この本を読んで理解するだけでは不十分で、繰り返し問題に取り組む必要があります。ビル管理士試験に合格するためには、クレイジーな広範囲の事項を理解するのではなく、過去の問題が解けるようになることに重点を置き、できるだけ多くの過去問を解いていくしかありません。本書はそのような目的を果たすものにはなっていません。

では本書に何の意味があるのでしょうか。いきなり過去問をやれと言われてもよくわからない。数か月に及ぶ学習期間のモチベーションを維持できない。といったニーズに応えるのが本書の存在意義です。

特に7科目180問を6時間かけて行うクレイジーなビル管理士試験にチャレンジするには、炎のような燃え滾る情熱をもった熱男「国松先輩」のような気合が必要です。ビル管理士に合格するために必要なのは、学歴でも知能指数でも実務経験でもなく気合と根性です。気合いと根性の維持には、困ったときの拠り所となる教材が役に立ちます。覚えることが沢山あってくじけそうなとき、国松先輩が易しい説明と語呂合わせであなたを救ってくれるでしょう。

学問に王道なし、千里の道も一歩から、ローマは一日にして成らず、そして塵も積もれば山となる、です。

それではみなさん、グッドラック。

2022年1月　石原　鉄郎

CONTENTS | 目次

第1科目　建築物概論 ……………… 001

第2科目　建築物の構造と設備 ·············· 097

Information | 試験情報

◆ビル管理士試験とは

ビル管理士試験は、正式名称を建築物環境衛生管理技術者試験といいます。特定建築物の環境衛生の維持管理に関する監督等を行う国家資格で、この試験に合格すると「建築物環境衛生管理技術者」を称することができます。

ビル管理士は、ビル管理法に基づき、デパートやビル、映画館、学校といった大勢の人が利用する特定建築物で延べ面積3000平方メートル以上（学校については8000平方メートル以上）の環境衛生上の維持管理に関する業務を監督します。これら特定建築物においては、ビル管理士の選任が義務付けられています。

◆試験の概要

受験資格	指定の用途に供される建築物の当該用途部分において環境衛生上の維持管理に関する実務に、業として2年以上従事した人
試験申込期間	5月上旬〜6月中旬
受験票送付	9月上旬
試験日	10月第1日曜日
合格発表	11月上旬
受験料	13,900円（消費税は非課税）
受験地	札幌市、仙台市、東京都、愛知県、大阪市及び福岡市
試験科目と試験時間	午前（試験時間3時間）1. 建築物衛生行政概論 2. 建築物の環境衛生 3. 空気環境の調整 午後（試験時間3時間）4. 建築物の構造概論 5. 給水及び排水の管理 6. 清掃 7. ねずみ、昆虫等の防除
問題数と出題形式	180問、すべて5肢択一（筆記試験のみで実技試験はなし）
合格基準	科目毎の得点が各科目の合格基準点（各科目の満点数40％）以上であって、かつ、全科目の得点が全科目の合格基準点（通常全科目の満点数の65％）以上

◆各科目の問題数と合格基準点

科目	問題数 (満点数)	合格基準点	問題番号
1. 建築物衛生行政概論	20	8 (40%)	問題1〜20
2. 建築物の環境衛生	25	10 (40%)	問題21〜45
3. 空気環境の調整	45	18 (40%)	問題46〜90
4. 建築物の構造概論	15	6 (40%)	問題91〜105
5. 給水及び排水の管理	35	14 (40%)	問題106〜140
6. 清掃	25	10 (40%)	問題141〜165
7. ねずみ、昆虫等の防除	15	6 (40%)	問題166〜180
	180	117 (65%)	

◆問合せ先

以上の情報は、本書刊行時点のものです。変更される可能性もあるので、下記の試験運営団体に最新情報を確認するようにしてください。

公益財団法人　日本建築衛生管理教育センター

https://www.jahmec.or.jp/kokka/

TEL：03-3214-4620

Structure | 本書の使い方

　本書では、7科目ある試験科目の内容を、72テーマ（全7章）に分けて解説しています。各科末には演習問題があり、Web提供の読者特典として模擬問題があります。

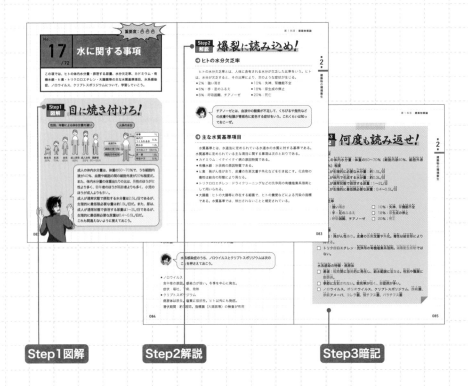

◆テキスト部分

　各テーマは、3ステップで学べるように構成しています。

　Step1図解：重要ポイントのイメージをつかむことができます。

　Step2解説：丁寧な解説で、イメージを理解につなげることができます。

　Step3暗記：覚えるべき最重要ポイントを振り返ることができます。

　重要な箇所はすべて赤い文字で記していますので、附属の赤シートをかけて学習すると効果的です。

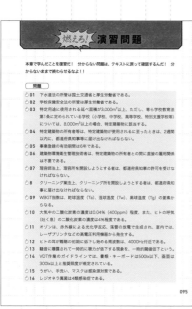

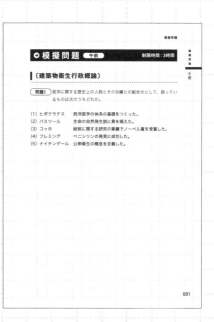

◆演習問題

　章内容の知識を定着させられるよう、章末には演習問題を用意しています。分からなかった問題は、各テーマの解説に戻るなどして、復習をしましょう。

◆模擬問題（Web提供）

　1回分の模擬問題を用意しています。模擬問題を解くことで、試験での出題のされ方や、時間配分などを把握できます。

Special | 読者特典のご案内

　本書の読者特典として、1回分の模範問題と一問一答の演習問題を収録したWebアプリをご利用いただけます。お持ちのスマートフォン、タブレット、パソコンなどから下記のURLにアクセスし、ご利用ください。

◆模擬問題

https://www.shoeisha.co.jp/book/present/9784798172545

◆読者特典Webアプリ

https://www.shoeisha.co.jp/book/exam/9784798172545

画面例

※この画面は同シリーズ別書籍の例です。

　ご利用にあたっては、SHOEISHAiDへの登録と、アクセスキーの入力が必要になります。アクセスキーの入力は、画面の指示に従って進めてください。

　この読者特典は予告なく変更になることがあります。あらかじめご了承ください。

xiii

危険物、電気工事士、
冷凍機、ボイラーか。
今のは空調ダクトの
制御系だから、
ビルメンセットでは
出題されない
ところだ。

お前も食え！

ビル管は、より
ビル全体を把握した
うえでクライアント
を助けられるように
なるんだ。

第1科目

建築物概論

初志貫徹

千里の道も一歩から。
果てしなく見える勉強も、一つひとつ確実にこなせば、
合格への強い想いが報われるはずだ！

第 **1** 章

建築物衛生行政概論

アクセスキー　**z**

（小文字ゼット）

憲法と行政組織

この項からは、日本国憲法第25条の条文、WHO（世界保健機構）の健康の定義、関係法規と所管官庁を問う問題が出題されている。憲法とは、国としての規範となる基本的な原理原則を定めたもの、要するに大原則である。

Step1 図解 目に焼き付けろ！

- 水道法－厚生労働省
- 下水道法－国土交通省・環境省
- 浄化槽法－国土交通省・環境省
- 大気汚染防止法－環境省
- 水質汚濁防止法－環境省
- 地域保健法－厚生労働省
- 学校保健安全法－文部科学省
- 電気事業法－経済産業省
- 消防法－総務省
- 建築基準法－国土交通省
- 労働安全衛生法－厚生労働省

日本には、総務省、法務省、外務省、財務省、文部科学省、厚生労働省、農林水産省、経済産業省、国土交通省、環境省、防衛省の11の省がある。そもそも、この省の名称と基本的な役割を知らないとしょうがない。ここはダジャレだ。

Step2 解説 爆裂に読み込め！

日本国憲法は日本国内にのみ適用されるが、WHO憲章の対象は世界だ。

→ 日本国憲法第25条

日本国憲法からは第25条の条文が出題される。条文は下記のとおりである。

第25条　すべて国民は、健康で文化的な最低限度の生活を営む権利を有する。
2　国は、すべての生活部面について、社会福祉、社会保障及び公衆衛生の向上及び増進に努めなければならない。

日本国憲法第25条は、生存権、すなわち生きる権利を示した条文だ。

→ WHO（世界保健機構）憲章の健康の定義

WHO（世界保健機構）憲章の前文に健康の定義に関する記述があり、次のとおりである。

健康とは、完全な肉体的、精神的及び社会的福祉の状態であり、単に疾病又は病弱の存在しないことではない。到達しうる最高基準の健康を享有することは、人種、宗教、政治的信念又は経済的若しくは社会的条件の差別なしに万人の有する基本的権利の一つである。

WHO（World Health Organization）世界保健機関は、「全ての人々が可能な最高の健康水準に到達すること」を目的として設立された国連の専門機関だ。

千里の道も一歩から。まずはここから頑張るぞ！

➡ 行政組織

◆関係法規と所管官庁

　建築物環境衛生管理技術者試験において、よく出題される関係法規と所管官庁は次のとおりである。

● 水道法

　水道法は、厚生労働省が所管する法規で、次のことを目的としている。

> （この法律の目的）
> 第1条　この法律は、水道の布設及び管理を適正かつ合理的ならしめるとともに、水道の基盤を強化することによつて、清浄にして豊富低廉な水の供給を図り、もつて公衆衛生の向上と生活環境の改善とに寄与することを目的とする。

● 下水道法

　下水道法は、国土交通省と環境省が共管する法規で、下水道事業は国土交通省の所管、下水道の終末処理場の維持管理は、国土交通省と環境省の共管になっている。

● 浄化槽法

　浄化槽法は、国土交通省と環境省が所管する法規で、建築基準法・建設業法との関連の部分が国土交通省の所管になっている。

● 大気汚染防止法

　大気汚染防止法は、環境省が所管する法規である。

● 水質汚濁防止法

　水質汚濁防止法は、環境省が所管する法規である。

● 地域保健法

　地域保健法は、厚生労働省が所管の法規で、次のことを目的としている。

> 第一条　この法律は、地域保健対策の推進に関する基本指針、保健所の設置その他地域保健対策の推進に関し基本となる事項を定めることにより、母子保健法（昭和四十年法律第百四十一号）その他の地域保健対策に関する法律による対策が地域において総合的に推進されることを確保し、もつて地域住民の健康の保持及び増進に寄与することを目的とする。

● 学校保健安全法

　学校保健安全法は、文部科学省が所管する法規である。

- 電気事業法

  電気事業法は、**経済産業省**が所管する法規である。
- 消防法

  消防法は、**総務省**が所管する法規である。
- 建築基準法

  建築基準法は、**国土交通省**が所管する法規である。
- 労働安全衛生法

  労働安全衛生法は、**厚生労働省**が所管する法規で、次のことを目的としている。

（目的）
第1条　この法律は、労働基準法（昭和二十二年法律第四十九号）と相まつて、労働災害の防止のための危害防止基準の確立、責任体制の明確化及び自主的活動の促進の措置を講ずる等その防止に関する総合的計画的な対策を推進することにより職場における労働者の安全と健康を確保するとともに、快適な職場環境の形成を促進することを目的とする。

◆主な行政組織

- 保健所

  保健所は、厚生労働省が所管する**地域保健法**に基づき、都道府県、政令市、特別区が設置する。
- 教育委員会

  教育委員会は、都道府県及び市町村等に置かれる合議制の組織であり、生涯学習、教育、文化、スポーツ等の幅広い施策を展開している。私立学校を除く学校保健は、教育委員会が展開している施策の一つである。
- 建築基準法の特定行政庁

  建築基準法上の特定行政とは、次の2つである。

  1）都道府県知事

  2）建築主事を置く市町村長

  なお、建築主事とは、建築主から申請された建築計画の審査・確認などを行う公務員である。
- 労働基準監督署と労働基準監督官

  労働基準監督署は、厚生労働省の出先機関として、**労働安全、労働衛生**に関する行政等を行う機関である。

労働基準監督官は、都道府県労働局または労働基準監督署に置かれる厚生労働省の専門職員である。

建築物環境衛生管理技術者が規定されている建築物衛生法（建築物における衛生的環境の確保に関する法律）の所管官庁は、厚生労働省である。厚生労働省所管の、水道法、地域保健法、労働安全衛生法は、第1条の法の目的についても、目を通しておこう。

Step3 暗記 何度も読み返せ！

日本国憲法25条
- [ ] すべて国民は、健康で文化的な最低限度の生活を営む権利を有する。
- [ ] 国は、すべての生活部面について、社会福祉、社会保障及び公衆衛生の向上及び増進に努めなければならない。

WHO憲章
- [ ] 健康とは、完全な肉体的、精神的及び社会的福祉の状態であり、単に疾病又は病弱の存在しないことではない。
- [ ] 到達しうる最高基準の健康を享有することは、人種、宗教、政治的信念又は経済的若しくは社会的条件の差別なしに万人の有する基本的権利の一つである。

日本国憲法第25条は、とにかく覚えろ。

重要度：🔥🔥🔥

No. 02 /72 法の目的と特定建築物

この項からは、建築物における衛生的環境の確保に関する法律の目的、建築物環境衛生管理基準の主旨、保健所の業務、特定建築物の定義、建築物の延べ面積の算定方法を問う問題が出題されている。

Step1 図解 ▶ 目に焼き付けろ！

建築物の延べ面積の算定方法

建築物衛生法における建築物の延べ面積の算定方法は次のとおりである。算定した建築物の延べ面積が一定以上のものは、建築物衛生法上の特定建築物となり、建築物衛生法の適用対象となる。

- 建築物を次の4つに区分して算定
  A…専ら特定用途に供される部分の床面積（例：事務所、店舗の専用部分）
  B…Aに附随する部分（共用部分）の床面積（例：廊下、階段、洗面所）
  C…Aに附属する部分の床面積（例：百貨店内の倉庫、事務所附属の駐車場）
  D…専ら特定用途以外の用途に供される部分の床面積（例：独立の診療所の専用部分）
  延べ面積＝A＋B＋C
  Dは延べ面積に含まない。
- 同一敷地内でも1棟ごとに算定

Bの付随する部分は廊下、階段、洗面所などみんなが使う共用部分、Cの附属する部分は専用部分に附属する専有部分、○○社専用倉庫、××社専用駐車場だ。附随だろうが、附属だろうが、延べ面積に算定される。算定されないのは、Dの特定用途以外の部分だけだ。

爆裂に読み込め！

→ 法の目的

◆建築物における衛生的環境の確保に関する法律の目的

　建築物における衛生的環境の確保に関する法律の目的は、同法第1条に次のように規定されている。

（目的）
第1条　この法律は、多数の者が使用し、又は利用する建築物の維持管理に関し環境衛生上必要な事項等を定めることにより、その建築物における衛生的な環境の確保を図り、もつて公衆衛生の向上及び増進に資することを目的とする。

　建築物における衛生的環境の確保に関する法律は、通称「ビル管法」などと呼ばれているが、本試験では「建築物衛生法」と称されている。本書でも「建築物衛生法」と呼ぼうではないか。

◆建築物環境衛生管理基準と保健所の業務

　建築物衛生法の目的と実現のために、建築物環境衛生管理基準が定められており、行政機関としては保健所が担当して業務を行っている。建築物環境衛生管理基準と保健所の業務の概要は次のとおりである。

①建築物環境衛生管理基準

● 空気環境の調整、給水及び排水の管理、清掃、ねずみ、昆虫等の防除その他環境衛生上良好な状態を維持するのに必要な措置について定めている。
● 設計指針や構造設備ではなく、管理の基準が定められている。
● 管理基準は、特定建築物の所有者等に順守義務がある。

②保健所の業務

　多数の者が使用し、又は利用する建築物の維持管理について、環境衛生上の正しい知識の普及を図り、環境衛生上の相談に応じ、必要な指導を行う。

建築物環境衛生管理基準の中身については、あとで説明する。焦るんじゃない。

→ 特定建築物

特定建築物は、建築物衛生法に次のように定義されている。

（定義）
第2条　この法律において「特定建築物」とは、興行場、百貨店、店舗、事務所、学校、共同住宅等の用に供される相当程度の規模を有する建築物（建築基準法（昭和25年法律201号）第2条第一号に掲げる建築物をいう。以下同じ。）で、多数の者が使用し、又は利用し、かつ、その維持管理について環境衛生上特に配慮が必要なものとして政令で定めるものをいう。
2　前項の政令においては、建築物の用途、延べ面積等により特定建築物を定めるものとする。

◆特定建築物の定義

法第2条の政令で定めるものとは、次のすべての用件を満たす建築物である。
①建築基準法に定義された建築物
②次の特定用途に使用される建築物

特定用途：興行場（興行場法の規定の興行場に限る）、百貨店、集会場（市民ホール等）、図書館、博物館、美術館、水族館、遊技場、店舗（銀行等）、事務所、学校（研修所を含む）、旅館
③特定用途に使用される延べ面積が3,000㎡以上

（ただし、専ら学校教育法第1条に定められている学校（小学校、中学校、高等学校、特別支援学校等）については、8,000㎡以上）

特定用途に使用される延べ面積の算定方法は、Step1で説明した算定方法で行う。学校等は8,000㎡以上に緩和されているが、対象になるのは学校教育法に定められている学校だけで、それ以外の翔泳社アカデミーなどの資格取得スクール等は緩和対象ではない。

◆特定用途に該当しないものの例

特定用途に該当しないものとして、過去に出題されたものは次のとおりである。

①病院、診療所、社会福祉施設、体育施設

②寄宿舎、共同住宅

③工場、変電所、電気通信施設、製品試験研究所

④自然科学系研究所（ただし、人文科学系研究所は特定用途に該当する）

⑤鉄道のプラットホームの上家、運転保安施設

⑥地下街、寺院

⑦倉庫・駐車場（ただし、特定用途に附属するものは特定用途に該当する）

> そもそも、ここに挙がっているものは、特定用途に該当しないものだ。勘違いするなよ。ここに挙がっている用途のもの、例えば病院などは、延べ面積が規定以上でも特定建築物に該当しないのだ。研究所は、自然科学系は特定用途に該当しないが、人文科学系は該当する。駐車場は、公共駐車場は特定用途に該当しないが、特定用途に附属する駐車場は該当する。
> 紛らわしいので、気をつけろ。おい、ちゃんと聞いているのか。

Step3 暗記 何度も読み返せ！

☐ 特定用途
興行場（興行場法の規定の興行場に限る）、百貨店、集会場（市民ホール等）、図書館、博物館、美術館、水族館、遊技場、店舗（銀行等）、事務所、学校（研修所を含む）、旅館。

☐ 特定用途に使用される延べ面積が3,000㎡以上
（ただし、専ら学校教育法第1条に定められている学校（小学校、中学校、高等学校、特別支援学校等）については、8,000㎡以上。）

重要度：🔥🔥🔥

No. 03 /72 免状と届出

この項からは、建築物環境衛生管理技術者免状の交付、返納、書換え、再交付、返還と特定建築物の届出を問う問題が出題されている。運用上の細かい部分も出題されているが、まずは制度の基本を理解しよう。

Step1 図解 目に焼き付けろ！

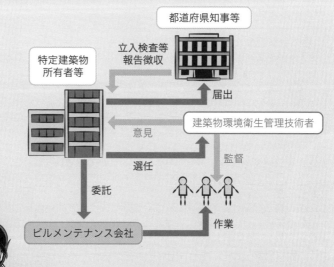

まず、特定建築物所有者等、建築物環境衛生管理技術者、都道府県知事等の3者の相関関係をつかんでおこう。

爆裂に読み込め！

➡ 建築物環境衛生管理技術者免状

◆免状の交付と返納

　建築物衛生法6条に、建築物環境衛生管理技術者免状を有するものの選任が、次のように定められている。

（建築物環境衛生管理技術者の選任）
第6条　特定建築物所有者等は、当該特定建築物の維持管理が環境衛生上適正に行なわれるように監督をさせるため、厚生労働省令の定めるところにより、建築物環境衛生管理技術者免状を有する者のうちから建築物環境衛生管理技術者を選任しなければならない。

　また、建築物環境衛生管理技術者免状については、建築物衛生法第7条に、次のように定められている。

（建築物環境衛生管理技術者免状）
第7条　建築物環境衛生管理技術者免状は、次の各号のいずれかに該当する者に対し、厚生労働大臣が交付する。
一　厚生労働省令で定める学歴及び実務の経験を有する者又は厚生労働省令の定めるところによりこれと同等以上の知識及び技能を有すると認められる者で、厚生労働大臣の登録を受けた者が行う講習会（以下「講習会」という。）の課程を修了したもの
二　建築物環境衛生管理技術者試験に合格した者
2　厚生労働大臣は、次の各号のいずれかに該当する者に対しては、建築物環境衛生管理技術者免状の交付を行なわないことができる。
一　第三項の規定により建築物環境衛生管理技術者免状の返納を命ぜられ、その日から起算し1年を経過しない者
二　この法律又はこの法律に基づく処分に違反して罰金の刑に処せられた者で、その執行を終わり、又は執行を受けることがなくなつた日から起算して2年を経過しないもの
3　厚生労働大臣は、建築物環境衛生管理技術者免状の交付を受けている者が、この法律又はこの法律に基づく処分に違反したときは、その建築物環境衛生管理技術者免状の返納を命ずることができる。

　特定建築物の所有者等は、建築物環境衛生管理技術者免状を有する者を選任しなければならない。免状は、講習会を修了した者、または試験に合格した者に対して、厚生労働大臣が交付する。したがって、免状交付の申請は厚生労働

大臣に対して行う。

　厚生労働大臣は、建築物環境衛生管理技術者免状の交付を受けている者が、この法律、処分に違反したときは、免状の返納を命ずることができる。また、正当な理由なく、免状返納命令に違反したものは罰則の適用を受ける。

　厚生労働大臣は、返納を命ぜられ1年を経過しない者、罰金刑の処分執行後2年を経過しない者について、免状の交付を行なわないことができる。

大臣が交付しないことができる期間は、返納は1年、罰金刑は2年。

◆免状の書換え交付と再交付

　免状の書換え交付と再交付については、建築物衛生法施行規則第11条と第12条に次のように定められている。

（免状の書換え交付）
第11条　免状の交付を受けている者は、免状の記載事項に変更を生じたときは、免状に第九条第一項第一号に掲げる書類を添えて、厚生労働大臣に免状の書換え交付を申請することができる。
（免状の再交付）
第12条　免状の交付を受けている者は、免状を破り、よごし、又は失つたときは、厚生労働大臣に免状の再交付を申請することができる。
4　免状を破り、又はよごした者が第一項の申請をする場合には、申請書にその免状を添えなければならない。
5　免状の交付を受けている者は、免状の再交付を受けた後、失つた免状を発見したときは、5日以内に、これを厚生労働大臣に返還するものとする。

記載事項の変更は、書換え申請できる。免状が汚損した場合は再交付できる。「できる。」であって、「しなければならない。」ではない。過去にそういう重箱の隅をつつくような問題が出題された。わなに気をつけろ。
再交付後、免状を発見したときは5日以内に厚生労働大臣に返還しなければならない。「そのうちいつか返せばいいか。」では済まされないのだ。これは、「5日」と「いつか」のダジャレだ。

もっとやれば、もっとできるぞ！

◆免状の返還

免状の返還については、建築物衛生法施行規則第13条に次のように定められている。

（免状の返還）
第13条　免状の交付を受けている者が死亡し、又は失踪の宣告を受けたときは、戸籍法（昭和22年法律第224号）に規定する届出義務者は、1箇月以内に、厚生労働大臣に免状を返還するものとする。

免状の返還は死んだときは1か月以内、発見したときは5日以内だ。

⊙ 特定建築物の届出

特定建築物の届出については、建築物衛生法第5条に次のように定められている。

（特定建築物についての届出）
第5条　特定建築物の所有者（所有者以外に当該特定建築物の全部の管理について権原を有する者があるときは、当該権原を有する者）（以下「特定建築物所有者等」という。）は、当該特定建築物が使用されるに至つたときは、その日から1箇月以内に、厚生労働省令の定めるところにより、当該特定建築物の所在場所、用途、延べ面積及び構造設備の概要、建築物環境衛生管理技術者の氏名その他厚生労働省令で定める事項を都道府県知事（保健所を設置する市又は特別区にあつては、市長又は区長。以下この章並びに第十三条第二項及び第三項において同じ。）に届け出なければならない。
3　特定建築物所有者等は、前二項の規定による届出事項に変更があつたとき、又は当該特定建築物が用途の変更等により特定建築物に該当しないこととなつたときは、その日から1箇月以内に、その旨を都道府県知事に届け出なければならない。

特定建築物の所有者等は、特定建築物が使用されるに至ったときは、1か月以内に、都道府県知事（保健所を設置する市又は特別区にあっては、市長又は区長）に届け出なければならない。

また、届出事項に変更があつたときや特定建築物に該当しないこととなったときも、1か月以内に都道府県知事等に届け出なければならない。

国や地方公共団体の特定建築物も届出が必要である。

　特定建築物の届出の制度は、建築物衛生法が制定された昭和45年当初から都道府県知事等への届出が義務づけられている。届出様式は都道府県知事が定め、届出事項には、名称、構造設備の概要、用途、使用されるに至った年月日などがある。また、届出をしない、虚偽の届出をした場合の罰則規定も設けられている。

届出に関しては、次の細かい部分も試験で問われてる。
- 届出書類に建築確認済証の写しの添付は不要である。
- 共有の場合は、連名で1通の届出の提出が望ましい。
- 長期間届出しなかった場合、罰則規定はあるが、使用停止の処分はない。

Step3 暗記　何度も読み返せ！

建築物環境衛生管理技術者免状

☐ 特定建築物の所有者等は、建築物環境衛生管理技術者免状を有する者を選任しなければならない。

特定建築物の届出

☐ 特定建築物の届出の制度は、建築物衛生法が制定された昭和45年当初から都道府県知事等への届出が義務づけられている。

建築物環境衛生管理技術者免状は厚生労働大臣から交付される。返納も厚生労働大臣にされる。試験に合格して免状が交付されたら、返納されないように大事んにしよう。これは、大臣と大事のダジャレだ。

帳簿と管理基準に基づく実施項目

この項からは、帳簿の備え付けと建築物環境衛生管理基準の実施項目が出題されている。帳簿は備えておくべき書類と保存期間について、管理基準の実施項目は実施すべき内容と時期について、出題される。

Step1 図解 目に焼き付けろ！

備えておくべき帳簿書類と保存期間

- 空気環境、給水・排水の管理、清掃、ねずみ等の防除の状況を記載した書類
  －5年間
  ①貯水槽清掃の実施記録
  ②空気環境測定の結果
  ③廃棄物保管設備の点検整備の記録
  ④換気設備の点検整備の記録
  ⑤排水管、通気管及び阻集器の点検整備の記録
  ⑥ねずみ等の生息調査結果、駆除の記録
  ⑦清掃の記録
- 平面図・断面図、維持管理に関する設備の配置及び系統を明らかにした図面
  －永久保存
- 兼任にあたり支障のないことの確認の結果（意見の内容を含む。）を記した書面－無期限
- その他維持管理に関し環境衛生上必要な事項を記載した書類－5年間

特に、空気環境、給水・排水の管理、清掃、ねずみ等の防除の状況を記載した書類の①～⑦の測定・実施記録の項目は、しっかり覚えるんだ。

Step2 解説 爆裂に読み込め！

→ 帳簿の備え付け

◆帳簿の備え付けの義務者

帳簿の備え付けについて、建築物衛生法第10条に次のように定められている。

> （帳簿書類の備付け）
> 第十条　特定建築物所有者等は、厚生労働省令の定めるところにより、当該特定建築物の維持管理に関し環境衛生上必要な事項を記載した帳簿書類を備えておかなければならない。

帳簿を備え付けなければならない者は、特定建築物所有者等であり、建築物環境衛生管理技術者ではない。

◆備えておくべき帳簿書類と保存期間

備え付けるべき帳簿書類と保存期間について、建築物衛生法施行規則第20条に次のように定められている。

> （帳簿書類）
> 第二十条　特定建築物所有者等は、次の各号に掲げる帳簿書類を備えておかなければならない。
> 一　空気環境の調整、給水及び排水の管理、清掃並びにねずみ等の防除の状況（これらの措置に関する測定又は検査の結果並びに当該措置に関する設備の点検及び整備の状況を含む。）を記載した帳簿書類
> 二　当該特定建築物の平面図及び断面図並びに当該特定建築物の維持管理に関する設備の配置及び系統を明らかにした図面
> 三　第五条第二項の規定による確認の結果（同条第四項の規定による意見の聴取を行つた場合は当該意見の内容を含む。）を記載した書面
> 四　その他当該特定建築物の維持管理に関し環境衛生上必要な事項を記載した帳簿書類
> 2　前項第一号及び第四号の帳簿書類は、五年間保存しなければならない。

出来ると思えば、出来るんだ！

備えておくべき帳簿書類から除外されるものとして、次の例がよく出題される。これらの書類は、他の法律で規定されている。
- 防災設備・消火設備の点検整備の記録
- 電気設備の点検整備の記録
- エレベータ設備の点検整備の記録
- ガス設備の点検整備の記録

→ 管理基準に基づく実施項目

◆建築物環境衛生管理基準

建築物環境衛生管理基準について、建築物衛生法第4条に次のように定められている。

（建築物環境衛生管理基準）
第四条　特定建築物の所有者、占有者その他の者で当該特定建築物の維持管理について権原を有するものは、政令で定める基準（以下「建築物環境衛生管理基準」という。）に従つて当該特定建築物の維持管理をしなければならない。
2　建築物環境衛生管理基準は、空気環境の調整、給水及び排水の管理、清掃、ねずみ、昆虫等の防除その他環境衛生上良好な状態を維持するのに必要な措置について定めるものとする。
3　特定建築物以外の建築物で多数の者が使用し、又は利用するものの所有者、占有者その他の者で当該建築物の維持管理について権原を有するものは、建築物環境衛生管理基準に従つて当該建築物の維持管理をするように努めなければならない。

建築物環境衛生管理基準のポイントは次の3つだ。
- 管理基準に従って維持管理しなければならない者は、所有者等の権原者
- 空気環境、給水、排水、清掃、ねずみ昆虫の防除等についての基準である。
- 特定建築物以外でも多数の者が利用する建築物には努力規定がある。

◆建築物環境衛生管理基準の実施項目

建築物環境衛生管理基準については、建築物衛生法施行令第2条に定められている。

（建築物環境衛生管理基準）
第二条　法第四条第一項の政令で定める基準は、次のとおりとする。

実施項目の内容と時期については、次のStep3で確認せよ。

Step3 暗記 ▶ 何度も読み返せ！

空気環境の調整
- ☐ 空気環境の測定：2か月ごとに1回（ホルムアルデヒドは、新築・修繕後、直近の6月1日から9月30日の間に1回）

空気調和設備に関する衛生上必要な措置
- ☐ 冷却塔、冷却水、加湿装置
　　点検：使用開始時及び使用期間中1か月以内ごとに1回
　　清掃：1年以内ごとに1回
- ☐ 空気調和設備内に設けられた排水受け
　　点検：使用開始時及び使用期間中1か月以内ごとに1回
- ☐ 冷却塔、加湿装置の供給水は水道法の水質基準に適合させる。
- ☐ 排水受けは水が溜まっていないことを点検する。

給水の管理
飲料水の管理
- ☐ 残留塩素の検査：7日以内ごとに1回
- ☐ 貯水槽の清掃：毎年1回以上

- ☐ 水質検査：6か月ごとに1回。ただし、トリハロメタン類は、6月1日〜9月30日の間で1年以内に1回

雑用水の管理
- ☐ 残留塩素の検査：7日以内ごとに1回
- ☐ 水質検査
  pH値、臭気、外観：7日以内ごとに1回
  大腸菌：2か月ごとに1回
  濁度：2か月ごとに1回（水洗便所用を除く）

排水の管理
- ☐ 排水設備の清掃を6か月以内ごとに1回。

清掃
- ☐ 掃除を日常に行う。
- ☐ 大掃除を6か月以内ごとに1回、定期的に統一的に行う。

ねずみ等の防除
- ☐ 生息や被害の状況についての統一的な調査を6か月以内ごとに1回。
- ☐ 調査結果に基づく必要な措置を都度。

数字は正確に覚えろ。人を頼るな。自分で覚えるんだ。
空気環境測定のホルムアルデヒドと飲料水の管理のトリハロメタン類は、いずれも物質が検出されやすい暑い時季の6月1日〜9月30日の間だ。だが、前者は新築・修繕後の直近の1回ぽっきりなのに対して、後者は1年以内ごとだ。間違えるなよ。

No. 05 /72 空気環境と給水の管理基準

この項からは、室内空気環境の基準項目、基準値、測定方法、測定器の要件、測定値の評価と飲料水・給湯水の管理、雑用水の管理、残留塩素濃度の確保などの事項について出題される。

Step1 図解 目に焼き付けろ！

室内空気環境の基準値

① 浮遊粉じんの量　　　　0.15 mg/m³以下
② 一酸化炭素の含有率　　6 ppm以下
③ 二酸化炭素の含有率　　1,000 ppm以下
④ 温度　　　　　　　　　18℃以上28℃以下
⑤ 相対湿度　　　　　　　40%以上70%以下
⑥ 気流　　　　　　　　　0.5 m/秒以下
⑦ ホルムアルデヒドの量　0.1 mg/m³以下（＝0.08 ppm以下）

空気環境基準の①〜⑦の基準値の数字は、覚えないと話にならん。ゴロ合わせでも何でもいいので、とにかく頭に叩き込め！
① 浮遊するゼロイチゴ
② 遺産がろくにない
③ 兄さん、何もせん
④ 温度は、いちかばちかニッパチ
⑤ 湿度は、始終なれ
⑥ 桐生は、半分
⑦ ホルム礼一、誰だそりゃ

→ 室内空気環境

- -

◆基準項目

室内空気環境の基準項目は次のとおりである。

①浮遊粉じんの量　　　　　　⑤相対湿度

②一酸化炭素の含有率　　　　⑥気流

③二酸化炭素の含有率　　　　⑦ホルムアルデヒドの量

④温度

　温湿度調節機能のない機械換気設備（空気を浄化し、その流量を調節して供給をすることができる設備）のみを設けている場合は、温度と湿度を除いた項目について基準に適合するように定められている。

◆測定方法

　室内空気環境は、前項の基準項目について、室内の使用時間中に、各階ごとに居室の中央部の床上75cm以上150cm以下にて、次の要件を満たした測定器で測定する必要がある。

①測定器の要件

　室内空気環境の測定器の要件は次のとおりである。

- 温度　　　　0.5度目盛の温度計
- 相対湿度　　0.5度目盛の乾湿球湿度計
- 気流　　　　0.2メートル毎秒以上の気流を測定することができる風速計
- 粉じん計は1年以内ごとに較正

ここの数字も覚えるんだ。基準値の数字と混同しないように。
あと、事務室であれば人がいて勤務している時間帯で測定する必要がある。人がいる状況で測定しないと意味がないからだ。

②測定値の評価

　各基準項目の測定値の評価は、浮遊粉じん、一酸化炭素、二酸化炭素の測定値は1日の使用時間の平均値で評価し、温度、相対湿度、気流、ホルムアルデヒドの値は瞬時値で評価する。

> ホルムアルデヒドを除く、浮遊粉じん、一酸化炭素、二酸化炭素の汚染物質は平均値、温度、相対湿度、気流の温熱指標は瞬時値で評価する。要するに、二酸化炭素は平均値が許容範囲ならOKだが、温度は1回でも許容範囲外ならNGだ。

➡ 給水の管理

◆飲料水・給湯水の管理

　飲料水や給湯水は、まず、水道法の水質基準に適合する水を供給する必要がある。地下水や井戸水を飲用に利用する場合には、水質基準省令に基づく水質検査を行い、水道法の水質基準に適合する水であることを確認する必要がある。

　また、飲料水や給湯水に異常を認めたときは、水質基準省令に基づく必要な項目について検査を行い、飲料水や給湯水が健康を害するおそれがあることを知ったときは、直ちに給水を停止し、かつ、危険である旨を関係者に周知しなければならない。

◆雑用水の管理

　雑用水とは、建築物内の発生した排水の再生水の他、雨水、下水処理水、工業用水等を、便所の洗浄水、修景用水、栽培用水、清掃用水等として用いる水のことである。

　手洗いやウォシュレット等に使用する水は、飲料水としての適用を受ける。

　散水、修景、清掃用水、水洗便所用水いずれの雑用水も、ほとんど無色透明である必要がある。そして、散水、修景、清掃用水の雑用水にし尿を含む水を原水として使用してはならない。

焦らず、少しずつでも進むんだ！

また、雑用水も、飲料水・給湯水と同様に、健康被害のおそれがあることを知った時には、給水を停止し、関係者へ周知する必要がある。

修景とは、噴水など景色を楽しむ施設をいう。し尿を含む原水を再生した雑用水が使用できる用途は、水洗便所用水だけであり、その他の散水、修景、清掃用水には、使用してはならない。

◆残留塩素濃度の確保

飲料水、給湯水及び雑用水ともに、消毒用のため下記のとおり、残留塩素濃度を確保しなければならない。

①水栓における遊離残留塩素100万分の0.1（結合残留塩素100万分の0.4）以上

②汚染のおそれがある場合は、遊離残留塩素100万分の0.2（結合残留塩素100万分の1.5）以上

残留塩素濃度の数値は、「給水及び排水の管理」の科目でも出題される。絶対に覚えるんだ。

Step3 暗記 何度も読み返せ！

空気環境測定

☐ 測定器
　温度：0.5度目盛の温度計
　相対湿度：0.5度目盛の乾湿球湿度計
　気流：0.2メートル毎秒以上の気流を測定することができる風速計
　粉じん計は1年以内ごとに較正

給水の管理

☐ 遊離残留塩素100万分の0.1（結合残留塩素100万分の0.4）以上。

☐ 汚染のおそれがある場合は、遊離残留塩素100万分の0.2（結合残留塩素100万分の1.5）以上。

管理技術者と登録制度

この項では、建築物環境衛生管理技術者の役割、事業登録制度からは登録の表示、登録の有効期間、登録基準の物的要件、人的要件などの事項について出題される。運用に関することも問われるので理解しておこう。

Step1 図解 → 目に焼き付けろ！

建築物環境衛生管理技術者の職務

- 環境衛生上の維持管理業務の計画立案、指揮監督
- 建築物環境衛生管理基準に関する測定または検査結果の評価
- 環境衛生上の維持管理に必要な各種調査の実施

 一方、届出や帳簿の義務、罰則、命令は、権原者に課せられる。

登録の対象業種

①建築物清掃業
②建築物空気環境測定業
③建築物空気調和用ダクト清掃業
④建築物飲料水水質検査業
⑤建築物飲料水貯水槽清掃業
⑥建築物排水管清掃業
⑦建築物ねずみ昆虫等防除業
⑧建築物環境衛生総合管理業

8つの登録の対象業務はしっかり把握しよう。登録の対象になっていない業種の例として、下記がよく出題される。
貯水槽清掃は対象だが、排水槽清掃は対象ではない。間違えないようにしましょう。

- 建築物廃棄物処理業
- 建築物給水管清掃業、建築物排水槽清掃業、建築物浄化槽清掃業
- 建築物空気調和設備管理業、建築物冷却塔清掃業

Step2 解説 爆裂に読み込め！

➡ 建築物環境衛生管理技術者

◆選任に関する事項

前述したように、特定建築物の所有者等は、特定建築物の維持管理が環境衛生上適正に行われるように監督をさせるため、免状を有する者のうちから建築物環境衛生管理技術者を選任しなければならない。

> 選任に関してよく問われる事項は次のとおりだ。
> ①特定建築物への常駐は必須ではない。
> ②2以上の特定建築物を兼任するときは、所有者等は支障がないことを確認する必要がある。
> ③特定建築物の所有者との間に直接の雇用関係は不要である。

◆建築物環境衛生管理技術者の役割

建築物環境衛生管理技術者は、特定建築物の維持管理について必要があるときは、権原者に対し、意見を述べることができる。また、権原者は、その意見を尊重しなければならない。

> 建築物環境衛生管理技術者は、権原者に対し、意見を述べることができる。意見を述べなければならないわけではない。
> 権原者は、意見を尊重しなければならない。意見に従わなければならないわけではない。

➡ 事業登録制度

事業登録制度とは、建築物の環境衛生上の維持管理を行う事業者について、物的基準、人的基準を満たしている場合、都道府県知事の登録を受けることが

できるという制度である。なお、事業登録制度は、登録を受けない事業者が建築物の維持管理に関する業務を行うことについては何ら制限を加えるものではない。

要するに、登録を受けなくても業務はできる。

◆登録の表示

登録は営業所ごとに、営業所の所在地を管轄する都道府県知事が行う。登録を受けた営業所については、登録業者である旨の表示ができる。

当然、登録を受けていない事業者は、表示できない。また、営業所が登録を受けた事業所であっても、登録を受けた営業所以外の営業所には、表示できない。表示ができるのは、登録を受けた営業所だけだ。

◆登録の有効期間

登録の有効期間は6年である。したがって、6年を超えて登録業者であるという表示をしようとする場合には、新たに登録を受けなければならない。

トウロク年と覚えよう。これは、ロク年と6年のダジャレだ。

◆報告、検査等

都道府県知事は、必要があると認めるときは、登録業者に対して必要な報告、営業所の立入検査、関係者に質問することができる。なお、都道府県知事は、登録営業所が登録基準に適合しなくなった場合には、登録を取り消すことができる。

登録業者に対する報告、立入検査、質問できる権限は、保健所を設置する市区長には、与えられていない。知事だけだ。このことも出題されたぞ。

◆**登録基準**

登録を受けるためには、物的要件（機械器具その他の設備に関する基準）、人的要件（事業に従事する者の資格に関する基準）、その他の基準（作業の方法や機械器具の維持管理方法）に関する基準について、一定の要件を満たしている必要がある。

①物的要件

物的要件とは、機械器具その他の設備に関する基準である、機械器具に関しては、内視鏡、高圧ホース及び洗浄ノズルが、建築物排水管清掃業の物的基準の要件として定められている。設備に関しては、保管庫が、貯水槽清掃業、排水管清掃業、ねずみ等防除業等の要件として定められている。

8つの登録事業に対して、それぞれ細かく物的要件が定められている。とてもじゃないが覚えてられない。とりあえず、過去問が解けるようにしておこう。

②人的要件

人的要件とは、事業に従事する者の資格に関する基準で、監督者等の資格や従事者の研修に関する基準が定められている。

監督者等は営業所の登録事業ごとに1人以上必要であり、他の営業所と兼務できない。また、選任されている建築物環境衛生管理技術者とも兼務できない。建築物環境衛生管理技術者免状は、空気環境測定実施者や貯水槽清掃作業監督者等の監督者等の人的基準の要件にはなるが、防除作業監督者の人的基準の要件にならない。

防除作業監督者は、ねずみ・昆虫等の防除作業の監督者のことだ。

　従事者には研修が要件として定められている。パート、アルバイト等であっても従事者研修の対象となる。

 従事者研修は、作業に従事する者全員が1年に1回以上研修を受ける体制を事業者がとっていることが必要である。ただし、従事者全員を1度に研修することが事実上困難を伴う場合には、何回かに分けて行うことが可能である。
このあたりも出題されるかも知れないので、注意しよう。

Step3 暗記　何度も読み返せ!

建築物環境衛生管理技術者の役割

☐ 建築物環境衛生管理技術者は、特定建築物の維持管理について必要があるときは、権原者に対し、意見を述べることができる。権原者は、その意見を尊重しなければならない。

登録の概要

☐ 建築物の環境衛生上の維持管理を行う事業者について、物的基準、人的基準を満たしている場合、都道府県知事の登録を受けることができるという制度。

☐ 有効期間は6年。

No. 07 /72 立入検査・改善命令・罰則と特例

重要度：🔥🔥🔥

この項からは、立入検査、改善命令、国・地方公共団体の特定建築物への特例、罰則規定などの事項について出題される。国・地方公共団体の特定建築物への特例については、特例に該当するものとしないものを切り分けて理解しておこう。

Step1 図解 目に焼き付けろ！

罰則（30万円以下の罰金）

- 特定建築物の規定による届出をせず、又は虚偽の届出をした者
- 建築物環境衛生管理技術者の選任の規定に違反した者
- 帳簿書類の備付けの規定に違反して帳簿書類を備えず、又はこれに記載をせず、若しくは虚偽の記載をした者
- 報告、検査等の規定による報告をせず、若しくは虚偽の報告をし、これらの規定による職員の立入りを拒み、妨げ、若しくは忌避し、又はこれらの規定による質問に対して、正当な理由がないのに答弁をせず、若しくは虚偽の答弁をした者
- 改善命令等の規定による命令又は処分に違反した者

罰則（10万円以下の過料）

- 正当な理由がないのに規定による命令に違反して建築物環境衛生管理技術者免状を返納しなかつた者
- 登録を受けないで、当該事業に係る営業所につき規定する表示又はこれに類似する表示をした者

罰金と過料の違いは、前者は刑事罰、後者は行政罰だ。
罰則規定を目に焼き付けて、違反しないように気を付けよう。

爆裂に読み込め!

報告・検査⇒改善命令⇒違反⇒罰金という流れになる。

➡ 報告、検査等

報告、検査等について、建築物衛生法第11条に次のように定められている。

> (報告、検査等)
> 第十一条　都道府県知事は、厚生労働省令で定める場合において、この法律の施行に関し必要があると認めるときは、特定建築物所有者等に対し、必要な報告をさせ、又はその職員に、特定建築物に立ち入り、その設備、帳簿書類その他の物件若しくはその維持管理の状況を検査させ、若しくは関係者に質問させることができる。ただし、住居に立ち入る場合においては、その居住者の承諾を得なければならない。

立入検査を行う職員を環境衛生監視員というぞ。
住居に立ち入る場合には、居住者の承諾が必要だ。

➡ 改善命令等

改善命令等について、建築物衛生法第12条に次のように定められている。

> (改善命令等)
> 第十二条　都道府県知事は、厚生労働省令で定める場合において、特定建築物の維持管理が建築物環境衛生管理基準に従つて行なわれておらず、かつ、当該特定建築物内における人の健康をそこない、又はそこなうおそれのある事態その他環境衛生上著しく不適当な事態が存すると認めるときは、当該特定建築物の所有者、占有者その他の者で当該特定建築物の維持管理について権原を有するものに対し、当該維持管理の方法の改善その他の必要な措置をとるべきことを命じ、又は当該事態がなくなるまでの間、当該特定建築物の一部の使用若しくは関係設備の使用を停止し、若しくは制限することができる。

知事は、不適当と認めるときは、権原者に対し改善を命じ、又は使用停止、制限することができる。

→ 国又は地方公共団体の用に供する特定建築物に関する特例

国又は地方公共団体の用に供する特定建築物に関する特例について、建築物衛生法第13条に次のように定められている。

（国又は地方公共団体の用に供する特定建築物に関する特例）
第十三条　第十一条の規定は、特定建築物が国又は地方公共団体の公用又は公共の用に供するものである場合については、適用しない。
2　都道府県知事は、この法律の施行に関し必要があると認めるときは、国又は地方公共団体の公用又は公共の用に供する特定建築物について、当該国若しくは地方公共団体の機関の長又はその委任を受けた者に対し、必要な説明又は資料の提出を求めることができる。
3　第十二条の規定は、特定建築物が国又は地方公共団体の公用又は公共の用に供するものである場合については、適用しない。ただし、都道府県知事は、当該特定建築物について、同条に規定する事態が存すると認めるときは、当該国若しくは地方公共団体の機関の長又はその委任を受けた者に対し、その旨を通知するとともに、当該維持管理の方法の改善その他の必要な措置を採るべきことを勧告することができる。

第11条（報告、検査等）と第12条（改善命令等）は、国又は地方公共団体の用に供する特定建築物には適用されない。（特例）
ただし、
● 知事は、必要があるときは、説明・資料の提出を求めることができる。
● 知事は、不適当と認めるときは、改善措置の勧告をすることができる。

特定建築物の届出、建築物管理技術者の選任、管理基準の順守には、特例はなく、国又は地方公共団体の用に供する特定建築物にも適用される。

何度も読み返せ！

立入検査

☐ 知事は、必要があると認めるときは、所有者等に対し報告をさせ、又は職員に立入検査、質問させることができる。ただし、住居の場合は、居住者の承諾を得なければならない。

☐ 立入検査を行う職員：環境衛生監視員

改善命令

☐ 知事は、不適当と認めるときは、権原者に対し改善を命じ、又は使用停止、制限することができる。

国、地方公共団体の特定建築物への特例

☐ 報告、立入検査、改善命令は適用されない。（特例）

ただし、

☐ 知事は、必要があるときは、説明・資料の提出を求めることができる。

☐ 知事は、不適当と認めるときは、改善措置の勧告をすることができる。

罰則（30万円以上の罰金）

☐ 特定建築物の届出、建築物環境衛生管理技術者の選任の違反

☐ 帳簿書類の違反。

☐ 知事の報告・立入検査、改善命令に対する違反。

罰則（10万円以上の過料）

☐ 免状を返納しなかった者。

☐ 登録を受けないで表示した者。

No. 08 /72 関係法規1

この項では、地域保健法に規定される保健所の事業、学校保健安全法からは学校薬剤師の職務や環境衛生検査の項目、生活衛生関係営業法からは都道府県知事の許可・届出や衛生に必要な措置などの事項が出題される。

Step1 図解 目に焼き付けろ！

地域保健法
第六条　保健所は、次に掲げる事項につき、企画、調整、指導及びこれらに必要な事業を行う。
一　地域保健に関する思想の普及及び向上に関する事項
二　人口動態統計その他地域保健に係る統計に関する事項
三　栄養の改善及び食品衛生に関する事項
四　住宅、水道、下水道、廃棄物の処理、清掃その他の環境の衛生に関する事項
五　医事及び薬事に関する事項
六　保健師に関する事項
七　公共医療事業の向上及び増進に関する事項
八　母性及び乳幼児並びに老人の保健に関する事項
九　歯科保健に関する事項
十　精神保健に関する事項
十一　治療方法が確立していない疾病その他の特殊の疾病により長期に療養を必要とする者の保健に関する事項
十二　エイズ、結核、性病、伝染病その他の疾病の予防に関する事項
十三　衛生上の試験及び検査に関する事項
十四　その他地域住民の健康の保持及び増進に関する事項

保健所の事業に
国民健康保険の事項は含まれていない。
人口動態統計に関する業務を行っている。
労働者の衛生、労働災害統計に関する業務を
行っていない。

爆裂に読み込め！

→ 学校保健安全法

◆学校薬剤師の職務

学校薬剤師の職務については、学校保健安全法施行規則第24条に次のように定められている。

（学校薬剤師の職務執行の準則）
第二十四条　学校薬剤師の職務執行の準則は、次の各号に掲げるとおりとする。
一　学校保健計画及び学校安全計画の立案に参与すること。
二　第一条の環境衛生検査に従事すること。
三　学校の環境衛生の維持及び改善に関し、必要な指導及び助言を行うこと。
四　法第八条の健康相談に従事すること。
五　法第九条の保健指導に従事すること。
六　学校において使用する医薬品、毒物、劇物並びに保健管理に必要な用具及び材料の管理に関し必要な指導及び助言を行い、及びこれらのものについて必要に応じ試験、検査又は鑑定を行うこと。
七　前各号に掲げるもののほか、必要に応じ、学校における保健管理に関する専門的事項に関する技術及び指導に従事すること。

環境衛生検査とは、教室の室内空気の検査とプールの水質・教室の照度、害虫の生息等の検査だ。

◆環境衛生検査の項目

環境衛生検査については、学校保健安全法施行規則第1条に次のように定められている。

（環境衛生検査）
第一条　学校保健安全法（昭和三十三年法律第五十六号。以下「法」という。）第五条の環境衛生検査は、他の法令に基づくもののほか、毎学年定期に、法第六条に規定する学校環境衛生基準に基づき行わなければならない。
2　学校においては、必要があるときは、臨時に、環境衛生検査を行うものとする。

学校環境衛生基準に示された環境衛生検査の項目は次のとおりである。

● 換気（二酸化炭素）

● 温度
● 相対湿度
● 気流
● 一酸化炭素
● 二酸化窒素
● 揮発性有機化合物

● 浮遊粉じん
● ダニまたはダニアレルゲン
● 照度、まぶしさ
● 騒音レベル
● プールの水質
● 害虫の生息等

建築物衛生法の室内空気環境基準との差異は、次のとおりだ。
・二酸化窒素、ダニまたはダニアレルゲン、照度、まぶしさ、騒音レベル、プールの水質がある。

◆ **生活衛生関係営業法**

生活衛生関係営業法とは、正式には「生活衛生関係営業の運営の適正化及び振興に関する法律」といい、同法第2条に次のように適用営業、営業者が定義されている。

（適用営業及び営業者の定義）
第二条　この法律は、次に掲げる営業につき適用する。
一　飲食店、喫茶店、食肉の販売又は氷雪の販売に係る営業で食品衛生法（昭和二十二年法律第二百三十三号）第五十五条第一項の許可を受けて営むもの又は同法第五十七条第一項の規定による届出をして営むもの
二　理容業（理容師法（昭和二十二年法律第二百三十四号）の規定により届出をして理容所を開設することをいう。）
三　美容業（美容師法（昭和三十二年法律第百六十三号）の規定により届出をして美容所を開設することをいう。）
四　興行場法（昭和二十三年法律第百三十七号）に規定する興行場営業のうち映画、演劇又は演芸に係るもの
五　旅館業法（昭和二十三年法律第百三十八号）に規定する旅館業
六　公衆浴場法（昭和二十三年法律第百三十九号）に規定する浴場業
七　クリーニング業法（昭和二十五年法律第二百七号）に規定するクリーニング業

継続は力なり。続けることが大切だ！

生活衛生関係営業法は、公衆衛生の見地から国民の日常生活に極めて深い関係のある生活衛生関係の営業について、健全化、適正化することを目的としている。

①許可と届出
- 食品衛生法：同法に規定する飲食店などの営業を営もうとする者は、都道府県知事の許可を受けなければならない。
- 理容師法：理容所を開設しようとする者は、都道府県知事に届け出なければならない。
- 美容師法：美容所を開設しようとする者は、都道府県知事に届け出なければならない。
- 興行場法：業として興行場を経営しようとする者は、都道府県知事の許可を受けなければならない。
- 旅館業法：旅館業を営もうとする者は、都道府県知事（保健所を設置する市又は特別区にあつては、市長又は区長。）の許可を受けなければならない。
- 公衆浴場法

  業として公衆浴場を経営しようとする者は、都道府県知事の許可を受けなければならない。
- クリーニング業法

  クリーニング所を開設しようとする者は、都道府県知事に届け出なければならない。

届出が必要なのは、理容所、美容所、クリーニング所だ。その他は、許可が必要だ。

②興行場の衛生に必要な措置
　興行場の衛生に必要な措置は、興行場法第3条に次のように定められている。

第三条　営業者は、興行場について、換気、照明、防湿及び清潔その他入場者の衛生に必要な措置を講じなければならない。
2　前項の措置の基準については、都道府県が条例で、これを定める。

③旅館の衛生に必要な措置

　旅館業の施設の衛生に必要な措置は、旅館業法第4条に次のように定められ
ている。

第四条　営業者は、旅館業の施設について、換気、採光、照明、防湿及び清潔その
他宿泊者の衛生に必要な措置を講じなければならない。
2　前項の措置の基準については、都道府県が条例で、これを定める。
3　第一項に規定する事項を除くほか、営業者は、旅館業の施設を利用させるについ
ては、政令で定める基準によらなければならない。

④公衆浴場の衛生に必要な措置

　公衆浴場の衛生に必要な措置は、公衆浴場法第3条に次のように定められて
いる。

第三条　営業者は、公衆浴場について、換気、採光、照明、保温及び清潔その他入
浴者の衛生及び風紀に必要な措置を講じなければならない。
2　前項の措置の基準については、都道府県が条例で、これを定める。

興行場と旅館と公衆浴場では、衛生に必要な措置の項目が微妙
に異なる。そこを問う陰険な問題も出題されているので、注意し
よう。
● 興行場：換気、照明、防湿及び清潔その他入場者の衛生に必要
　な措置
● 旅館：換気、採光、照明、防湿及び清潔その他宿泊者の衛生に
　必要な措置
● 公衆浴場：換気、採光、照明、保温及び清潔その他入浴者の
　衛生及び風紀に必要な措置

まず、旅館は、換気、採光、照明、防湿、清潔、衛生から、かん
さいしょうぼうのせいえい（関西消防の精鋭）が宿泊と覚えよう。
そして、興行場には、採光がない。
さらに、公衆浴場は、防湿がなくて、保温と風紀がある。

⑤報告、検査

　興行場、旅館、公衆浴場ともに、それぞれ興行場法、旅館業法、公衆浴場法
に、都道府県知事による報告、立入検査が定められている。

同様に、衛生に必要な措置の基準について、都道府県が条例で
定めることについても、興行場、旅館、公衆浴場ともに、それぞ
れ興行場法、旅館業法、公衆浴場法に定められている。

Step3 暗記　何度も読み返せ！

学校保健安全法
- [ ] 学校環境衛生基準の項目
　　換気（二酸化炭素）、温度、相対湿度、気流、一酸化炭素、二酸化窒
　　素、揮発性有機化合物、浮遊粉じん、ダニ、ダニアレルゲン、照度、
　　まぶしさ、騒音レベル、プールの水質、害虫の生息等。

生活衛生関係営業法
- [ ] 興行場：換気、照明、防湿及び清潔その他入場者の衛生に必要な措
　　置
- [ ] 旅館：換気、採光、照明、防湿及び清潔その他宿泊者の衛生に必要
　　な措置
- [ ] 公衆浴場：換気、採光、照明、保温及び清潔その他入浴者の衛生及
　　び風紀に必要な措置

No. 09 /72　関係法規2

この項は、水道法、下水道法、浄化槽法、環境基本法、大気汚染防止法、水質汚濁防止法の関係法規について、法の目的や公害の定義、有害物質などが出題されている。関係法規なので深入りする必要ないが、各法の目的は確認しておこう。

Step1 図解　目に焼き付けろ！

- ●大気汚染に係る環境基準の物質
  二酸化いおう、一酸化炭素、浮遊粒子状物質、二酸化窒素、光化学オキシダント

- ●水質汚濁防止法上の有害物質
  カドミウム及びその化合物、シアン化合物、鉛及びその化合物、六価クロム化合物、トリクロロエチレン、ポリ塩化ビフェニルなど

- ●悪臭防止法上の特定悪臭物質
  アンモニア、硫化水素、硫化メチル、トルエン、アセトアルデヒドなど

大気汚染、水質汚濁、悪臭、それぞれの有害物質の名前を覚えよう。

➡ 水道法

水道法の目的について、水道法第1条に次のとおり定められている。

（この法律の目的）
第一条　この法律は、水道の布設及び管理を適正かつ合理的ならしめるとともに、水道の基盤を強化することによつて、清浄にして豊富低廉な水の供給を図り、もつて公衆衛生の向上と生活環境の改善とに寄与することを目的とする。

➡ 下水道法

◆下水道法の目的

下水道法の目的について、下水道法第1条に次のとおり定められている。

（この法律の目的）
第一条　この法律は、流域別下水道整備総合計画の策定に関する事項並びに公共下水道、流域下水道及び都市下水路の設置その他の管理の基準等を定めて、下水道の整備を図り、もつて都市の健全な発達及び公衆衛生の向上に寄与し、あわせて公共用水域の水質の保全に資することを目的とする。

公共下水道の設置、改築、修繕、維持その他の管理は、市町村が行う。

◆排水設備の設置等

公共下水道に流入させるために必要な排水設備について、下水道法第10条に次のとおり定められている。

（排水設備の設置等）
第十条　公共下水道の供用が開始された場合においては、当該公共下水道の排水区域内の土地の所有者、使用者又は占有者は、遅滞なく、次の区分に従つて、その土地の下水を公共下水道に流入させるために必要な排水管、排水渠その他の排水施設（以下「排水設備」という。）を設置しなければならない。

公共下水道に流入させるための排水設備を設置しなければならないのは、土地の所有者等だ。

◆国土交通大臣又は環境大臣の指示

国土交通大臣又は環境大臣の指示について、下水道法第37条に次のとおり定められている。

> （国土交通大臣又は環境大臣の指示）
> 第三十七条　国土交通大臣（政令で定める下水道に係るものにあつては、都道府県知事）は、公衆衛生上重大な危害が生じ、又は公共用水域の水質に重大な影響が及ぶことを防止するため緊急の必要があると認めるときは、公共下水道管理者、流域下水道管理者又は都市下水路管理者に対し、公共下水道、流域下水道又は都市下水路の工事又は維持管理に関して必要な指示をすることができる。
> 2　国土交通大臣は、前項の規定により都道府県知事が指示をするべき下水道については、都道府県知事に対し、必要な指示をするべきことを指示することができる。
> 3　環境大臣（政令で定める下水道に係るものにあつては、都道府県知事）は、公衆衛生上重大な危害が生じ、又は公共用水域の水質に重大な影響が及ぶことを防止するため緊急の必要があると認めるときは、公共下水道管理者又は流域下水道管理者に対し、終末処理場の維持管理に関して必要な指示をすることができる。

緊急時に公共下水道等について指示できるのは国土交通大臣、緊急時に終末処理場について指示できるのは環境大臣だ。

➡ 浄化槽法

浄化槽とは、公共下水道の完備されてない地域において、便所やその他の排水を浄化して放流するための設備である。

◆設置の届出

浄化槽の設置の届出について、浄化槽法第5条に次のとおり定められている。

（設置等の届出、勧告及び変更命令）
第五条　浄化槽を設置し、又はその構造若しくは規模の変更をしようとする者は、国土交通省令・環境省令で定めるところにより、その旨を都道府県知事（保健所を設置する市又は特別区にあつては、市長又は区長）及び当該都道府県知事を経由して特定行政庁に届け出なければならない。

◆保守点検・清掃

　浄化槽の保守点検、清掃について、浄化槽法第10条に定められている。

（浄化槽管理者の義務）
第十条　浄化槽管理者は、環境省令で定めるところにより、毎年一回（環境省令で定める場合にあつては、環境省令で定める回数）、浄化槽の保守点検及び浄化槽の清掃をしなければならない。

浄化槽管理者とは、浄化槽を管理する者だ。
浄化槽法施行規則第5条で、浄化槽管理者は、保守点検・清掃の記録を3年間保存しなければならないと定められている。

◆水質検査

　浄化槽の水質検査については、浄化槽法第11条に定められている。

（定期検査）
第十一条　浄化槽管理者は、環境省令で定めるところにより、毎年一回（環境省令で定める浄化槽については、環境省令で定める回数）、指定検査機関の行う水質に関する検査を受けなければならない。

➡ 環境基本法

◆公害の定義

　公害の定義について、環境基本法第2条に次のとおり定められている。

（定義）
第二条
3　この法律において「公害」とは、環境の保全上の支障のうち、事業活動その他の人の活動に伴つて生ずる相当範囲にわたる大気の汚染、水質の汚濁、土壌の汚染、騒音、振動、地盤の沈下及び悪臭によつて、人の健康又は生活環境に係る被害が生ずることをいう。

公害の定義は、①大気の汚染、②水質の汚濁、③土壌の汚染、④騒音、⑤振動、⑥地盤の沈下、⑦悪臭の7つだ。

◆事業者の責務

事業者の責務について、環境基本法第8条に次のとおり定められている。ちなみに、事業者の他に、国、地方公共団体、国民にも責務が定められている。

（事業者の責務）
第八条　事業者は、基本理念にのっとり、その事業活動を行うに当たっては、これに伴って生ずるばい煙、汚水、廃棄物等の処理その他の公害を防止し、又は自然環境を適正に保全するために必要な措置を講ずる責務を有する。

◆環境基準

環境基準については、環境基本法第3節第16条に次のとおり定められている。

第三節　環境基準
第十六条　政府は、大気の汚染、水質の汚濁、土壌の汚染及び騒音に係る環境上の条件について、それぞれ、人の健康を保護し、及び生活環境を保全する上で維持されることが望ましい基準を定めるものとする。

➡ 大気汚染防止法

大気汚染防止法の目的が、大気汚染防止法第1条に次のとおり定められている。

（目的）
第一条　この法律は、工場及び事業場における事業活動並びに建築物等の解体等に伴うばい煙、揮発性有機化合物及び粉じんの排出等を規制し、水銀に関する水俣条約の的確かつ円滑な実施を確保するため工場及び事業場における事業活動に伴う水銀等の排出を規制し、有害大気汚染物質対策の実施を推進し、並びに自動車排出ガスに係る許容限度を定めること等により、大気の汚染に関し、国民の健康を保護するとともに生活環境を保全し、並びに大気の汚染に関して人の健康に係る被害が生じた場合における事業者の損害賠償の責任について定めることにより、被害者の保護を図ることを目的とする。

➡ 水質汚濁防止法

水質汚濁防止法の目的が、水質汚濁防止法第1条に定められている。

（目的）
第一条　この法律は、工場及び事業場から公共用水域に排出される水の排出及び地下に浸透する水の浸透を規制するとともに、生活排水対策の実施を推進すること等によつて、公共用水域及び地下水の水質の汚濁の防止を図り、もつて国民の健康を保護するとともに生活環境を保全し、並びに工場及び事業場から排出される汚水及び廃液に関して人の健康に係る被害が生じた場合における事業者の損害賠償の責任について定めることにより、被害者の保護を図ることを目的とする。

大気汚染防止法も水質汚濁防止法も、「国民の健康を保護するとともに生活環境を保全すること」を最終目的としている。

Step3 暗記　何度も読み返せ！

下水道法
- ☐ 国土交通大臣は緊急時に公共下水道の必要な指示をすることができる。
- ☐ 環境大臣は、緊急時に終末処理場の必要な指示をすることができる。

浄化槽法
- ☐ 浄化槽を設置する者は、都道府県知事（または保健所を設置する市長又は区長）に届出。
- ☐ 浄化槽管理者は、年1回、保守点検・清掃を実施し、3年間記録を保存。
- ☐ 浄化槽管理者は、年1回、指定検査機関の行う水質検査を受検。

環境基本法
- ☐ 公害の定義
　　大気汚染、水質汚濁、土壌汚染、騒音、振動、地盤沈下、悪臭。

関係法規3

この項は、事務所衛生基準規則、感染症予防法の目的、健康増進法による受動喫煙防止、建築基準法による特定建築物の確認申請時の保健所長への通知、労働安全衛生法の目的、健康診断結果報告などが出題されている。

Step1 図解 目に焼き付けろ！

事務所衛生基準規則

- ●気積
  4mを超える空間を除き、1人当たり10m³以上
- ●温度
  室温が10℃以下の場合は暖房
- ●燃焼器具
  毎日、異常の有無を点検
- ●照度
  一般的な事務作業　300ルクス以上
  付随的な作業　　　150ルクス以上
- ●照明設備
  6月以内ごとに1回、定期に点検
- ●便所
  男女に区別
  手洗い設備を設ける

事務所衛生基準規則とは、労働安全衛生法の関係規則だ。気積とは、室内空気の体積のことで、気積＝床面積×天井の高さで計算する。ただし、天井の高さが4mを超える場合は、高さ4mまでの気積＝床面積×4mで計算される。

爆裂に読み込め！

➜ 感染症予防法

感染症予防法とは、正式名称は「感染症の予防及び感染症の患者に対する医療に関する法律」といい、同法第1条に目的が次のように定められている。

> （目的）
> 第一条　この法律は、感染症の予防及び感染症の患者に対する医療に関し必要な措置を定めることにより、感染症の発生を予防し、及びそのまん延の防止を図り、もって公衆衛生の向上及び増進を図ることを目的とする。

> 知事が入院勧告することができる1類感染症として、次の感染症が定義されている。とりあえず、覚えておこう。
> エボラ出血熱、クリミア・コンゴ出血熱、痘そう、南米出血熱、ペスト、マールブルグ病、ラッサ熱
> ゴロを考えたぞ。
> 南米のクマがペットのAランク
> 南米（南米出血熱）のク（クリミア）マ（マールブルグ）がペ（ペスト）ット（痘そう）のA（エボラ）ラ（ラッサ）ンク

➜ 健康増進法

健康増進法第26条に、受動喫煙防止に関する関係者の協力について、次のように定められている。

> （関係者の協力）
> 第二十六条　国、都道府県、市町村、多数の者が利用する施設及び旅客運送事業自動車等の管理権原者その他の関係者は、望まない受動喫煙が生じないよう、受動喫煙を防止するための措置の総合的かつ効果的な推進を図るため、相互に連携を図りながら協力するよう努めなければならない。

➡ 建築基準法

許可又は確認に関する消防長等の同意等について、建築基準法第93条第5・6項に次のように定められている。

> （許可又は確認に関する消防長等の同意等）
> 第九十三条
> 5　建築主事又は指定確認検査機関は、第三十一条第二項に規定するし尿浄化槽又は建築物における衛生的環境の確保に関する法律（昭和四十五年法律第二十号）第二条第一項に規定する特定建築物に該当する建築物に関して、第六条第一項（第八十七条第一項において準用する場合を含む。）の規定による確認の申請書を受理した場合、第六条の二第一項（第八十七条第一項において準用する場合を含む。）の規定による確認の申請を受けた場合又は第十八条第二項（第八十七条第一項において準用する場合を含む。）の規定による通知を受けた場合においては、遅滞なく、これを当該申請又は通知に係る建築物の工事施工地又は所在地を管轄する保健所長に通知しなければならない。
> 6　保健所長は、必要があると認める場合においては、この法律の規定による許可又は確認について、特定行政庁、建築主事又は指定確認検査機関に対して意見を述べることができる。

> 要するに、建築主事等は、建築物衛生法の特定建築物に該当する建築物の建築確認申請を受理したら、保健所長に通知せよということだ。ほんで、保健所長は意見を述べることができるということだ。

➡ 労働安全衛生法

◆目的

労働安全衛生法の目的が、同法第1条に次のように定められている。

> （目的）
> 第一条　この法律は、労働基準法（昭和二十二年法律第四十九号）と相まつて、労働災害の防止のための危害防止基準の確立、責任体制の明確化及び自主的活動の促進の措置を講ずる等その防止に関する総合的計画的な対策を推進することにより職場における労働者の安全と健康を確保するとともに、快適な職場環境の形成を促進することを目的とする。

◆健康診断結果報告

健康診断結果報告について、労働安全衛生規則第52条に定められている。

> （健康診断結果報告）
> 第五十二条　常時五十人以上の労働者を使用する事業者は、第四十四条、第四十五条又は第四十八条の健康診断（定期のものに限る。）を行なつたときは、遅滞なく、定期健康診断結果報告書（様式第六号）を所轄労働基準監督署長に提出しなければならない。

そもそも、労働安全衛生法第66条により、事業者は、労働者に対し、省令で定めるところにより、医師による健康診断を行わなければならない。

Step3 暗記 何度も読み返せ！

感染症予防法
- [ ] 目的：感染症の予防等、必要な措置を定め、感染症の発生を予防し、まん延の防止を図り、公衆衛生の向上及び増進を図る。
- [ ] 知事が入院勧告することができる1類感染症
  エボラ出血熱、クリミア・コンゴ出血熱、痘そう、南米出血熱、ペスト、マールブルグ病、ラッサ熱

建築基準法
- [ ] 確認に関する同意等：建築主事又は指定確認検査機関は、建築物における衛生的環境の確保に関する法律の規定による確認申請書を受理した場合、保健所長に通知。保健所長は、意見を述べることができる。

第2章

建築物の環境衛生

アクセスキー　**U**

（大文字のユー）

人体と熱環境

この項は、人体の器官、体温、代謝、恒常性と、熱環境の温熱指標、熱環境の人体への影響などが出題されている。近年、熱中症に関係するWBGTや代謝率と作業強度の区分などの事項がよく出題されている。

Step1 図解 目に焼き付けろ！

器官系
- 1. 運動器系 ［ ・骨格系 ・筋系 ］ 以下、器官の一例
- 2. 循環器系 ［ ・心臓 ・血管系 ・リンパ系 ］
- 3. 呼吸器系 ［ ・鼻 ・咽頭 ・気管支 ・肺 ］
- 4. 消化器系 ［ ・食道 ・胃 ・小腸 ・肝臓 ］
- 5. 泌尿器系 ［ ・腎臓 ・膀胱 ・尿道 ］
- 6. 生殖器系 ［ ・精巣 ・卵巣 ・子宮 ］
- 7. 内分泌器系 ［ ・甲状腺 ・副腎 ・精巣 ］
- 8. 神経系 ［ ・中枢神経系 ・末梢神経系 ］
- 9. 感覚器系 ［ ・目 ・耳 ・皮膚 ］

リンパ系は循環器系だ！リンパとは、体の水分や老廃物を循環させる機能を有している。漢字では「琳巴」だ。漢字は試験には出題されないぞ！

Step2 解説 爆裂に読み込め！

人体、まずは己を知ることが大事だ。

→ 人体

◆器官

器官とは、一定の機能を担っている人体を構成する部分をいう。器官については、試験では神経系、呼吸器系、器官と疾患などがよく出題されている。

①神経系

神経系には、中枢神経と末梢神経があり、末梢神経には、自律神経と運動神経がある。**自律神経**は、消化、呼吸、循環機能の調整を担い、**運動神経**は、中枢からの命令を運動器系に伝達する機能を担っている。

②呼吸器系

呼吸器系は、肺や気管支などで構成され、**酸素を摂取**し、**二酸化炭素を排出**している。

③器官と疾患

器官と疾患の組み合わせを問う問題では、腎不全が泌尿器系疾患、パーキンソン病が神経系疾患であることが出題されている。

運動器系とは、骨格系と筋系、すなわち骨と筋肉だ。

◆体温と代謝

ここでいう代謝とは、人体の生命維持活動に必要なエネルギーの消費と理解しておこう。

①体温

体温には、皮膚表面の温度の皮膚温と、身体内部の核心部の温度である核心

わかるまで繰り返しやることが大事なんだ！

温がある。体温に関しては、次の事項がよく問われるので、理解しておこう。

- 核心温よりも皮膚温のほうが、外気温の影響を受けやすい。
- 人体各部の体温は高い順に、直腸温、顔の皮膚温、手足の皮膚温である。
- 寒冷環境の方が、温暖環境よりも、体内と表層の体温差が大きくなる。

 要するに、寒いと核心温に比べて皮膚温が下がり、その差が大きくなるということだ。

②代謝

代謝に関しては、次の事項を整理しておこう。

- 基礎代謝とは、覚醒、空腹、仰臥時の代謝で、生命活動に必要最小限の代謝をいう。
- 平均基礎代謝量（日本人30歳代）は、男性で約1,500kcal/日、女性で約1150kcal/日程度である。
- 日本人の基礎代謝は、夏よりも冬のほうが大きい。
- 体表面積当たりの代謝量は、小児のほうが大人よりも大きい。

③代謝率と作業

代謝率とは、ある代謝の基礎代謝に対する比率をいう。代謝率は、安静、低代謝率、中程度代謝率、高代謝率、極高代謝率にレベル分けされ、それぞれの主な作業の例は次のとおりである。

表11-1：代謝率レベルと作業の例

代謝率レベル	作業の例
安静	仰臥位（仰向け）
低代謝率	軽い手作業
中程度代謝率	釘打ち
高代謝率	のこぎり引き・ブロック積み
極高代謝率	階段を登る

基礎代謝とは、起きていて、お腹すいていて、横になっているときの代謝だ。

◆ヒトの恒常性

恒常性とは、ホメオスタシスともいい、常に一定の状態を保つ性質をいう。ヒトの体温は、フィードバック機能により恒常性が保たれている。ヒトの体温は、「受容器」→「神経」→「調節中枢」→「神経」→「効果器」の流れで調節されている。効果器で反応した結果を受容器で受けて、中枢にフィードバックすることで、恒常性が実現される。

 受容器とは、皮膚や目、鼻、耳などの刺激を受け取る器官、効果器とは、筋肉など、中枢からの指令を受けて効果を発揮する器官をいう。

①自律性体温調節

自律性体温調節とは、無意識の下で行われる体温調節をいい、寒冷時のふるえや暑熱時の発汗などがある。寒冷時には、ふるえや血管の収縮による熱産生の反応が起こり、暑熱時には、発汗・血管の拡張による熱放散の反応が起こる。

 熱産生とは、熱を生み出すこと、熱放散とは、放熱のことだ。なお、常温で安静時の人体放熱量は、皮膚からの放射によるもののほうが、発汗等による蒸発によるものよりも大きい。

③ストレス

ストレスとは、外部から刺激を受けたときに生じる緊張状態である。ストレスの原因となる刺激をストレッサといい、ストレッサには物理的・化学的刺激、社会的・精神的要因がある。また、ストレスへの耐久性をストレス耐性といい、一般に、若年者に比べて高齢者は、ストレス耐性が低い。

➔ 熱環境

熱環境に関しては、暑い、寒いなどの熱環境を示す温熱指標と、暑い、寒い、などの温熱環境が人体に与える影響について、整理して理解しておこう。

◆温熱指標

温熱指標とは、暑い、寒いなどの熱環境を示す指標で、次のものがある。

①有効温度

有効温度とは、気温、湿度、気流の要素からなる温熱指標である。

②修正有効温度

修正有効温度とは、有効温度に放射の要素を加味した温熱指標である。

③新有効温度

新有効温度とは、修正有効温度に作業量と着衣量を加味した温熱指標である。

④不快指数

不快指数とは、気温、湿度の要素からなる温熱指標である。

⑤WBGT指数

WBGT指数とは、暑さ指数ともいい、乾球温度（Ta）、湿球温度（Tw）、黒球温度（Tg）の要素からなる温熱指標で、熱中症予防の指標として用いられる。WBGT指数の熱中症予防のための基準値は、熱の順化度（なれ）、作業強度を考慮して、状況により異なる値となっている。

⑥予測平均温冷感申告（PMV）

予測平均温冷感申告とは、気温、湿度、風速、放射、着衣量、代謝量の要素からなるもので、人体の熱平衡（熱バランス）を基準にした温熱指標である。

黒球温度とは、グローブ温度ともいい、グローブ温度計による温度のことで、熱放射の影響を測定する温度計だ。

黒球

図11-1：黒球温度計

◆人体への影響

温熱環境が与える人体への影響の主な事項について。整理して理解しておこう。

①快適温度

ヒトが快適に感じる温度は、性別、年齢、季節により異なり、一般に、女性のほうが男性より高く、高齢者のほうが若年者よりも高く、夏季のほうが冬季よりも高い。

②感受性

ヒトの温熱環境に対する感受性は、若年者のほうが高齢者よりも高い。したがって、冬季の室温は若年者のほうが高齢者よりも高くなる。

高齢者は、若年者に比べて、高い室温を好むが、部屋が寒いにもかかわらず、寒いと感じる感受性が低いので、冬季の室温が低い傾向になる。

③冷房時、暖房時の留意事項

冷房時、暖房時の留意事項としては、次のものがある。

- 冷房時の留意事項に冷房障害がある。冷房障害とは、冷房により血管の収縮による血流の減少などが原因で引き起こされる人体への障害である。冷房障害の対策として、室温と外気温の差を7℃以内にする必要がある。
- 暖房時の留意事項では、床上0.1mと1.1mの温度差3℃以下となるようにする。また、低湿度は体感温度が低下するので、注意が必要である。

④熱中症

熱中症とは、熱けいれんなど、暑熱環境が原因で引き起こされる人体の症状の総称である。熱中症は、暑熱環境による体温上昇が原因で、けいれん・失神・下痢・嘔吐・頭痛・めまいなどの症状が現れる。熱けいれんは、発汗による塩分濃度の希釈による低ナトリウム血症によるけいれんで、血管が拡張することで、血圧の低下も引き起こされる。

熱中症は人命を奪う恐ろしいものだ。気を付けよう。
だが、ビル管理士の勉強には熱中しようではないか。

Step3 暗記 → 何度も読み返せ！

器官
- [ ] 自律神経：消化、呼吸、循環機能の調整
- [ ] 運動神経：中枢からの命令を運動器官に伝達
- [ ] リンパ：循環器系
- [ ] 腎不全：泌尿器系疾患、パーキンソン病：神経系疾患

体温・代謝
- [ ] 平均基礎代謝量（日本人30歳代）
  男性：約1,500kcal/日、女性：約1,150kcal/日

ヒトの恒常性
- [ ] フィードバック：受容器→（神経）→調節中枢→（神経）→効果器
- [ ] 自律性体温調節：ふるえ・血管の収縮は熱産生、発汗・血管の拡張
  は熱放散
- [ ] 常温・安静時の人体放熱量：放射＞蒸発
- [ ] ストレッサの例：物理的・化学的刺激、社会的・精神的要因

温熱指標
- [ ] 有効温度：気温、湿度、気流
- [ ] 修正有効温度：有効温度＋放射
- [ ] 新有効温度：修正有効温度＋作業量＋着衣量
- [ ] WBGT指数：乾球温度（Ta）、湿球温度（Tw）、黒球温度（Tg）
- [ ] WBGT基準値：熱の順化度、作業強度により異なる。

シックビル

この項では、シックビルの他、アレルギー、気管支炎、アスベスト、結核、過敏性肺炎、たばこについて解説する。アレルギーに関する免疫グロブリンやヒスタミンなどの用語、アスベストの特徴などを理解しておこう。

Step1 図解　目に焼き付けろ!

アレルギーが起きる仕組み

（花粉症の例）

アレルゲンの花粉が鼻に入る

免疫グロブリン（IgE）が出動し、花の粘膜のマスト細胞（肥満細胞）にくっつく

IgE
マスト細胞

花粉が再び鼻に入ると二つのIgEを橋渡しするように結合

マスト細胞（肥満細胞）が活性化され、中のヒスタミンを放出。くしゃみや鼻水などの症状が出る

花粉
ヒスタミン

アレルゲンは抗原、免疫グロブリンは抗体だ。ヒスタミンは、アレルギー症状を引き起こす物質であり、アレルゲンではない。

爆裂に読み込め！

→ シックビル症候群

シックビル症候群とは、ビルの中にいる人が体の不調を訴える現象で、胸部苦悶感、頭痛、めまい、じんましん、吐き気、胸やけ、息切れ、疲労感など多様な症状が出現し、特異的な症状を呈さないのが特徴である。原因物質は同定されないことが多いが、ホルムアルデヒドが原因物質の一つと言われている。ホルムアルデヒドは、可燃性、水溶性、発がん性、刺激臭を有する常温で気体の物質である。

同定とは、ある対象についてそれが何であるかを突き止める行為をいい、ここでは、シックビル症候群の原因物質を突き止めることをいう。同定されないということは、突き止められないということだ。

→ 気管支喘息

気管支喘息は、気管支が狭くなってしまい呼吸が苦しくなる状態を繰り返す疾病である。主にダニを含む家屋じん（ハウスダスト）等をアレルゲンとしたアレルギー反応として発生する。家屋じんを飛散、吸引させないようにするため、室内を清潔にするとともに、室内の湿度を上げることが予防対策として有効である。

アレルゲンとアレルギー反応等、物質の量と人体の反応の関係には、量－反応関係と量－影響反応がある。量－反応関係とは、曝露量と集団の反応率の関係、量－影響反応とは曝露量と個体の影響の関係のことである。

→ アスベスト

アスベストは、自然界に存在する繊維状物質である。ヒトがアスベストを吸引すると、肺の繊維化、じん肺、中皮腫、肺癌などになるおそれがある。発がん性の喫煙との相乗効果も指摘され、現在、労働安全衛生法により試験研究を除き使用禁止されている。

過去に建材などに幅広く使用されていた経緯もあり、アスベスト鉱山の労働者以外にも健康被害が発生している。

→ 過敏性肺炎

過敏性肺炎は、真菌などの微生物を吸い込むことによって起こるアレルギー性の肺炎である。

> 過敏性肺炎の原因物質は、真菌、すなわちカビだ。カビン性肺炎の原因はカビだ。これはダジャレだ。過敏性肺炎の原因物質はカビであり、アスベストではない。

→ 結核

結核は、結核菌によって引き起こされる感染症である。飛沫核感染により感染するが、多数は、感染しても発症しない。また、日本の罹患率は欧米より高く、近年においても死亡例がある。

> 飛沫核感染とは、飛沫核により、引き起こされる感染をいう。飛沫核とは、せきやくしゃみにより空気中に放出された飛沫が、水分が蒸発することにより微粒子になったものをいう。

→ たばこ

喫煙は、肺癌、肺気腫などのリスクを増大させ、慢性閉塞性肺疾患の原因となるので、健康増進法による受動喫煙防止の努力義務が規定されている。受動

第**2**章　建築物の環境衛生

喫煙防止対策の一つである分煙の判定基準項目には、浮遊粉じん、一酸化炭素の濃度がある。

また、たばこの煙には、喫煙者が吸い込む主流煙と、たばこの先端より直接立ち上る副流煙があり、発がん性物質の量は副流煙のほうが主流煙よりも多い。

 受動喫煙対策の一つとして設置される空気清浄機は、浮遊粉じんなどの粒子状成分よりも、一酸化炭素などのガス状成分のほうが、除去量が少なく、除去しにくい。このことも覚えておこう。

Step3 暗記 何度も読み返せ！

シックビル症候群
- ☐ 症状：胸部苦悶感、頭痛、めまい、じんましん、吐き気、胸やけ、息切れ、疲労感。特異的な症状を呈さず、多様な症状が出現
- ☐ 原因物質は同定されない。

アスベスト
- ☐ 自然界に存在する繊維状物質。
- ☐ 肺の繊維化、じん肺、中皮腫、肺癌。

過敏性肺炎
- ☐ 発症原因：真菌などの微生物

たばこ
- ☐ 空気清浄機の除去量：粒子状成分＞ガス状成分
- ☐ 分煙効果の判定基準：浮遊粉じん、一酸化炭素

No. **13** /72 気体物質

この項では、酸素、二酸化炭素、一酸化炭素、オゾン、二酸化硫黄の気体物質について解説する。特に、各物質の濃度と人体への影響と、一酸化炭素とヘモグロビンとの関係について、理解しておこう。

Step1 図解 目に焼き付けろ！

完全燃焼（酸素が足りている）
→二酸化炭素が発生する

→一酸化炭素が発生する

血液中のヘモグロビンが酸素を全身へと運んでいる
→体を正常に機能させることができる

一酸化炭素が結びつくことで、酸素が運ばれなくなる
→体を正常に機能させることができない

一酸化炭素は、酸素の不足した不完全燃焼により発生し、人体に入ったあとはヘモグロビンと結びつき、酸素の供給が阻害されることで有毒性が生じる。すなわち、一酸化炭素中毒の原因は酸素不足だ。

爆裂に読み込め!

➡ 酸素

通常の大気の酸素濃度は21%である。労働安全衛生法上の酸素欠乏とは、酸素濃度18%未満と定義されている。

 大気の組成は、体積比で窒素78%、酸素21%、その他1%程度である。

➡ 二酸化炭素

建築物衛生法上の必要換気量の目安は、0.1%以下、すなわち1,000ppm以下である。この数値を超過しないように換気量を確保する必要がある。なお、通常の大気中の二酸化炭素の濃度は0.04%（400ppm）程度、また、ヒトの呼気（吐く息）の二酸化炭素の濃度は4%程度である。

 大気の二酸化炭素濃度は0.04%程度、ヒトの呼気の二酸化炭素濃度は4%程度、すなわちヒトの吐く息の二酸化炭素濃度は大気の100倍程度である。

➡ 一酸化炭素

一酸化炭素は、酸素の不足している環境化での不完全燃焼により発生する無色、無臭の気体である。一酸化炭素の、人体の酸素の供給を担う血中のヘモグロビンとの親和性（結びつきやすさ）は、酸素の200倍以上あり、一酸化炭素がヘモグロビンと結びついてしまうことで、人体内の酸素の運搬を阻害することで毒性を発揮する。

一酸化炭素は、たばこ煙中にも含まれ、血中CO－Hb濃度（一酸化炭素と結

びついたヘモグロビンの濃度）は喫煙者のほうが非喫煙者よりも多い。

我が国における大気中の一酸化炭素の濃度は、自動車の排ガス規制の効果により、近年は過去のピーク時に比較して低下している。

→ オゾン

オゾンは酸素の同素体で、分子式はO_3である。大気中では、紫外線による光化学反応、落雷の放電で生成され、室内では、レーザプリンタなどの高電圧利用機器から発生する。生臭い特有の臭気を有し、水に溶けにくい性質を有している。

光化学オキシダントとして、大気汚染の環境基準が規定されている。光化学オキシダントとは、自動車や工場などから排出される大気中の窒素酸化物、揮発性有機化合物などが、太陽からの紫外線をうけ光化学反応を起こして作り出されるオゾンなどの物質の総称で、目やのどなどの粘膜を刺激する被害を引き起こす。

「オゾンはヒトが吸入すると肺の奥まで達する。」このことも、出題されているからチェックしておこう。

→ 二酸化硫黄

二酸化硫黄は、化石燃料の燃焼や火山活動等により排出される気体で、粘膜を刺激する。大気汚染の環境基準は0.1ppm（1時間値）である。大気中の濃度は、石炭の使用の減少により減少している。

何度も読み返せ！

酸素濃度と健康障害

- ☐ 20〜18%：正常
- ☐ 17〜16%：呼吸・脈拍の増加、めまい
- ☐ 15〜14%：呼吸困難、注意力の低下
- ☐ 11〜10%：眠気、動作の鈍化
- ☐ 7〜6%：知覚喪失
- ☐ 4%以下：卒倒、死亡

二酸化炭素濃度と健康障害

- ☐ 3〜4%：頭痛、血圧上昇
- ☐ 6%程度：呼吸困難
- ☐ 7〜10%：意識不明

血中CO−Hb濃度と健康障害

- ☐ 0〜5%：無症状
- ☐ 20〜30%：頭痛
- ☐ 30〜40%：めまい、失神
- ☐ 50〜60%：呼吸困難、けいれん
- ☐ 60〜70%：昏睡
- ☐ 70〜80%：呼吸抑制、死亡

ここの数字が出題される。全部覚えるのは無理だから、過去に問われた数値だけは覚えておくようにしておこう。

二酸化硫黄濃度と健康影響

- ☐ 0〜1ppm：刺激臭
- ☐ 5〜10ppm：咳、のどの痛み、喘息
- ☐ 20ppm：目の刺激
- ☐ 400〜500ppmで呼吸困難、死亡

No. 14 /72 音と振動

この項では、音の周波数、特に、ヒトの耳が聴くことのできる周波数とヒトの耳が最も敏感な周波数は押さえておこう。一時的閾値上昇、振動感覚閾値、末梢神経障害、末梢循環障害などの言葉も、よく理解しておこう。

Step1 図解 ➤ 目に焼き付けろ!

音の周波数

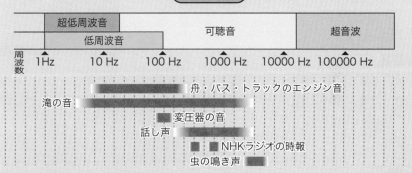

●ヒトの耳が聴くことのできる周波数：20Hz～20,000Hz（20kHz）
●ヒトの音声の周波数：100～4,000Hz
●ヒトの耳が最も敏感な周波数：4,000Hz
●ヒトの耳が難聴の初期に低下し始める周波数：4,000Hz付近
●聴力レベル測定時の周波数：1,000Hz、4,000Hz

音とは音波であり波だ。周波数とは、波が1秒間に繰り返して波打つ回数だ。
ヒトの耳が難聴の初期に低下し始める周波数と、ヒトの耳が最も敏感な周波数は、ともに4,000Hz付近だ。

Step2 解説 爆裂に読み込め！

騒音も振動も人体に影響がある。

→ 音

音に関しては、音の三要素、騒音、聴力低下について、整理しておこう。

◆音の三要素

音の高さ、音の大きさ、音色を音の三要素という。ヒトは音の三要素それぞれの違いを識別することによって音を聞き分けることができる。音の高さは音の周波数の高低により、音の大きさは音波の振幅の大小に、音色は音波の波形の形状に由来するものである。

図14-1：音の三要素

◆騒音

騒音とは、不快で好ましくない音をいう。騒音の人への影響としては、末梢血管の収縮、血圧上昇などがある。騒音の測定は、人の聴覚の周波数特性に近い、A特性を用いて測定する。

A特性とは、ヒトの聴覚を考慮して周波数ごとに補正した騒音特性をいう。A特性に関してはこれくらい知っていればええ。

◆聴力低下

ヒトの聴力が低下する主な要因には、加齢による聴力低下と騒音による一時的な聴力低下がある。

加齢による聴力低下では、高い周波数のほうが低い周波数よりも、聴力が低下する傾向にある。

騒音に曝露されて一時的に聴力が低下する現象を、一時的閾値上昇という。

閾値とは、「しきいち」あるいは「いきち」ともいい、反応や状態の変化をもたらす最小の値のことだ。一時的閾値上昇とは、一過性聴力損失ともいい、騒音に対する閾値が一時的に上昇することをいう。

聴力が低下すると閾値が上昇する。これは、耳が遠くなったおじいさんがテレビを見ているとき、音量がやたら大きいことで理解できるだろう。わかったか！
えっ？「うるさい？」俺は騒音なのか！

➡ 振動

振動に関しては、振動の知覚と振動によるヒトへの影響を整理しておこう。

◆振動の知覚

ヒトは振動を全身で知覚することができる。また、振動の知覚の程度は、振動の方向、周波数によって異なり、ヒトが最も敏感に知覚できる周波数は、垂直振動で4〜8Hz、水平振動で1〜2Hz程度である。また、ヒトが知覚できる振動の最小値である振動感覚閾値は振動レベル55dB程度である。なお、振動レベルとは、基準加速度：$10^{-5}m/s^2$として補正を行った加速度レベルで、単位はdB（デシベル）で表記される。

◆振動障害

ヒトに100dB以上の振動を曝露した場合、血圧上昇、血管収縮、心拍数増加、体温上昇、胃腸機能低下などの影響が生じるといわれている。

振動障害の例としては、自動車の運転業務中の垂直振動に起因する振動障害や、振動工具を使用する業務中の局所振動に起因する末梢神経障害、末梢循環障害がある。局所振動による末梢循環障害には、レイノー病（白ろう病）と呼ばれるものがある。

末梢循環障害とは、局所の振動による手指などの末梢への血液の循環障害をいう。

何度も読み返せ!

音に関する事項
- ☐ 聴覚の周波数特性：A特性
- ☐ 一時的閾値上昇：騒音に曝露されることによる聴力低下
- ☐ 騒音の影響：末梢血管の収縮、血圧上昇

各周波数の値
- ☐ 可聴周波数：20Hz～20,000Hz（20kHz）
- ☐ 音声の周波数：100～4,000Hz
- ☐ 敏感な周波数：4,000Hz
- ☐ 難聴の初期低下：4,000Hz付近
- ☐ 聴力レベル測定：1,000Hz、4,000Hz

振動の知覚
- ☐ 敏感な周波数：垂直振動4～8Hz、水平振動1～2Hz
- ☐ 振動感覚閾値（知覚できる最小値）：55dB

振動障害
- ☐ 生理的影響：100dB以上
- ☐ 運転業務の振動障害：垂直振動に起因
- ☐ レイノー病（白ろう病）：局所振動に起因
- ☐ 末梢神経障害：局所振動に起因

振動レベル
- ☐ 振動感覚補正を行った加速度レベル。
- ☐ 基準加速度：$10^{-5}m/s^2$、単位：dB（デシベル）

15

/72

光環境

この項では、ヒトの視覚と照度の関係、暗順応と明順応、光環境を表す指標である照度・輝度・色温度やVDT作業、LED、色相・明度・彩度、暖色と寒色、そして、JIS照度基準、JISによる安全色について、学習していこう。

Step1 図解 目に焼き付けろ！

（視細胞）

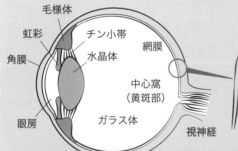

光の入る向き

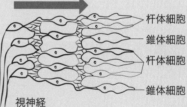

杆体細胞：網膜全体に存在
錐体細胞：黄斑部に集中して存在

視細胞とは、ヒトの視覚を担う細胞で、網膜に存在している。視細胞には錐体細胞と杆体細胞がある。
錐体細胞は、感光度が低く、明るいときに働き、赤・青・緑の光に反応し、解像力に優れるという特徴がある。一方、杆体細胞は、感光度が高く、暗いときに働く。視細胞の数は、錐体細胞よりも杆体細胞の方が多い。

杆体とは、棒のような形のことだ。錐体とは、円錐のような形のことだ。また、杆体は桿体とも表記される。

爆裂に読み込め!

➡ ヒトの視覚

　ヒトの目は、照度が低下すると瞳孔が開いて、光を多く取り入れようとする。ヒトの視力は0.1lx付近で大きく変化し、0.1lxを下回ると視力が低下する。また、明るさの変化に順応するのにも時間を要し、「明るい⇒暗い」の順応である暗順応するのに40分程度、「暗い⇒明るい」の順応である明順心するのに2分程度要する。

> lxとは、ルクスと読み、照らされている面の明るさ、すなわち照度を表す単位である。数字が大きいと明るい。

➡ 光環境の指標

　光環境を表す指標に照度、輝度、色温度がある。照度とは、照らされている面の明るさを表す単位で、照明の量の指標である。輝度は、まぶしさ（グレア）を表す指標である。色温度とは、色を絶対温度で表したもので、色温度が高いと青みをおびた光、色温度が低いと赤みをおびた光を表している。

> 光を吸収して反射しない真っ黒な物体（黒体という）を加熱すると光を発し、温度により光色が変わる。その光色と温度の関係を数値で表したものを色温度という。

➡ VDT作業とLED

　VDTとは、Visual Display Terminalsの略で、パソコンのディスプレイやタブレットやスマホの画面のことを指す。LEDとは、発光ダイオードのことで、半導体を利用した照明器具のことをいう。

◆VDT作業

VDT作業では、画面と書類の輝度・距離の差や画面への光の映込みなどが、目の疲労の原因となる。VDT作業による疲労防止のためガイドラインが策定されており、画面は500lx以下、書類・キーボード300lx以上と推奨照度が規定されている。

「普段使用している遠近両用メガネでは、VDT作業の目の疲労を防止できない。」という内容も出題されているので、チェックしておこう。

◆LED（発光ダイオード）

前述のとおり、LEDとは、発光ダイオードのことで、半導体を利用した照明器具である。LEDには次のような特徴がある。

- 小型軽量・高効率・長寿命
- 衝撃・振動に強い
- 白色光も利用が可能
- 熱に弱い
- 光が拡散せず、指向性が強い

白色光とは、太陽の自然光に近い光のことだ。青色ダイオードが発明されたことにより、実現可能になった。

➡ 色彩

色彩は、色相、明度、彩度で表現される。

色相とは色合いのことである。色には人に暖かい印象を与える暖色と寒い印象を与える寒色がある。また、暖色は人の目に進出して見える進出色、寒色は後退して見える後退色でもある。

彩度とは、色の鮮やかさのことで、彩度が高いとはつらつ、新鮮な印象を人に与え、彩度が低いと渋みや落ち着きのある印象を与える。

明度とは、色の明暗のことで、暗い色は重厚感を、明るい色は軽量感をそれぞれ人に与える。

色彩を色相、明度、彩度で体系的に表現したものを、マンセル表色系という。

Step3 暗記 何度も読み返せ！

JIS照度基準（抜粋）

- ☐ 750lx：製図室、事務室、玄関ホール（昼）
- ☐ 500lx：会議室、印刷室、応接室、診察室
- ☐ 300lx：化粧室、エレベータホール、食堂
- ☐ 200lx：書庫、更衣室
- ☐ 150lx：階段
- ☐ 100lx：廊下、エレベータ、玄関ホール（夜）、倉庫、休憩室
- ☐ 50lx：屋内非常階段

JISによる安全色

- ☐ 赤：禁止、停止
- ☐ 黄赤：危険
- ☐ 黄：注意
- ☐ 緑：安全状態
- ☐ 青：指示、誘導
- ☐ 赤紫：放射能
- ☐ 白：通路

電磁波と放射線

この項では、電場の強さ・磁場の強さ・磁束密度の単位、SAR（比吸収率）、赤外線、紫外線、マイクロ波、レーザー光線、電離放射線の生体影響である早期影響と晩発影響、確定的影響と確率的影響について、学習していこう。

Step1 図解 目に焼き付けろ！

電磁波の波長

ガンマ（γ）線	X線	紫外線	可視光線	赤外線	電波

← 波長が短い　　　　　　　　　　　　　　　　　波長が長い →

放射線の透過

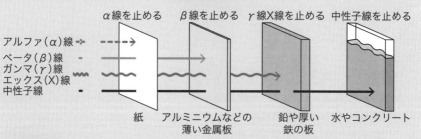

アルファ（α）線
ベータ（β）線
ガンマ（γ）線
エックス（X）線
中性子線

α線を止める　β線を止める　γ線X線を止める　中性子線を止める

紙　　アルミニウムなどの　　鉛や厚い　　水やコンクリート
　　　薄い金属板　　　　　　鉄の板

波長の長い順に、赤外線、可視光線、紫外線だ。可視光線とはヒトの目に見える光のことだ。
α線は紙、β線は薄い金属板、γ線は厚い鉄の板を透過できないぞ。

爆裂に読み込め！

→ 電磁波

電磁波とは、電場と磁場が変化しながら伝搬する波である。電場とは、電界ともいい、電荷に力を及ぼす空間、すなわち静電気力が働く空間をいう。磁場とは、磁界ともいい、磁荷に力を及ぼす空間、すなわち磁力が働く空間をいう。電場の強さの単位は［V/m］（ボルト毎メートル）、磁場の強さの単位は［A/m］（アンペア毎メートル）で表される。

磁場の状況を表現する単位としては、磁束密度T（テスラ）もあるぞ。

◆電波防護指針

電波防護指針とは、電波の人体に対する安全性の基準である。電波防護指針では局所SARについての基準値を10W／kg（管理環境）と2W／kg（一般環境）としている。SARとは、比吸収率（SAR：Specific Absorption Rate）のことで、ヒトの体重当たり時間当たりに電磁波により吸収されるエネルギーで、単位は［W/kg］（ワット毎キログラム）で表される。

◆赤外線

赤外線は、工業用の加熱装置などに用いられ、ヒトへの生体影響としては、白内障、網膜障害、熱中症、皮膚血管拡張、代謝促進などがある。皮膚透過性は、紫外線より大きく、紫外線よりも体の内部に達する。

◆紫外線

紫外線は、殺菌などに用いられ、ヒトへの生体影響としては、電気性眼炎、角膜障害、ビタミンD形成、皮膚の紅斑、皮膚癌（黒色腫）、白内障などがある。

白内障とは、眼球の水晶体が白濁する病気だが、赤外線も紫外線も白内障の原因となる。赤も紫も白い病の元になる。

◆マイクロ波

マイクロ波は、周波数300MHz～300GHzの電磁波で、電子レンジなどに用いられている。マイクロ波も白内障を引き起こす。

◆レーザー光線

レーザー光線とは、単一の波長の電磁波で、ヒトの生体影響としては、網膜損傷などを引き起こす。

赤外線、紫外線、マイクロ波、レーザー光線も、ヒトの目に影響がある。

➔ 電離放射線

放射線とは、運動エネルギーを持って空間に放射される粒子や電磁波のことをいう。放射線のうち電離作用を有する放射線を電離放射線という。

◆電離放射線と非電離放射線

電離放射線とは、X線、γ線などの電磁波で、エネルギーが大きく、電離作用などにより、生体影響を及ぼすことがある放射線をいう。一方、非電離放射線とは、紫外線の一部、可視光線、赤外線、テレビ・ラジオ等の電波などの電離作用を起こすエネルギーを持たない電磁波である。

X線は生体影響のある電離放射線なので、胸部X線検査1回の被爆量は、自然放射線の年間被爆量よりも低く抑えられている。

◆電離放射線の生体影響

　電離放射に対して、人体のうち感受性が最も高い細胞はリンパ球である。また、人体に対する影響度の単位は、[Sv]（シーベルト）が用いられる。

① 早期影響と晩発影響

　電離放射線の生体影響には、放射線の曝露後、早期（数週間以内）に症状が生じる早期影響と発症するまで長期間かかる晩発影響があり、各症状は次のとおりである。

- 早期影響：脱毛、不妊、皮膚潰瘍、白血球減少
- 晩発影響：白血病、胎児の障害、白内障、甲状腺癌、悪性リンパ腫、皮膚癌

② 確定的影響と確率的影響

　電離放射線の生体影響は、確定的影響と確率的影響に分類される。確定的影響とは、一定以上の量（閾値）に曝露されない限り発生することがない影響をいう。確率的影響は、閾値が存在せず、低い量の曝露でも発生する確率がある影響をいう。確定的影響と確率的影響の主な症状は次のとおりである。

- 確定的影響：皮膚潰瘍、脱毛、不妊、消化器障害
- 確率的影響：遺伝子異常（胎児奇形等）、白血病、発がん（甲状腺癌等）

発がんは確率的影響に分類される。したがって、がんに対する閾値は存在しない。

- [ ] マイクロ波：周波数300MHz～300GHz。白内障を引き起こす。電子レンジに利用
- [ ] 携帯電話端末の局所SAR許容値：2W/kg

赤外線

- [ ] 用途：工業用加熱装置
- [ ] 生体影響：白内障、網膜障害、熱中症、皮膚血管拡張、代謝促進
- [ ] 皮膚透過性：紫外線より大きい

紫外線

- [ ] 用途：殺菌
- [ ] 生体影響：電気性眼炎、角膜障害、ビタミンD形成、皮膚の紅斑、皮膚癌（黒色腫）、白内障

電離放射線

- [ ] 感受性が最も高い細胞：リンパ球
- [ ] 胸部X線検査1回の被爆量＜自然放射線の年間被爆量
- [ ] 人体に対する影響度の単位：シーベルト（Sv）
- [ ] 早期影響：脱毛、不妊、皮膚潰瘍、白血球減少
- [ ] 晩発影響：白血病、胎児の障害、白内障、甲状腺癌、悪性リンパ腫、皮膚癌
- [ ] 確定的影響：皮膚潰瘍、脱毛、不妊、消化器障害
- [ ] 確率的影響：遺伝子異常（胎児奇形等）、白血病、発がん（甲状腺癌等）
- [ ] がんに対する閾値は存在しない。

水に関する事項

重要度：🔥🔥🔥

この項では、ヒトの体内水分量・排泄する尿量、水分欠乏率、カドミウム・有機水銀・ヒ素・トリクロロエチレン・大腸菌等の主な水質基準項目、水系感染症、ノロウイルス、クリプトスポリジウムについて、学習していこう。

Step1 図解 ► 目に焼き付けろ！

性別、年齢による体水分量の違い

新生児 80% 乳児 70% 幼児 65% 成人男性 60% 成人女性 55% 高齢者 50〜55%

人体の水分

血液5%
細胞の間15%
細胞の中40%

In		
食事	1L
体内でつくられる水	0.3L
飲み水	1.2L

水の出入り 1日2.5L

out		
尿・便	1.6L
呼吸や汗	0.9L

成人の体内水分量は、体重の50〜70%で、うち細胞内液が40%、血漿や細胞の間の細胞外液が20%程度だ。また、体内水分量の体重当たりの比は、男性のほうが女性より多く、若年者のほうが高齢者よりも多く、小児のほうが成人よりも多い。
成人が通常状態で摂取する水分量は2.5L/日であるが、生理的に最低限必要な量は約1.5L/日だ。また、尿は、成人が通常状態で排泄する尿量は1〜2L/日であるが、生理的に最低限必要な尿量は0.4〜0.5L/日だ。
これも間違えないように覚えておこう。

Step2 解説 爆裂に読み込め！

➡ ヒトの水分欠乏率

　ヒトの水分欠乏率とは、人体に含有される水分が欠乏した比率をいう。ヒトは、水分が欠乏すると、その比率により、次のような症状が生じる。

- 2%：強い渇き
- 6%：手・足のふるえ
- 8%：呼吸困難、チアノーゼ
- 10%：失神、腎機能不全
- 18%：尿生成の停止
- 20%：死亡

> チアノーゼとは、血液中の酸素が不足して、くちびるや指先などの皮膚や粘膜が青紫色に変色する症状をいう。これくらいは知っておこーぜ。

➡ 主な水質基準項目

　水質基準とは、水道法に定められている水道水の水質に対する基準である。水質基準に定められている主な項目に関する事項は次のとおりである。

- カドミウム：イタイイタイ病の原因物質である。
- 有機水銀：水俣病の原因物質である。
- ヒ素：発がん性があり、皮膚の色素沈着や角化などを引き起こす。化合物の毒性は結合の形態により異なる。
- トリクロロエチレン：ドライクリーニングなどの洗浄用の有機塩素系溶剤として用いられる。
- 大腸菌：ヒトの大腸等に存在する細菌で、ヒトの糞便などによる汚染の指標である。水質基準では、検出されないことと規定されている。

トリクロロエチレンは、トリハロメタンのような消毒副生成物ではない。間違えないようにしよう。なお、消毒副生成物とは、塩素消毒により発生してしまう物質のことをいう。

→ 水系感染症

水系感染症とは、汚染された水を直接摂取することを感染経路とする感染症である。水系感染症に関する事項は次のとおりである。

◆水系感染の特徴

水系感染症の患者は、短期間に爆発的に発生し、患者の範囲は給水範囲に重なる。また、性別や職業に無関係に発生し、季節に左右されない。一方、現在では、致死率は低く、軽症となることが多い。

◆水系感染症の病原体

水系感染症の主な病原体は次のとおりである。

- ノロウイルス
- ポリオウイルス
- クリプトスポリジウム
- 赤痢菌
- 赤痢アメーバ
- コレラ菌
- 腸チフス菌
- パラチフス菌

 水系感染症のうち、ノロウイルスとクリプトスポリジウムは次のことを押さえておこう。

- ノロウイルス
  食中毒の原因。感染力が強い。冬季を中心に発生。
  症状：嘔吐、下痢、発熱
- クリプトスポリジウム
  病原体は原虫。塩素に抵抗性。ヒト以外にも発症。
  潜伏期間：約1週間。指標菌（大腸菌等）の検査が有用

Step3 暗記 何度も読み返せ！

水分・尿

☐ 成人の体内水分量：体重の50〜70%（細胞内液40%、細胞外液20%）程度
☐ 成人が生理的に必要な水分量：約1.5L/日
☐ 成人が体内で生成する水分量：約0.3L/日
☐ 成人が通常状態で排泄する尿量：1〜2L/日
☐ 成人が生理的に最低限必要な尿量：0.4〜0.5L/日

水分欠乏率

☐ 2%：強い渇き
☐ 6%：手・足のふるえ
☐ 8%：呼吸困難、チアノーゼ

☐ 10%：失神、腎機能不全
☐ 18%：尿生成の停止
☐ 20%：死亡

水質基準

☐ ヒ素：発がん性あり。皮膚の色素沈着や角化。毒性は結合形により異なる。
☐ トリクロロエチレン：洗浄用の有機塩素系溶剤。消毒副生成物ではない。

水系感染の特徴・病原体

☐ 患者：短期間に爆発的に発生し、給水範囲に重なる。性別や職業に無関係。
☐ 季節に左右されない。致死率が低く、軽症例が多い。
☐ ノロウイルス、ポリオウイルス、クリプトスポリジウム、赤痢菌、赤痢アメーバ、コレラ菌、腸チフス菌、パラチフス菌

感染症

この項では、感染症対策（感染源対策、感染経路対策、感受性対策）、病原体（原虫、真菌、リケッチア、細菌、ウイルス、スピロヘータ）やレジオネラ症、感染症法上の感染症の分類について、学習していこう。

Step1 図解 ➡ 目に焼き付けろ！

感染源

3つすべてそろうと感染が成立する

感受性がある

感染経路

抗体などの免疫が十分でなく体に入った細菌やウイルスが増殖する

感染が成立する3条件

【 感染症対策 】

● 感染源対策：媒介動物の駆除、保菌者の管理、患者の治療、隔離
● 感染経路対策：うがい、手洗い、マスク、水や空気の浄化、室内の清潔保持
● 感受性対策：予防接種、体力の向上

うがい、手洗い、マスクは、感染源対策ではなく、感染経路対策だ。間違えないようにしよう。

Step2 解説 爆裂に読み込め！

➡ 病原体と感染症

◆原虫による感染症

　原虫とは、動物的な微生物である原生動物のうち、特に病原性のあるものをいう。原虫による主な感染症に、**マラリア**、**クリプトスポリジウム**症がある。

◆真菌による感染症

　真菌とは、カビ、キノコ、酵母などをいう。真菌のうち感染症を引き起こすものはカビ類で、引き起こされる感染症には、**白癬症**、**カンジタ症**などがある。

◆リケッチアによる感染症

　リケッチアとは、リケッチア科に分類される微生物の総称で、リケッチアによる感染症には、**発疹チフス**、**つつが虫病**などがある。

◆細菌による感染症

　細菌とは、バクテリアともいう微生物で、細菌による感染症には、**ペスト**、**コレラ**、**レジオネラ症**、**結核**などがある。

◆ウイルスによる感染症

　ウイルスとは、生体の宿主の細胞内で繁殖する特に微小な病原体で、ウイルスによる感染症には、**A型肝炎**、**B型肝炎**、**日本脳炎**、**麻しん**、**インフルエンザ**、**デング熱**などがある。

◆スピロヘータによる感染症

　スピロヘータとは、スピロヘータ科に属する微生物で、スピロヘータによる感染症には、**梅毒**、**ワイル病**などがある。

ビル管理技術者として特に気を付けなければならない感染症は、レジオネラ症だ。

　レジオネラ症は、人から人へ直接伝播せずに、間接伝播する4類感染症で、病原体はレジオネラ属菌という細菌だ。レジオネラ属菌は、自然界の土中や淡水に存在しており、20〜50℃で繁殖する。

　感染経路は、レジオネラ属菌が繁殖した冷却塔や循環式浴槽の水のエアロゾルを人が吸入することで生じる。感染しやすさは、人の個体差・体調差が影響し、垂直感染（母子感染）はしないという特徴を有している。

➡ 感染症の分類

　感染症法により、感染症は第1類〜第5類他に分類される。第1類から第5類に分類される主な感染症は次のとおりである。

- 1類感染症：エボラ出血熱、クリミア・コンゴ出血熱、痘そう、南米出血熱、ペスト、マールブルグ病、ラッサ熱
- 2類感染症：急性灰白髄炎（ポリオ）、ジフテリア、重症急性呼吸器症候群（SARSコロナウイルスに限る）、結核、鳥インフルエンザ（H5N1）
- 3類感染症：腸管出血性大腸菌感染症、コレラ、細菌性赤痢、腸チフス、パラチフス
- 4類感染症：A型肝炎、狂犬病、マラリア、ウエストナイル熱、ジカウイルス感染症、重症熱性血小板減少症候群、チクングニア熱、つつが虫病、デング熱、日本紅斑熱、日本脳炎、発しんチフス、ライム病、レジオネラ症、レプトスピラ症ほか
- 5類感染症：インフルエンザ（鳥インフルエンザ、新型インフルエンザを除く。）、クリプトスポリジウム症、梅毒、麻しん、アメーバ赤痢、風しんほか

そもそも感染症とは、環境中に存在する病原性の微生物が、人の体内に侵入することで引き起こす病気だ。我々の身の回りには、常に目に見えない多くの微生物（細菌、ウイルス等）が存在しているが、感染症を引き起こす微生物を病原体という。

Step3 暗記 → 何度も読み返せ！

病原体と感染症

☐ 原虫：マラリア、クリプトスポリジウム症

☐ 真菌：白癬症、カンジタ症

☐ リケッチア：発疹チフス、つつが虫病

☐ 細菌：ペスト、コレラ、レジオネラ症、結核

☐ ウイルス：A型肝炎、B型肝炎、日本脳炎、麻しん、インフルエンザ、デング熱

☐ スピロヘータ：梅毒、ワイル病

レジオネラ症

☐ 間接伝播する4類感染症

☐ 病原体：細菌。自然界の土中や淡水に存在。20～50℃で繁殖

☐ 感染経路：冷却塔、循環式浴槽の水のエアロゾル吸入

☐ 感染しやすさは、人の個体差・体調差が影響

☐ 垂直感染しない。

感染症の分類

☐ 1類感染症：エボラ出血熱、クリミア・コンゴ出血熱、痘そう、南米出血熱、ペスト、マールブルグ病、ラッサ熱

☐ 2類感染症：急性灰白髄炎（ポリオ）、ジフテリア、重症急性呼吸器症候群（SARSコロナウイルスに限る）、結核、鳥インフルエンザ（H5N1）

☐ 3類感染症：腸管出血性大腸菌感染症、コレラ、細菌性赤痢、腸チフス、パラチフス

消毒と溶液計算

この項では、滅菌と消毒、薬液消毒剤（ホルマリン、消毒用エタノール、次亜塩素酸ナトリウム、クレゾール、逆性石鹸など）、次亜塩素酸ナトリウムの溶液計算（溶液、溶質、溶媒の算出）について、学習していこう。

Step1 図解　目に焼き付けろ！

 ※ は実際には見えない

溶けているもの←溶質
溶かしている液体←溶媒
溶質と溶媒←溶液

 溶液 ＝  溶媒 ＋ 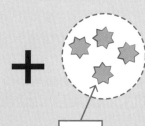 溶質

建築物環境衛生技術者試験においては、次亜塩素酸ナトリウム水溶液の溶液計算が出題される。この場合、溶質は次亜塩素酸ナトリウム、溶媒は水だ。そして、溶液とは、溶媒に溶質を加えたものだ。

Step2 解説 爆裂に読み込め！

→ 滅菌と消毒

滅菌とは、すべての微生物を死滅させること、消毒とは、病原体のみを死滅させたり、病原体を害がない程度まで減らしたりすることをいう。

 滅菌は無差別攻撃の皆殺しに対し、消毒は毒だけを消すということだ。

→ 薬液消毒剤

ビル管理に用いられる主な薬液消毒剤は、次のとおりである。

◆ホルマリン

ホルマリンとは、ホルムアルデヒドの水溶液のことで、無色透明で、刺激臭がある。ホルマリンは、芽胞に対し有効に消毒効果を発揮することができる。

 芽胞とは、「がほう」と読み、一部の細菌が形づくる極めて耐久性の高い細胞構造だ。要するに、極めて防御力の高いシールドだ。ホルマリンは、その芽胞でさえ有効に消毒できる強い消毒力を持っているのだ。

◆消毒用エタノール

エタノールとは、アルコールの一種、エチルアルコールのことで、揮発性のある特有の芳香を持つ無色の液体である。消毒用エタノールの至適濃度（最適な濃度）は70%である。また、消毒用エタノールは、芽胞に対して無効、すなわち消毒効果を発揮することはできない。

至適濃度70%とは、消毒に最も適した濃度が70%ということだ。この%はアルコール水溶液の重量%濃度のことだ。そう、アルコールは水に溶ける。ウイスキーや焼酎を水割りにするように。

◆次亜塩素酸ナトリウム

次亜塩素酸ナトリウムは、次亜塩素酸とナトリウムの化合物である。次亜塩素酸ナトリウムは、消毒対象物に有機物が多いと消毒効果が減退する性質を有している。

◆クレゾール

クレゾールとは、石炭タール、木タールから得られる無色または淡褐色の液体で、消毒・殺菌・防腐剤として広く利用されている。クレゾールは、臭気があるため食器・食物の消毒に適していない。

◆逆性石鹸

逆性石鹸とは、消毒作用を有している石鹸をいう。通常の石鹸が洗浄作用を有しているのに対し、逆性石鹸は洗浄作用ではなく消毒作用を有している。逆性石鹸は、ウイルスに対する消毒効果が弱いという性質を有している。

次亜塩素酸ナトリウムは有機物が多いと効果が減退、クレゾールは臭気がある、逆性石鹸はウイルスに対する効果が弱い、という点に注意しよう。
また、その他消毒に用いられるものとして、γ線、紫外線　酸化エチレン、オゾンなどが出題されている。名前だけ覚えておこう。

➡ 水溶液の濃度と密度

試験では、次亜塩素酸ナトリウムの溶液計算の問題が出題される。溶液計算の問題を解くためには、次の3つの関係式を理解しておく必要がある。

◆**質量パーセント濃度**

質量パーセント濃度は次式で表される。

$$質量パーセント濃度＝\frac{溶質の質量[g]}{水溶液の質量[g]}×100 \quad [\%]$$

◆**質量体積濃度**

質量体積濃度［mg/L］は次式で表される。

$$質量体積濃度＝\frac{溶質の質量[mg]}{水溶液の体積[L]}＝\frac{溶質の質量[mg]}{希釈水の体積＋溶質の体積[L]} \quad [mg/L]$$

◆**水溶液の密度**

本試験の濃度計算における比較的低い濃度の次亜塩素酸ナトリウム水溶液の濃度は、ほぼ水の密度と等しいと考えられ、次のように表される。

本試験に出題される次亜塩素酸ナトリウム水溶液の濃度
≒水の密度＝1［g/mL］（水溶液1mLは1g）

溶液計算の問題はよく出題される。計算問題は理屈も大事だが、計算して答えを出せることが最も大事だ。次の問題にチャレンジしよう。

例題（平成30年問題45）

5%溶液として市販されている次亜塩素酸ナトリウム16mLに水を加え、およそ20mg/Lの濃度に希釈するときに加える水の量として、最も近いものは次のうちどれか。

(1) 0.8L　　　(4) 32L
(2) 3.2L　　　(5) 40L
(3) 4L

解答　(5)

解説

①5%溶液16mLの質量 [g] は、水の密度にほぼ等しいので16gである。

②質量パーセント5%溶液中の溶質の質量 [mg] は、次のとおりである。

　　溶質の質量＝16 [g] ×0.05＝0.8 [g] ＝800 [mg]

③希釈水の体積をV [L] とすると、20mg/Lの溶液は次の関係式で表される。

$$20 = \frac{800}{V+0.016}$$

　　上式をVについて解くと次のとおりである。

$$V = \frac{800}{20} - 0.016 = 40 - 0.016 ≒ 40 \ [L]$$

上で解説した希釈水、すなわち溶媒の計算のほか、溶質や溶液を算出する計算問題のパターンもひととおり出来るようにしておこう。

Step3 暗記 何度も読み返せ！

薬液消毒剤

□ ホルマリン：芽胞に対し有効

□ 消毒用エタノール：芽胞に対し無効。至適濃度70%

□ 次亜塩素酸ナトリウム：有機物が多いと効果が減退

□ クレゾール：臭気があるため食器・食物に不適

□ 逆性石鹸：ウイルスに対する効果が弱い

燃えろ! 演習問題

正しいものには○、間違っているものには×を付けて本章で学んだことを復習だ! 分からない問題は、テキストに戻って確認するんだ! 分からないままで終わらせるなよ!!

問題

🔥 **01** 下水道法の所管は国土交通省と厚生労働省である。

🔥 **02** 学校保健安全法の所管は厚生労働省である。

🔥 **03** 特定用途に使用される延べ面積が3,000m²以上、ただし、専ら学校教育法第1条に定められている学校（小学校、中学校、高等学校、特別支援学校等）については、8,000m²以上の場合、特定建築物に該当する。

🔥 **04** 特定建築物の所有者等は、特定建築物が使用されるに至ったときは、2週間以内に、都道府県知事等に届け出なければならない。

🔥 **05** 事業登録の有効期間は6年である。

🔥 **06** 建築物環境衛生管理技術者は、特定建築物の所有者との間に直接の雇用関係は不要である。

🔥 **07** 理容師法上、理容所を開設しようとする者は、都道府県知事の許可を受けなければならない。

🔥 **08** クリーニング業法上、クリーニング所を開設しようとする者は、都道府県知事に届け出なければならない。

🔥 **09** WBGT指数は、乾球温度（Ta）、湿球温度（Tw）、黒球温度（Tg）の要素からなる。

🔥 **10** 大気中の二酸化炭素の濃度は0.04%（400ppm）程度、また、ヒトの呼気（吐く息）の二酸化炭素の濃度は4%程度である。

🔥 **11** オゾンは、赤外線による光化学反応、落雷の放電で生成され、室内では、レーザプリンタなどの高電圧利用機器から発生する。

🔥 **12** ヒトの耳が難聴の初期に低下し始める周波数は、4000Hz付近である。

🔥 **13** 騒音に曝露されて一時的に聴力が低下する現象を、一時的閾値低下という。

🔥 **14** VDT作業のガイドラインでは、書類・キーボードは500lx以下、画面は300lx以上と推奨照度が規定されている。

🔥 **15** うがい、手洗い、マスクは感染源対策である。

🔥 **16** レジオネラ属菌は4類感染症である。

🔥 **01** ✕ →テーマNo.01

下水道法の所管は国土交通省と環境省である。

🔥 **02** ✕ →テーマNo.01

学校保健安全法の所管は文部科学省である。

🔥 **03** ◯ →テーマNo.02

🔥 **04** ✕ →テーマNo.03

特定建築物の所有者等は、特定建築物が使用されるに至ったときは、1か月以内に、都道府県知事等に届け出なければならない。

🔥 **05** ◯ →テーマNo.06

🔥 **06** ◯ →テーマNo.06

🔥 **07** ✕ →テーマNo.08

理容師法上、理容所を開設しようとする者は、都道府県知事に届け出なければならない。

🔥 **08** ◯ →テーマNo.08

🔥 **09** ◯ →テーマNo.11

🔥 **10** ◯ →テーマNo.13

🔥 **11** ✕ →テーマNo.13

オゾンは、紫外線による光化学反応、落雷の放電で生成され、室内では、レーザプリンタなどの高電圧利用機器から発生する。

🔥 **12** ◯ →テーマNo.14

🔥 **13** ✕ →テーマNo.14

騒音に曝露されて一時的に聴力が低下する現象を、一時的閾値上昇という。

🔥 **14** ✕ →テーマNo.15

VDT作業のガイドラインでは、画面は500lx以下、書類・キーボードは300lx以上と推奨照度が規定されている。

🔥 **15** ✕ →テーマNo.18

うがい、手洗い、マスクは感染経路対策である。

🔥 **16** ◯ →テーマNo.18

第2科目

建築物の構造と設備

進日
歩月
進

ここまで進んだ君はきっと、
最後までたゆまぬ努力を貫けるはずだ！

第 **3** 章

空気環境の調整

アクセスキー **9**

（数字のきゅう）

空気環境の用語と単位

この項では、建築物環境衛生管理技術者試験に出題される空気環境に関する主な用語と単位について学習する。用語は、アルファベットの略語で表されるので、アルファベットの略語を日本語に翻訳できるようにしておこう。

Step1 図解　目に焼き付けろ！

光束
光の量（ルーメン［lm］）

発光効率
1Wあたりの光束［lm/W］

光度
単位立体角あたりの
光束（カンデラ［cd］）

照度
単位面積あたりが受ける
明るさ（ルクス［lx］）

輝度
見かけ上の面積あたりの明るさ
［cd/m²］

立体角とは、空間的な角度のことで、単位はSr（ステラジアン）で表される。

Step2 解説 爆裂に読み込め！

アルファベットの略語は、英語の原語を利用したほうが覚えやすい。

→ 用語

建築物環境衛生管理技術者試験に出題される空気環境に関する主な用語は、次のとおりである。

◆オゾン層破壊係数

オゾン層破壊係数とは、ODP（Ozone Depletion Potential）といい、物質のオゾン層破壊の強度を比較する係数である。

◆集落形成単位

集落形成単位とは、CFU（Colony Forming Unit）といい、微生物を培地した時に生じるコロニー（集団）の数である。

◆成績係数

成績係数とは、COP（Coefficient Of Performance）ともいい、冷暖房機器の消費電力1kWあたりの冷却・加熱能力を表した値である。

◆特定フロン

特定フロンとは、CFC（クロロフルオロカーボン）及びHCFC（ハイドロクロロフルオロカーボン）を指し、オゾン層を破壊するとして、国際的な規制の対象として特定されているフロン（フッ素と炭素の化合物）である。

◆年間熱負荷係数

年間熱負荷係数とは、PAL（Perimeter Annual Load）といい、建築物の外壁や窓等を通じての熱損失に関する指標である。

継続は力なり。その調子で頑張ろう！

◆発光ダイオード
　発光ダイオードとは、LED（Light Emitting Diode）ともいい、P形半導体とN形半導体を接合した電圧を加えると発光する半導体素子をいう。

◆ビル関連病
　ビル関連病とは、BRI（Building-Related Illnesses）ともいい、気密な建物環境に関連して発症する病気である。

◆平均放射温度
　平均放射温度とは、MRT（Mean Radiant Temperature）ともいい、周囲の全方向から受ける熱放射を平均化した温度表示である。

◆ライフサイクルコスト
　ライフサイクルコストとは、LCC（Life Cycle Cost）とも表記され、建築物などが建設されてから、廃棄されるまでにかかる総費用のことである。

➡ 単位

　建築物環境衛生管理技術者試験に出題される空気環境に関する主な単位は、次のとおりである。

◆熱力学
　熱力学に関する主な単位は、次のとおりである。

①日射量
　日射量とは、日射による単位面積・単位時間当たりの熱量で、単位W/m^2で表される。

②熱伝導率
　熱伝導率とは、単位断面積、単位長さ、単位温度差当たりに流れる熱流で、単位$W/(m・K)$で表される。

③熱抵抗率

熱抵抗率とは、熱伝導率の逆数で、単位(m・K)/Wで表される。

④熱伝導抵抗

熱伝導抵抗とは、断面積1m^{2}当たり熱流1Wの熱伝導をさせるために要する温度差で、単位(m^2・K)/Wで表される。

⑤熱伝達抵抗

熱伝達抵抗とは、断面積1m^{2}当たり熱流1Wの熱伝達をさせるために要する温度差で、単位(m^2・K)/Wで表される。

熱伝導とは、1つの物質の中を熱が伝わる現象、
熱伝達とは、2つの物質の間で熱が伝わる現象だ。
熱伝導抵抗と熱伝達抵抗の単位は同じだ。

◆空気

空気に関する主な単位は次のとおりである。

①比エンタルピー

比エンタルピーとは、物質が単位質量当たりに保有している熱量で、単位はkJ/kgで表される。

②風量

風量は、単位時間当たりに流れる空気の体積で、単位はm^3/hで表される。

③水蒸気圧

水蒸気圧とは、大気圧のうち水蒸気による圧力で、単位はPaで表される。

④動粘性係数

動粘性係数とは、流体の粘性係数 [Pa・s] を流体の密度 [kg/m^3] で除したもので、単位はm^2/sで表される。

◆音と振動

音と振動に関する主な単位は次のとおりである。

①音の強さと音圧

音の強さとは、単位面積、単位時間当たりの音のエネルギーで、単位は W/m^2 で表される。音圧とは、音による圧力で、単位はPaで表される。

②音の大きさ

音の大きさ（ラウドネス）の単位はsone、音の大きさ（ラウドネス）のレベルの単位はphonで表される。なお、ラウドネスとは、ヒトの聴覚が感じる音の強さの指標をいう。

③振動加速度

加速度とは、単位時間当たりの速度の変化をいい、振動加速度の単位は m/s^2、振動加速度レベルの単位はdBで表される。

振動加速度レベルとは、基準となる加速度に対する比を常用対数で表したものをいう。常用対数とは、数値を10の乗数で表したものをいう。例えば、ある数が基準に対して100,000倍ならば、100,000は10の5乗なので、100,000を常用対数で表すと5になる。

Step3 暗記 何度も読み返せ！

■用語

□ オゾン層破壊係数：ODP、集落形成単位：CFU、成績係数：COP
□ 特定フロン：CFC、年間熱負荷係数：PAL、発光ダイオード：LED

No. 21 /72　熱

この項では、固体壁内の温度分布、日射吸収率と長波長放射率の図示問題、熱移動（熱伝導、熱伝達、熱貫流）に関する事項、熱伝導率、熱抵抗率、熱伝導抵抗、熱貫流抵抗などの熱の移動に関する指標について学習しよう。

Step1 図解　目に焼き付けろ！

■固体壁内の温度分布

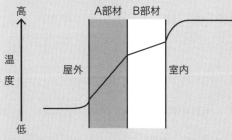

■日射吸収率と長波長放射率

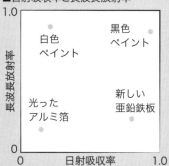

- 熱伝導率は、A部材のほうがB部材より小さい。
- 熱伝導抵抗は、A部材のほうがB部材より大きい。
- 熱流は、A部材もB部材も等しい。
- 部材の具体例は、A部材は断熱材、B部材はコンクリートである。
- 壁内の結露防止のためには、防湿層を断熱材の室内側に設ける。

日射吸収率とは、日射を受けた部材が、日射エネルギーを吸収する比率をいう。長波長放射率とは、日射を受けた部材が、可視光よりも長波長である赤外線域の電磁波を放射する比率をいう。要するに、前者は吸収する率、後者は放射する率だ。赤外線を放射するとは、熱エネルギーを放射することである。

熱貫流率を用いた計算はできるようにしておこう。

➡ 熱移動

熱の移動は、伝熱ともいい、高温側から低温側へ熱が移動し伝わることをいう。

◆熱流

熱流とは、単位時間当たりの熱量 [W] で、熱貫流率、熱貫流抵抗を用いて、次式で表される

$$Q=UA\Delta T=\frac{A\Delta T}{R} \ [w]$$

Q：熱流 [W]、U：熱貫流率 [W/（m²・K）]、R：熱貫流抵抗 [（m²・K）/W]、A：伝熱面積 [m²]、ΔT：温度差 [K]

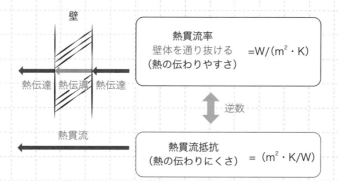

図21-1：熱貫流率と熱貫流抵抗

上の図において壁内の熱の移動を熱伝導、壁と空気間の熱の移動を熱伝達、壁を貫いて高温の空気から低温の空気への熱の移動を熱貫流という。

◆熱伝導

熱伝導に関する主な事項は次のとおりである。

①熱伝導による熱流

単位断面積当たりの熱流は、熱伝導率を用いると次式で表される。

$$q = \lambda \frac{\Delta T}{d} \ [\mathrm{W}]$$

q：単位断面積当たりの熱流 $[\mathrm{W/m^2}]$、λ：熱伝導率 $[\mathrm{W/(m \cdot K)}]$、d：壁の厚さ $[\mathrm{m}]$、ΔT：温度差 $[\mathrm{K}]$

また、温度差を壁の厚さで除したものを温度勾配といい、温度勾配で表現すると、単位断面積当たりの熱流は熱伝導率×温度勾配で表される。

> 温度勾配とは、本項の冒頭の図における温度分布の線の傾きを表している。温度勾配が急なところは、温度差が大きくないと熱が流れないので、熱が流れにくい部分である。

②熱伝導に関する指標

熱伝導に関する指標には、熱伝導率、熱抵抗率、熱伝導抵抗があり、概要は次のとおりである。

● 熱伝導率

熱伝導率とは、単位長さ、単位断面積、単位温度差当たりに流れる熱流で、単位 $[\mathrm{W/(m \cdot K)}]$ で表される、熱伝導率は、壁の密度が大きいほど、湿気が多いほど、温度が高いほど、大きくなる傾向がある。

● 熱抵抗率

熱抵抗率は、熱伝導率の逆数で、単位 $[\mathrm{(m \cdot K)/W}]$ で表される。熱抵抗率は、壁の密度が大きいほど、湿気が多いほど、温度が高いほど、小さくなる傾向がある。

● 熱伝導抵抗

熱抵抗率に、壁の厚さを乗じたものを熱伝導抵抗といい、単位は $[\mathrm{(m^2 \cdot K)/W}]$ で表される。

要するに、こういう関係だ。

$$熱抵抗率＝\frac{1}{熱伝導率}$$

$$熱伝導抵抗＝熱抵抗率×壁の厚さ＝\frac{壁の厚さ}{熱伝導率}$$

③熱貫流抵抗

　熱貫流抵抗とは、熱貫流における熱の流れにくさをいい、単位 $[(m^2・K)/W]$ で表される。熱貫流抵抗は次式で算定される。

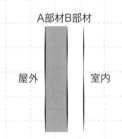

A部材B部材

屋外　　　　室内

図21-2：熱貫流抵抗

$$R＝\frac{1}{屋外の熱伝達率}＋A部材の熱伝導抵抗＋B部材の熱伝導抵抗$$

$$＋\frac{1}{室内の熱伝達率}$$

R：熱貫流抵抗 $[(m^2・K)/W]$

● 熱放射

　熱放射とは、熱が電磁波の形で伝わることをいう。熱放射に関してよく出題される事項は次のとおりである。

● 熱放射による放射熱流は、絶対温度の4乗に比例する。これをシュテファン・ボルツマンの法則という。

- 同一温度の物体間の放射率と吸収率は等しい。
- 同一物体の表面の日射吸収率と長波長放射率は、必ずしも等しくない。
- 0℃の固体表面からも熱放射している。

同一物体の表面の日射吸収率と長波長放射率は、必ずしも等しくない。これは、Step1の日射吸収率と長波長放射率のグラフからも理解できる。
また、摂氏温度t［℃］と絶対温度T［K］の換算式は、T＝273＋tだ。したがって、0℃は0＋273＝273［K］だ。0［℃］は0［K］ではないので熱放射するんだ。

Step3 暗記 何度も読み返せ！

- ☐ 熱伝導率は、壁の密度が大きいほど、湿気が多いほど、温度が高いほど、大きくなる傾向がある。
- ☐ 熱抵抗率は、湿気が多いほど、温度が高いほど、小さくなる傾向がある。
- ☐ 熱放射による放射熱流は、絶対温度の4乗に比例する。これをシュテファン・ボルツマンの法則という。
- ☐ 同一温度の物体間の放射率と吸収率は等しい。
- ☐ 同一物体の表面の日射吸収率と長波長放射率は、必ずしも等しくない。
- ☐ 0℃の固体表面からも熱放射している。

No. 22 /72　流体と気流

この項では、流体に関する事項である連続の式、ベルヌーイの定理、レイノルズ数、圧力損失と気流に関する事項である自由噴流の4つの領域や噴流の到達距離、ドラフトや停滞域を生じにくい気流について学習していこう。

Step1 図解　目に焼き付けろ！

● 連続の式
　単位時間に流入する流れと流出する流れの質量は等しい。

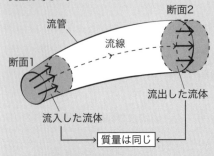

流管

流線

断面2

断面1

流出した流体

流入した流体

質量は同じ

● ベルヌーイの定理
　流れにおける流体が保有してるエネルギーの保存の法則。損失を無視すれば、上流側の全圧（動圧＋静圧＋位置圧）と下流側の全圧は等しくなる。

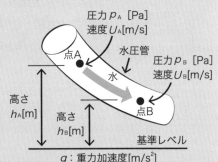

圧力 p_A [Pa]
速度 U_A[m/s]

点A

水圧管

圧力 p_B [Pa]
速度 U_B[m/s]

水

点B

高さ h_A[m]

高さ h_B[m]

基準レベル

g：重力加速度[m/s²]

$$\frac{1}{2}\rho U_A{}^2 + p_A + \rho g h_A = \frac{1}{2}\rho U_B{}^2 + p_B + \rho g h_B$$

動圧＋静圧＋位置圧＝全圧＝一定 [Pa]

動圧とは速度エネルギーによる圧力、
静圧とは圧力エネルギーによる圧力、
位置圧とは位置エネルギーによる圧力だ。

Step2 解説 爆裂に読み込め！

細くて長いストローは圧力損失が大きくて吸いにくい。

→ 流体

　流体とは、液体と気体の流動性のある物体をいう。流体に関しては、レイノルズ数と圧力損失について理解しておこう。

◆レイノルズ数

　レイノルズ数とは、流体の粘性力に対する慣性力の比で表される数値で、流体が乱流になるか層流になるかの判断の目安に用いられる。レイノルズ数がある数値より大きくなると乱流になりやすくなり、ある数値より小さくなると層流になりやすくなる。

　乱流とは、流体の流れる様が渦巻くなどして乱れている状態をいう。層流とは、流体の流れる様が層をなして流れている状態をいう。一般に、配管やダクトは層流となり、乱流にならないように設計される。

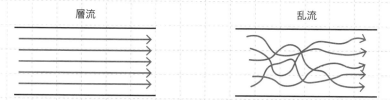

図22-1：層流と乱流

◆圧力損失

　圧力損失とは、流体の保有する圧力が失われることをいう。

①円形ダクトの圧力損失

　断面が円形のダクトの直管部分の圧力損失 ΔP は、次式で表される。

$$\Delta P = \lambda \frac{L}{D} \cdot \frac{\rho}{2} U^2$$

ΔP：圧力損失 [Pa]、λ：摩擦抵抗係数、L：長さ [m]、D：直径 [m]、
ρ：流体の密度 [kg/m^3]、U：流速 [m/s]

> 円形ダクトの圧力損失は、長さに比例する。流速の2乗に比例する。
> 直径に反比例する。
> そして、$\frac{\rho}{2} U^2$、すなわち、動圧に比例する。

②ダクトの形状変化による圧力損失

途中で細くなるなど、ダクトの形状が変化している部分を流れる流体に生じる圧力損失は、次式で表される。

$$\Delta P = \xi \frac{\rho}{2} U^2$$

ΔP：圧力損失 [Pa]、ξ：形状抵抗係数、ρ：流体の密度 [kg/m^3]、U：流速 [m/s]

> ダクトの形状変化による圧力損失は、流速の2乗に比例する。
> そして、$\frac{\rho}{2} U^2$、すなわち、動圧に比例する。

③流量係数

流量係数とは、開口部の形態が流量に与える影響を数値化したものである。例えば、窓の開口部の流量係数は0.6～0.7、ベルマウスの開口部の流量係数は約1.0である。

> ベルマウスとは、ラッパ状の形状の開口部のことだ。

〇 気流

気流とは、空気の流れをいう。気流に関する事項は次のとおりである。

◆自由噴流

自由噴流とは、流体の有する速度エネルギーの他には、人為的な力やエネルギー、操作などを与えることなく、流体が噴出されて拡散する流れをいう。吹出し口から噴出した流体の状態は、吹出し口から近い順に、次の4つの領域に区分される。

吹出し口 ⟶ 第1領域 ⟶ 第2領域 ⟶ 第3領域 ⟶ 第4領域

図22-2：4つの領域

①第1領域：$V = V_0$ となる初速が維持される領域

②第2領域：$V \propto \dfrac{1}{\sqrt{X}}$ となる風速が距離の平方根に反比例する領域

③第3領域：$V \propto \dfrac{1}{X}$ となる風速が距離に反比例する領域

④第4領域：$V < 0.25$［m/s］と風速が0.25m/s未満になる領域

V：風速［m/s］、V_0：初速［m/s］、X：吹出し口からの距離［m］

自由噴流では、距離の2乗に反比例する領域はない。距離の平方根に反比例する領域がある。

◆噴流の到達距離

噴流の到達距離は、自然噴流よりも天井面に沿った噴流のほうが、長くなる。また、天井面に沿った冷気流は比重が大きいので、速度が弱いと途中で剥離して降下しやすい。

◆ドラフトや停滞域を生じにくい気流

ドラフトとは、不快な気流のことをいう。ドラフトや停滞域を生じにくくするためには、冷風時は、側面吹出しの場合は上部から、天井吹出しの場合は水平に吹出す。温風時は、側面吹出しの場合は下部から、天井吹出しの場合は下向きに吹出すと、ドラフトや停滞域を生じにくくなる。

冷風は、比重が大きいため、下に沈みやすい。
温風は、比重が小さいため、上に浮きやすい。
この2つを理解しておこう。

何度も読み返せ！

流体・気流

□ レイノルズ数とは、流体の粘性力に対する慣性力の比で表される数値。

□ 円形ダクトの圧力損失

$$\Delta P = \lambda \frac{L}{D} \cdot \frac{\rho}{2} U^2$$

ΔP：圧力損失 [Pa]、λ：摩擦抵抗係数、L：長さ [m]、D：直径 [m]、ρ：流体の密度 [kg/m³]、U：流速 [m/s]

□ ダクトの形状変化による圧力損失

$$\Delta P = \xi \frac{\rho}{2} U^2$$

ΔP：圧力損失 [Pa]、ξ：形状抵抗係数、ρ：流体の密度 [kg/m³]、U：流速 [m/s]

□ 自由噴流の4つの領域
第1領域：$V = V_0$ となる初速が維持される領域

第2領域：$V \propto \dfrac{1}{\sqrt{X}}$ となる風速が距離の平方根に反比例する領域

第3領域：$V \propto \dfrac{1}{X}$ となる風速が距離に反比例する領域

第4領域：$V < 0.25$ [m/s] と風速が0.25m/s未満になる領域
V：風速 [m/s]、V_0：初速 [m/s]、X：吹出し口からの距離 [m]

湿り空気

この項では、湿り空気に関する用語（絶対湿度、相対湿度、露点温度等）、湿り空気の加熱、冷却、加湿、減湿による諸元の変化等について学習していこう。空気線図をイメージして、湿り空気の諸元の変化を導き出せるようにしよう。

Step1 図解 目に焼き付けろ！

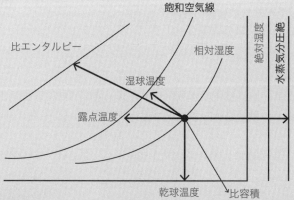

空気線図とは、横軸に乾球温度、縦軸に絶対湿度、斜軸に比エンタルピーをとったグラフだ。

爆裂に読み込め!

結露はカビの温床となるので防止が大切だ。

→ 湿り空気に関する用語

湿り空気とは、水蒸気を含んだ空気をいう。一方、水蒸気を含まない空気を乾き空気という。湿り空気に関する主な用語は、次のとおりである。

◆絶対湿度

絶対湿度とは、湿り空気中の乾き空気の質量に対する水蒸気の質量との比をいい、単位 [kg/kg(DA)] を用いて表される。DAとは乾き空気の意味である。

$$絶対湿度＝\frac{水蒸気の質量\ [kg]}{乾き空気の質量\ [kg]}\ [kg/kg(DA)]$$

◆相対湿度

相対湿度とは、湿り空気の水蒸気分圧と同一温度における飽和水蒸気分圧との比の百分率で、単位 [%] を用いて表される。

$$相対湿度＝\frac{湿り空気の水蒸気分圧\ [Pa]}{同一温度における飽和水蒸気分圧\ [Pa]}×100\ [%]$$

◆露点温度

露点温度とは、湿り空気を冷却したとき飽和状態（相対湿度100%）になる温度をいう。要するに、その空気が結露する温度をいう。

露点における湿り空気は、乾球温度と湿球温度が等しく、相対湿度100%の状態である。

◆顕熱比

顕熱比とは、全熱の変化量に対する顕熱の変化量の比をいう。顕熱とは、物質の温度変化に費やされる熱をいう。

全熱とは、顕熱と潜熱を合わせた熱をいう。また、潜熱とは物質の固体、液体、気体の状態変化に費やされる熱をいう。

$$顕熱比＝\frac{顕熱の変化量}{全熱の変化量}$$

◆**熱水分比**

熱水分比とは、絶対湿度の変化量に対する比エンタルピーの変化量の比をいう。

$$熱水分比＝\frac{比エンタルピーの変化量}{絶対湿度の変化量}$$

水蒸気分圧とは、大気中の水蒸気の分が占める圧力をいう。また、飽和とは、最大限度に達している状態をいう。

◆**湿り空気の加熱・冷却と加湿・減湿**

湿り空気を、次のように飽和にならない範囲で、加熱、冷却、加湿、減湿したときの乾球温度、湿球温度、絶対湿度、相対湿度、露点温度、比エンタルピーの変化は、下の表のとおりである。

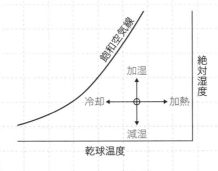

図23-1：空気線図

表23-1：比エンタルピーの変化

変化	乾球温度	湿球温度	絶対湿度	相対湿度	露点温度	比エンタルピー
加熱	上昇	上昇	不変	低下	不変	増加
冷却	低下	低下	不変	上昇	不変	減少
加湿	不変	上昇	上昇	上昇	上昇	増加
減湿	不変	低下	低下	低下	低下	減少

上の表を丸暗記するのではなく、空気線図をイメージしながら導き出せるようにしておこう。
あともうひとつ、湿り空気の比容積は、加熱すると増加し、冷却すると減少する。これは、気体は温度が上昇すると体積が増えることと関連付けて覚えておこう。

⮕ 結露

結露とは、湿り空気が冷却されて飽和湿り空気となり、さらに冷却されて、湿り空気中の水蒸気が凝縮（液化）して、壁面などに水滴が付着する現象をいう。

◆結露現象

結露は、湿り空気が冷やされると発生するので、温度が低い場所があると、飽和水蒸気量が低下して、結露が発生しやすい。また、断熱材が切れている場所があると、熱橋を生じて、特に冬期に冷やされて結露が発生しやすい。熱橋とは、ヒートブリッジともいい、熱が伝わりやすい部分をいう。

◆結露防止

壁の内部結露の防止には、水蒸気圧の高い断熱材の室内側に、湿気伝導率の低い防湿層を設ける。また、外断熱を施すと内部結露が発生しにくい。
結露防止には、通風を確保することも重要である。したがって、ガラス面の

結露は、カーテンを用いると悪化し、室内の家具は外壁から離して設置すると結露防止効果がある。

「湿度の空間的分布（場所による差異）は、絶対湿度は小さいが、相対湿度は大きい。」というかなりマニアックな問題も出題されているので、覚えておこう。相対湿度は、場所の温度が変わると変化するので、相対湿度のほうが場所による差が大きくなる。

Step3 暗記 何度も読み返せ！

☐ 絶対湿度＝$\dfrac{\text{水蒸気の質量［kg］}}{\text{乾き空気の質量［kg］}}$ ［kg/kg(DA)］

☐ 相対湿度＝$\dfrac{\text{湿り空気の水蒸気分圧［Pa］}}{\text{同一温度における飽和水蒸気分圧［Pa］}}$ ×100 ［%］

☐ 露点温度とは、湿り空気を冷却したとき飽和状態（相対湿度100%）になる温度をいう。

☐ 顕熱比＝$\dfrac{\text{顕熱の変化量}}{\text{全熱の変化量}}$

☐ 熱水分比＝$\dfrac{\text{比エンタルピーの変化量}}{\text{絶対湿度の変化量}}$

☐ 温度が低い場所があると、飽和水蒸気量が低下して、結露が発生しやすい。

☐ 断熱材が切れている場所があると、熱橋を生じて、結露が発生しやすい。

☐ 壁の内部結露の防止には、水蒸気圧の高い断熱材の室内側に、湿気伝導率の低い防湿層を設ける。

☐ 外断熱を施すと内部結露が発生しにくい。

☐ 湿度の空間的分布（場所による差異）は、絶対湿度は小さいが、。相対湿度は大きい。

この項では、機械換気方式、ザイデルの式、換気に関する用語（必要換気量、換気回数、空気齢、ハイブリッド換気、整流方式、置換方式）、自然換気の換気量と換気力等について学習していこう。

Step1 図解 目に焼き付けろ！

■機械換気方式

● 第1種機械換気方式：機械給気＋機械排気。室内は正圧または負圧。

機械給気 → 第1種換気 正圧 負圧 → 機械排気

● 第2種機械換気方式：機械給気＋自然排気。室内は正圧。手術室・クリーンルームなど

機械給気 → 第2種換気 正圧 → 自然排気

● 第3種機械換気方式：自然給気＋機械排気。室内は負圧。感染症室・汚物処理室など

自然給気 → 第3種換気 負圧 → 機械排気

■ザイデルの式

$$Q=\frac{M\times10^6}{C-C_o}$$

C：室内濃度 [ppm]、
C_o：外気濃度 [ppm]、
Q：換気量 [m³/h]、
M：汚染物質発生量 [m³/h]

外気濃度 C_0 — 汚染物質発生量M — 換気量 Q

換気量 Q — 室内濃度C

機械換気方式の3つの方式とザイデルの式は目に焼き付けろ。

Step2 解説 爆裂に読み込め！

→ 換気に関する用語

換気に関する主な用語に関する事項は、次のとおりである。

◆1人当たり必要換気量

1人当たりに必要な換気量は、呼吸による二酸化炭素の排出量から算出される。

◆換気回数

換気回数とは、換気量を室容積で除したものをいう。

$$換気回数 = \frac{換気量\ [m^3/h]}{室容積\ [m^3]}\ [/h]$$

◆空気齢

空気齢とは、換気効率の指標の一つで、給気が給気口から移動するのにかかる時間をいう。数値が小さいほど空気が新鮮で換気が良好である。

◆ハイブリッド換気

ハイブリッド換気とは、自然換気と機械換気を併用した換気をいう。

◆整流方式と置換方式

換気方式には、整流方式と置換方式があり、概要は次のとおりである。

①整流方式

整流方式とは、一方向の流れとなるように給気・排気する換気方式である。

②置換方式

置換方式とは、床面付近に低温・低速の空気を供給し、天井面付近で排気する方式で、空気の温度差による密度差を利用する換気方式である。

整流方式も置換方式も、換気により汚染物質を室内に拡散させない方式である。一方、汚染物質を室内に一様に拡散して、希釈してから排気する換気方式を希釈方式という。

自然換気の換気量と換気力

送風機や換気扇のような機械力を使用せず、自然の力による換気を自然換気という。自然換気には、屋外の風力による換気と温度差による換気がある。

◆自然換気の換気量
換気量とは、単位時間当たりに換気される空気の量（体積）をいう。自然換気の換気量は次式で表される。
①自然換気量の基本式　$Q \propto \alpha A \sqrt{\Delta P}$
②風力換気量　$Q \propto \alpha A V \sqrt{\Delta C}$
③温度差換気量　$Q \propto \alpha A \sqrt{\Delta H \Delta T}$
α：流量係数、A：開口部面積、V：風速、ΔP：開口部前後の圧力差、ΔC：風圧係数の差、ΔH：上下開口部の高低差、ΔT：室内外の温度差

自然換気の換気量は、ΔP、ΔC、ΔH、ΔTのΔのついている○○差については、$\sqrt{}$の中に入っているので平方根に比例し、それ以外のα、A、Vは比例すると覚えよう。

◆自然換気の換気力
換気力とは、換気を生じさせる圧力をいい、単位は［Pa］で表される。自然換気の換気力に関する事項は、次のとおりである。
①風力による換気力は、風速の2乗に比例する。
②温度差による換気力は、上下開口部の高低差に比例する。

換気量は、単位時間当たりの空気の体積、すなわち風量だ。一方、換気力は圧力で、別のものだ。間違えないようにしよう。

Step3 暗記 何度も読み返せ！

- [ ] 1人当たりに必要な換気量は、呼吸による二酸化炭素の排出量から算出される。

- [ ] 換気回数＝$\dfrac{\text{換気量 [m}^3\text{/h]}}{\text{室容積 [m}^3\text{]}}$ [/h]

- [ ] 空気齢とは、換気効率の指標の一つで、給気が給気口から移動するのにかかる時間をいう。

- [ ] ハイブリッド換気とは、自然換気と機械換気を併用した換気をいう。

- [ ] 整流方式とは、一方向の流れとなるように給気・排気する換気方式である。

- [ ] 置換方式とは、床面付近に低温・低速の空気を供給し、天井面付近で排気する方式で、空気の温度差による密度差を利用する換気方式である。

- [ ] 整流方式も置換方式も、換気により汚染物質を室内に拡散させない方式である。

- [ ] 換気量とは、単位時間当たりに換気される空気の量（体積）をいう。

- [ ] 自然換気量の基本式　$Q \propto \alpha A \sqrt{\Delta P}$
  風力換気量　$Q \propto \alpha A V \sqrt{\Delta C}$
  温度差換気量　$Q \propto \alpha A \sqrt{\Delta H \Delta T}$
  α：流量係数、A：開口部面積、V：風速、ΔP：開口部前後の圧力差、ΔC：風圧係数の差、ΔH：上下開口部の高低差、ΔT：室内外の温度差

- [ ] 風力による換気力は、風速の2乗に比例する。

- [ ] 温度差による換気力は、上下開口部の高低差に比例する。

重要度： 🔥🔥🔥

エアロゾル

エアロゾルとは、気体中に浮遊する微小な液体または固体の粒子と周囲の気体の混合体である。エアロゾル粒子には、花粉、細菌、たばこ煙、ウイルスなどがある。エアロゾルの性質は複雑なので、ここでは基本を押さえておこう。

Step1 図解 目に焼き付けろ！

■主なエアロゾルの粒径

大　　霧雨　＞　花粉　＞　細菌（バクテリア）　＞　たばこ煙・ウイルス　　小

● 霧雨：200〜500μm
● 花粉：10〜100μm
● 細菌（バクテリア）：0.3〜30μm
● たばこ煙：0.01〜1μm
● ウイルス：0.01〜0.4μm（10〜400nm）

10μm以上のエアロゾルは沈降するが、10μm未満のエアロゾルは空気中を浮遊する。特に1μm以下のエアロゾルは、ヒトが吸い込むと肺の奥にまで達し、人体に有害な影響を及ぼすのだ。

Step2 解説 爆裂に読み込め！

→ エアロゾルの相当径

　エアロゾルの大きさは粒径、すなわち粒の直径で表す。これは、エアロゾルの粒子を球に見立てて、その直径で大きさを表している。

　しかしながら、実際のエアロゾルは、球体ではなくいびつな形状をしている。仮に球体に近い形状であっても、微小なエアロゾルの直径を実測することは困難である。

　そこで、エアロゾルの特徴的な形状や物理的な性質を測定して得られた結果から、球体とみなしたエアロゾルの粒径に相当する粒径とみなしたものを、相当径という。相当径には幾何相当径と物理相当径があり、それぞれ次の相当径が用いられている。

● 幾何相当径：定方向径、円等価径
● 物理相当径：空気力学径、ストークス径、光散乱径、電気移動度径

　相当径については、上に記述した内容以上のことを求めてはならない。深入り禁物だ。だいたい、ビル管理するうえでは「エアロゾルは目に見えないほど小さいけど体に有害で、小さいほど有害である。」とだけ知っていれば十分だ。

→ エアロゾルの性質

　エアロゾル粒子の流体に対する抵抗と粒径とエアロゾルの性質については、次のとおりである。

◆エアロゾル粒子の流体に対する抵抗

　エアロゾル粒子の流体に対する抵抗は、相対速度の2乗に比例する。つまり、相対速度が速くなると抵抗は増加する。

◆**エアロゾル粒子の周囲の流体の流れ**

　エアロゾル粒子の周囲の流体の流れには、流れが層を成している層流と渦巻いて乱れている乱流がある。流体の粘性力に対する慣性力をレイノルズ数といい、レイノルズ数が小さいと層流、レイノルズ数が大きいと乱流になる。

　レイノルズ数が小さく層流になる領域を**ストークス域**、レイノルズ数が大きく乱流になる領域を**ニュートン域**、ストークス域とニュートン域の境界の領域を**アレン域**という。

　ストークス域では、エアロゾル粒子の抵抗はレイノルズ数に反比例し、ニュートン域では、エアロゾル粒子はレイノルズ数によらず一定となる。

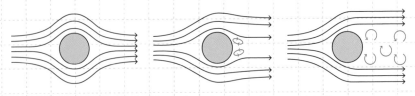

左　ストークス域　　中　アレン域　　右　ニュートン域

図25-1：エアロゾル粒子の周囲の流体の流れ

ニュートン域において発生する渦を**カルマン渦**という。カルマン渦は、野球の投手が投げるナックルやサッカーの選手が蹴り出す無回転シュートが揺れ動く原理になっている。ナックルや無回転シュートは試験には出題されないぞ。

粒径とエアロゾルの性質

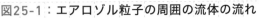

　エアロゾル粒子の粒径が小さくなると、移動、拡散しやすくなり、気体の分子運動の影響を受けやすくなる。具体的には、静電気力による移動速度や拡散係数は、粒径に反比例する。

　一方、重力による終末沈降速度は、ニュートン域においてはエアロゾル粒子の粒径の2乗に比例する。すなわち、エアロゾル粒子の粒径が大きいほど、終末沈降速度は速くなる。なお、終末沈降速度とは、エアロゾル粒子を重力で自由落下させたときに、最終的に一定になる速度をいう。

沈降速度とは、要するに落下速度のことだ。紛らわしい用語に沈着速度というのがある。沈着速度とは、エアロゾルの濃度・時間当たりの沈着量のことで、すなわち沈着する速さをいう。間違えないようにしよう。

➡ 大気中のエアロゾル粒子の濃度分布

エアロゾル粒子の濃度には、単位体積当たりのエアロゾル粒子の個数を表した個数濃度と、単位体積当たりのエアロゾル粒子の質量を表した質量濃度がある。

大気中のエアロゾル粒子の個数濃度分布は、粒径0.01μmに山（ピーク）があるような分布である。大気中のエアロゾル粒子の質量濃度分布は、粒径1〜2μmに谷のある分布である。

単位体積の大気中のエアロゾル粒子のうち、数が多いのは0.01μm程度の粒子、量が多いのは0.2〜0.3μm程度の粒子だ。

Step3 暗記 何度も読み返せ！

相当径（そうとうけい）
- [ ] 幾何相当径（きかそうとうけい）：定方向径（ていほうこうけい）、円等価径（えんとうかけい）
- [ ] 物理相当径（ぶつりそうとうけい）：空気力学径（くうきりきがくけい）、ストークス径（けい）、光散乱径（ひかりさんらんけい）、電気移動度径（でんきいどうどけい）

粒径（りゅうけい）による影響（えいきょう）
- [ ] 重力（じゅうりょく）による終末沈降速度（しゅうまつちんこうそくど）はニュートン域（いき）では粒径（りゅうけい）の2乗（じょう）に比例（ひれい）。
- [ ] 沈着速度（ちんちゃくそくど）：濃度（のうど）・時間当（じかんあ）たりの沈着量（ちんちゃくりょう）。

No.26 /72 空気汚染物質

この項では、一酸化炭素、窒素酸化物、硫黄酸化物、オゾン等や微生物（ダニ、カビ、花粉等）、揮発性有機化合物（ホルムアルデヒド、ベンゼン、トルエン）などの空気汚染物質について学習しよう。

Step1 図解 目に焼き付けろ！

■空気汚染物質の濃度を表す単位
- 浮遊細菌－cfu/m³
- 二酸化窒素－ppb
- 浮遊微粒子－個/m³
- アスベスト－本/L
- ラドンガス－Bq/m³（放射能濃度）

 検体（糞便、組織）

 培地で培養

 培養された菌数（コロニー数）

浮遊細菌の単位［cfu/m³］は、1m³あたりのcfuだ。cfuとは、Colony Forming Unit（コロニー形成単位）といい、細菌を培地で培養してできたコロニー（生物集団）数のことだ。

Step2 解説 爆裂に読み込め！

→ 空気汚染物質の発生源

主な空気汚染物質とその発生源は次のとおりである。

表26-1：空気汚染物質とその発生源

空気汚染物質	主な発生源
一酸化炭素	喫煙、燃焼器具、駐車場排気など
二酸化炭素	人の呼吸、燃焼器具など
窒素酸化物	燃焼器具、自動車排ガスなど
硫黄酸化物	石油の燃焼排気など（ガスストーブからは出ない）
オゾン	電気式空気清浄機、コピー機、レーザプリンタなど
ラドン	土壌、壁材など
フューム	溶接・溶断作業など
アスペルギルス	空気調和機、加湿器など

- ラドンは、ラジウム鉱石が放射性壊変をした際に発生する気体状の放射性物質で、土壌、岩石、石材などから発生し、呼吸によって人体に取り込まれる。
- フュームとは、固体が蒸発し、これが凝縮して粒子となったもので、金属の溶接・溶断作業などにより発生する。
- アスペルギルスとは、自然界に広く存在しているカビ（真菌）の1種である。

空気汚染物質のうち、室内空気環境の基準項目である浮遊粉じんと二酸化炭素の濃度は、近年の動向としては次のとおりだ。
- 浮遊粉じん：喫煙の減少により、近年、急激に改善している。
- 二酸化炭素：近年の不適合率は30%前後で漸増している。

第 **3** 章 空気環境の調整

➡ アレルゲンと微生物

室内のアレルゲンには、ダニ、カビ、花粉などがある。

ダニに由来するアレルゲンは、ダニアレルゲンといい、ダニの生体、死体のほか、ダニの糞などがアレルゲンとなる。ダニアレルゲンは、マイクロサイズの粒子である。

カビは、真菌の一種で、結露した壁などで増殖する。真菌には、カビのほか酵母などが含まれる。真菌は、マイクロサイズの粒子である。また、真菌は細菌ではないので注意しよう。

細菌は、バクテリアともいい、レジオネラ属菌などがある。室内の浮遊濃度は細菌のほうが真菌よりも多く、事務室よりも地下街のほうが多い傾向がある。

真菌は結露した壁などで増殖するが、ウイルスは生体内でしか増殖しない。
また、ビル管理士の本試験では「ウイルスは、環境微生物として捉えられない。」とされている。

➡ 揮発性有機化合物の発生源

揮発性有機化合物は、VOCs（Volatile Organic Compounds）ともいい、揮発しやすい有機化合物のことである。揮発性有機化合物はJIS（日本産業規格）で定義されている。総揮発性有機化合物とは、TVOC（Total Volatile Organic Compounds）ともいい、JIS（日本産業規格）で定義されている全ての揮発性有機化合物の合計値をトルエンに換算して求めたものである。

主な揮発性有機化合物とその発生源は次のとおりである。

表26-2：揮発性有機化合物とその発生源

主な揮発性有機化合物	主な発生源
ホルムアルデヒド	建材、接着剤など
スチレン	接着剤、断熱材など
ダイアジノン	防蟻剤など
パラジクロロベンゼン	防虫剤など
ベンゼン、トルエン	溶剤、抽出剤、希釈剤など

臭気の原因となるにおい物質とは、揮発性、化学反応性に富む、比較的低分子の有機化合物である。ん？なに？暑苦しくて汗臭い？

Step3 暗記 何度も読み返せ！

アレルゲンと微生物

- ☐ 室内の浮遊細菌・真菌濃度：細菌＞真菌。事務室＜地下街
- ☐ ダニアレルゲン：ヒョウヒダニの糞など。マイクロサイズの粒子
- ☐ 真菌：結露した壁などで増殖。カビ、酵母など。マイクロサイズの粒子（細菌ではない）
- ☐ ウイルス：生体内でしか増殖しない

揮発性有機化合物

- ☐ ホルムアルデヒド：建材、接着剤など
- ☐ スチレン：接着剤、断熱材など
- ☐ ダイアジノン：防蟻剤など
- ☐ パラジクロロベンゼン：防虫剤など
- ☐ ベンゼン、トルエン：溶剤、抽出剤、希釈剤など

熱負荷と空調方式

この項では、空気調和換気に関する用語、熱負荷（外気負荷、人体負荷、室内負荷など）、空調方式（定風量単一ダクト方式、変風量単一ダクト方式、ファンコイルユニット方式、パッケージ方式など）について学習しよう。

Step1 図解　目に焼き付けろ！

■空気調和換気に関する用語
- ●エミリネータ：空気の流れによる水滴の飛散を防止する装置
- ●コージェネレーション：発電の排熱を冷暖房や給湯に利用するシステム
- ●混合損失：同一室内で冷房と暖房が共存する場合の気流混合による熱損失
- ●実効温度差：日射の影響を考慮した設計用の室内外温度差
- ●ゾーニング：熱負荷変動の類似する室をグループ化すること
- ●TAC温度：超過確率を考慮した設計用外気温度
- ●バイパス空気：空調機コイルの伝熱面を接触しないで通過する空気
- ●バイパスファクタ：空調機コイルのバイパス空気量と全通過空気量の比
- ●標準日射熱取得：厚さ3mmのガラスの透過日射量と入射日射量の比
- ●モリエル（モリエ）線図：冷凍サイクルの動作説明図
- ●誘引ユニット：一次空気に誘引された二次空気により冷暖房する空調ユニット

■熱負荷の大小関係：熱源負荷＞装置負荷＞室内負荷

ビル管理士の試験に合格するコツは、広く浅くだ。
用語については、キーワードだけでも覚えろ。

Step2 解説 爆裂に読み込め！

➡ 熱負荷

　熱負荷とは、快適な室内環境を実現するために空気調和設備が処理すべき熱量をいう。熱負荷には、外気による熱負荷、人体による熱負荷、照明など室内で発生する熱負荷などがある。

◆外気負荷

　外気負荷とは、換気のため取り入れる外気の温度・湿度を、室内条件にまで処理するのに必要な空調機負荷である。外気負荷は、顕熱負荷と潜熱負荷で構成される。

◆人体負荷

　人体負荷とは、人体の発熱や発汗に伴う熱を空気調和設備が処理する熱負荷で、顕熱負荷と潜熱負荷で構成される。

　人体負荷のうち顕熱負荷は、対流・放射により生じ、室温が高くなると減少する傾向にある。一方、人体負荷のうち潜熱負荷は、発汗・蒸発により生じ、室温が高くなると増加する傾向にある。

　外気負荷と人体負荷は、顕熱とともに潜熱も含んだ熱負荷だ。換気のために取り入れた外気の負荷は外気負荷というが、隙間から勝手に入り込んでしまう外気の負荷は、隙間風負荷という。隙間風負荷も、外気の負荷であるので、顕熱負荷と潜熱負荷で構成される熱負荷だ。

◆室内負荷

　室内負荷は、外壁やガラス面を通過する熱負荷と室内で発生する熱負荷である。外壁やガラス面を通過する熱負荷は、顕熱負荷のみで構成され、内外温度差×熱貫流率で算定される。室内で発生する熱負荷には、照明の発熱による熱

とにかく気合いで覚える。これが大事！

負荷、照明負荷がある。照明負荷のうちの蛍光灯の熱負荷は、ランプの熱負荷と安定器の熱負荷で構成される。

　照明負荷やパソコンやサーバーなどのコンピュータによるOA負荷は、発熱する負荷で、顕熱のみで構成される熱負荷である。

◆熱負荷の算定

　熱負荷の算定は、負荷になるものは見込んで算定し、負荷にならないものは見込まずに無視する。

　発熱する負荷は、冷房時には見込んで算定し、暖房時には無視する。したがって、日射や送風機などの機器や照明などの発熱する負荷は、冷房時には算定し、暖房時には無視する。

　一方、地中に接している床や壁からの負荷のように、年間を通じて地中に放熱する熱損失となる負荷は、冷房時には無視し、暖房時には見込んで算定する。

 地面に接している床からの熱負荷を、接地床の構造体負荷という。

➡ 空調方式

　空調方式とは、空気調和設備システムの方式をいい、中央方式、各階方式、個別方式に大別される。中央方式や各階方式には単一ダクト方式が、個別方式にはパッケージ方式が多用されている。

◆定風量単一ダクト方式と変風量単一ダクト方式

　定風量単一ダクト方式は、単一ダクトで空調する方式で、給気温度を変化させて負荷変動に対応する。変風量単一ダクト方式は、単一ダクトで空調する方式で、VAVユニットにより給気風量を変化させて負荷変動に対応する。変風量単一ダクト方式は、送風機の所要風量を定風量単一ダクト方式より節減することができる。一方、定風量単一ダクト方式は、新鮮外気量の確保がしやすいという特徴を有している。

ダクトとは日本語で風道といい、空気を送るための導管をいう。
VAVとは、variable air volumeのことで、可変風量と訳される。

◆ファンコイルユニット方式

　ファンコイルユニットとは、ファン（送風機）とコイル（細管）とフィルタが一体化された小型の空気調和機である。ファンコイルユニットは、熱変動が大きいペリメータゾーン（外周部）に配置される。ファンコイルユニットには、一般に換気機能と加湿機能は有していないので、換気機能、加湿機能を有している単一ダクト方式と併用する「ダクト併用ファンコイルユニット方式」が多用されている。

　ファンコイルユニットへの熱の搬送は水である。

　また、熱量当たりの運搬動力は、ダクトで空気を送る方式の方が冷温水管で水を送る方式よりも大きい。

◆パッケージ方式

　パッケージ方式とは、圧縮機、凝縮器、蒸発器の熱源装置が内蔵（パッケージ）されたパッケージ型空気調和機による空調方式で、個別空調方式に多用されている。パッケージ方式の主な特徴は次のとおりである。

①ヒートポンプ式冷暖房兼用機が主流。
②圧縮機はインバータ制御が主流。
③冷却塔・ダクトが不要である。
④外気処理機能を有していない。単独で十分な換気能力はない。
⑤水熱源方式よりも空気熱源方式が多用されている。
⑥水熱源ヒートポンプ方式には、冷房運転と暖房運転を混在させた熱回収運転が可能なものがある。
⑦セパレート型は、室内機：冷房蒸発器兼暖房凝縮器と送風機。室外機：冷房凝縮器兼暖房蒸発器と圧縮機で構成される。

◆その他の空調方式

　その他の空調方式に関する事項は、次のとおりである。

第 **3** 章

空気環境の調整

①二重ダクト方式：冷風と温風の2系統の給気を混合する空調方式である。

②ペアダクト方式：一次空調機（外調機）と二次空調機の2系統の給気を混合する空調方式である。

③ターミナルエアハンドリングユニット方式：ダクトの末端にコイルを配置した空調方式で、ダクトによる空気とコイルへの水により熱を搬送する空気－水方式に分類される。

④床吹出し空調方式：床から空調空気を吹出す空調方式で、人間のいる空間の足元から吹出す場合は、10℃程度などの低い給気温度は不適当である。

⑤放射冷暖房方式：水や空気によって冷却・加熱された天井、壁、床からの放射により室温調整を行う空調方式である。単独で換気能力を有していない。

⑥ウォールスルーユニット方式：外壁開口部に室外機・室内機一体型ユニットを配置した空調方式である。

本試験では、冷風と温風の2系統の給気を混合する方式は二重ダクト方式、一次空調機（外調機）と二次空調機の2系統の給気を混合する方式はペアダクト方式として出題されている。

Step3 暗記　何度も読み返せ！

単ダクト方式

☐ 定風量単ダクト方式は、給気温度を変化させて負荷変動に対応。

☐ 変風量方式は、VAVユニットにより給気風量を変化させて負荷変動に対応。

ファンコイルユニット方式

☐ ファンコイルユニットは、熱変動が大きいペリメータゾーンに配置。

パッケージ方式

☐ ヒートポンプ式冷暖房兼用機が主流。

☐ 圧縮機はインバータ制御が主流。冷却塔・ダクトが不要。

この項では、冷熱源の吸収冷凍機、蒸気圧縮冷凍機、吸着冷凍機、温熱源のボイラ（水管ボイラ、炉筒煙管ボイラ、鋳鉄製ボイラ）、真空式温水発生機その他の熱源（地域熱冷暖房方式、蓄熱槽方式）について学習しよう。

Step1 図解　目に焼き付けろ！

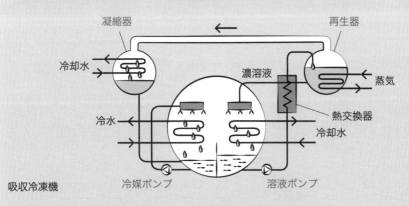

吸収冷凍機

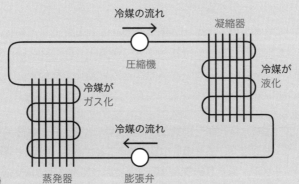

蒸気圧縮冷凍機

爆裂に読み込め！

→ 冷熱源

冷熱源とは、冷房の源になる冷水などをいい、冷熱源を製造する設備機器として冷凍機が用いられている。冷凍機には、吸収冷凍機と蒸気圧縮冷凍機などがあり、それぞれの概要は次のとおりである。

◆吸収冷凍機

吸収冷凍機とは、蒸発器で冷媒を蒸発（気化）させて冷水を製造する機器で、蒸発した冷媒を吸収器で吸収液に吸収させた後に再生器に送り、再生器で吸収液と冷媒に分離し、分離した冷媒を凝縮器で凝縮（液化）させた後に、再び蒸発器に送る冷凍サイクルで構成される冷凍機である。吸収冷凍機の特徴は次のとおりである。

①冷凍サイクルは、蒸発器→吸収器→再生器→凝縮器→減圧機構→蒸発器である。
②冷媒に水、吸収液に臭化リチウム溶液が使用されている。
③冷凍機本体・冷却塔ともに、同じ容量の蒸気圧縮冷凍機に比べ大型になる。
④蒸発器：冷媒を気化。冷水が取り出される。
⑤吸収器：吸収液により冷媒を吸収
⑥再生器：加熱により冷媒と吸収液を分離
⑦凝縮器：冷却水により冷媒を液化
⑧直焚き吸収冷温水機：1台の機器で冷水と温水を製造するもの。機器の運転に、ボイラ技士などの運転資格が不要である。
⑨二重効用：再生器が高温と低温に分かれていることをいう。

冷媒とは、熱を移動させる媒体のことで、特に状態変化を伴い潜熱も媒介するものを指して言うことが多い。吸収冷凍機の冷媒は水だ。臭化リチウムは吸収液であって冷媒ではない。

◆蒸気圧縮冷凍機

蒸気圧縮冷凍機とは、蒸発器で冷媒を蒸発（気化）させて冷水を製造する機器で、蒸発（気化）した冷媒を圧縮機で圧縮した後に凝縮器に送り、凝縮器で凝縮（液化）させた後に、膨張弁を介して再び蒸発器に送る冷凍サイクルで構成される冷凍機である。蒸気圧縮冷凍機の特徴は次のとおりである。

①冷凍サイクルは、蒸発器→圧縮機→凝縮器→膨張弁→蒸発器で構成される。
②凝縮器を冷却水で冷却する水熱源方式と、凝縮器を空気で冷却する空気熱源
　方式がある。
③成績係数（消費電力に対する冷凍能力）は、水熱源方式のほうが、空気熱源
　方式よりも大きく、効率がよい。
④冷媒には、HFCやHCFCなどのフロンやアンモニアがある。
⑤HFC冷媒は、塩素を含まないためオゾン層破壊係数ゼロである。
⑥HCFC冷媒は、塩素を含むためオゾン層破壊係数はゼロではない。
⑦アンモニア冷媒は、オゾン層破壊係数はゼロであるが、毒性・可燃性がある。
　また圧縮比（圧縮機の吸込み圧力と吐出圧力の比）が高い。

> HFCは、ハイドロフロオロカーボン、HCFCは、ハイドロクロロフルオロカーボンだ。ハイドロフロオロカーボンは、水素・フッ素・炭素、ハイドロクロロフルオロカーボンは、水素・塩素・フッ素・炭素ってことだ。オゾン層を破壊するのは塩素だ。オゾン層破壊とは、地球を取り巻くオゾンの層が破壊されて、有害な紫外線が地表に到達してしまう現象だ。

◆吸着冷凍機

吸着冷凍機とは、シリカゲルなどの吸着剤を利用した冷凍機である。蒸発（気化）した冷媒を吸着器で吸着剤に吸着させた後に、吸着剤を加熱して冷媒を脱着し、脱着した冷媒を凝縮器で凝縮（液化）させた後に、再び蒸発器に送る冷凍サイクルで構成される冷凍機である。吸着冷凍機の成績係数は、一般に高くない。

吸収式も蒸気圧縮式も、蒸発器で冷媒を蒸発させることで水を冷やしている。

吸収式は、常温常圧で液体である水を蒸発しやすくするために減圧している。

圧縮式は、常温常圧で気体であるフロンを凝縮しやすくするために圧縮している。

➡ 温熱源

温熱源とは、暖房の源になる蒸気や温水などをいい、温熱源を製造する設備機器としてボイラや真空式温水発生機などが用いられている。ボイラや真空式温水発生機などの概要は次のとおりである。

◆ボイラ

ボイラとは、燃料の燃焼熱や電気エネルギーを用いて、水を加熱し、蒸気や温水を製造する機器で、一定規模以上のものが法令上、ボイラとされる。

①水管ボイラ

水管ボイラは、中に水が流れる水管を壁状に配置した水管壁の燃焼室を有した構造をしており、蒸気、高温水の製造に用いられる。大きな円筒形の部材であるドラムがなく水管だけで構成される貫流ボイラも、水管ボイラの一種である。

②炉筒煙管ボイラ

炉筒の燃焼室と直管の煙管群で構成されるボイラで、大きな横型ドラムを有するため、保有水量が多く、負荷変動に対して安定性があるという特徴を有している。

③鋳鉄製ボイラ

材質が鋳鉄で製造されているボイラで、鋳鉄は腐食に強いが硬くてもろいので、高圧蒸気・大容量用途には適していない。

鋳鉄製ボイラは、セクションに分けることができるので、設置時には分割搬入が可能である。一方、セクションは内部を清掃することが困難なので、スケール付着防止のため密閉系で設計・使用される。

スケールとは、カルシウムやマグネシウムなどの硬度成分が、析出して部材に付着したものだ。身近な例としては、加湿器や湯沸しポットの白い付着物のことだ。

◆真空式温水発生機

減圧された容器の中に温水である熱媒を封入し、減圧された容器の中で熱媒を加熱し、熱媒を蒸発させ、伝熱管表面で凝縮させることにより、伝熱管内の流体を加熱して温水を製造する機器である。

加圧された状態で熱媒を加熱しないので、労働安全衛生法のボイラに該当しない。したがって、機器の運転に、ボイラ技士などの運転資格が不要である。

四季のある日本では、冷熱源も温熱源も両方とも必要だ。冷熱源＋温熱源の組み合わせには、ボイラ＋冷凍機の2つを組み合わせた方式と吸収冷温水機を単独で設置する方式がある。
ボイラ＋冷凍機の方式のうち、冷凍機を蒸気圧縮冷凍機とした、ボイラ＋電動冷凍機方式は、電動冷凍機を夏期しか運転しないので、夏期と冬期の電力消費量の変化が大きいという特徴を有している。

➔ その他の熱源方式

その他の熱源方式としては、地域熱冷暖房方式と蓄熱槽方式がある。概要は下記のとおりである。

◆地域熱冷暖房方式

地域熱冷暖房方式とは、地域内の複数の建物に熱供給設備から導管を用いて冷水・温水・蒸気などを供給する熱源方式である。個々の建物に熱源設備を設ける個別熱源方式に比べて、大型化・集約化による効率的な運用が可能で、環境への負荷が小さいという特長を有している。

一定規模以上の地域熱冷暖房方式は、熱供給事業法の適用を受ける。

◆蓄熱槽方式

蓄熱槽とは、熱を貯める槽のことで、冷房時には冷水を、暖房時には温水を蓄えた水槽をいう。蓄熱槽は、夜間の冷房や暖房の需要が少ないときに、熱源機器により製造された冷水や温水を貯め、昼間の冷房や暖房の需要の多いときに、貯めた冷水や温水を供給するために設置される。蓄熱槽方式は、時間外空調などの部分負荷への対応がしやすいという特長も有している。

また、蓄熱槽には、大気圧に開放された水面を持つ開放式蓄熱槽と、密閉構造の密閉式蓄熱槽がある。搬送動力（ポンプ動力）の大きさは、開放式蓄熱槽のほうが密閉式蓄熱槽よりも大きくなる。

開放式蓄熱槽に用いられるポンプは、大気圧に開放されて水圧を失った水を加圧してくみ上げる必要があるため、ポンプの搬送動力が密閉式蓄熱槽よりも大きくなる。

Step3 暗記 何度も読み返せ！

温熱源

- □ 水管ボイラ
  水管壁の燃焼室を有し、蒸気、高温水に用いられる。
  貫流ボイラ：ドラムを有しない水管ボイラ

- □ 炉筒煙管ボイラ
  炉筒の燃焼室と直管の煙管群で構成。大きな横型ドラムを有する。
  保有水量が多く、負荷変動に対して安定性がある。

- □ 鋳鉄製ボイラ
  高圧蒸気・大容量用途に不適。分割搬入が可能。
  スケール付着防止のため密閉系で設計・使用する。

No. 29 /72 冷却塔、空気調和機

この項では、冷却塔は、開放型冷却塔と密閉型冷却塔、冷却塔の薬剤処理に関する事項、空気調和機は、エアハンドリングユニットに関する事項、加湿装置は、蒸気加湿と水加湿に関する事項について学習しよう。

Step1 図解 目に焼き付けろ！

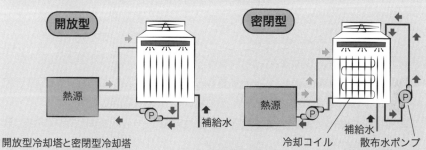

開放型冷却塔と密閉型冷却塔

加湿方式

「一般に、近年、採用される加湿は、気化式が多い。」と出題されているぞ。

爆裂に読み込め！

冷却塔はレジオネラ菌繁殖の機器にもなりうる。

➡ 冷却塔

冷却塔とは、吸収冷凍機の凝縮器と再生器、蒸気圧縮冷凍機の凝縮器を冷却するために冷却水が吸熱した熱を、大気に放熱するための装置である。

◆開放型冷却塔と密閉型冷却塔

冷却塔には、冷却水回路が大気に開放されている開放型冷却塔と、冷却水回路が密閉されている密閉型冷却塔がある。

開放型冷却塔は、散布水ポンプが不要であるが、大気中の不純物が混入することによる冷却水の汚染があるので、冷却水の水処理が必要である。

密閉型冷却塔は、散布水ポンプが必要であるが、大気中の不純物の混入による冷却水の汚染がないという特長を有している。ただし、散布水には大気中の不純物による汚染があるので、散布水の水処理は必要である。

開放型は冷却水の熱を大気に直接放熱している。一方、密閉型は冷却水の熱を大気に間接的に放熱している。したがって、同じ冷却能力の場合の装置の大きさは密閉型のほうが開放型よりも大きくなる。

◆冷却塔の薬剤処理

冷却塔は、レジオネラ属菌や藻類が繁殖しやすく、冷却水や散布水の蒸発により濃縮され硬度が上昇し、カルシウムなどの硬度成分の付着物であるスケールによる障害も発生しやすいので、冷却水、散布水の薬剤処理が実施される。

冷却塔の薬剤処理には、レジオネラ属菌対策・藻類対策・スケール対策などの多機能を有している薬剤を連続投入する方法と、レジオネラ属菌対策・藻類対策・スケール対策などの機能を個別に有しているパック剤を投入する方法がある。パック剤の効果は、1〜3か月程度であるので、1〜3か月程度の頻度で交換が必要である。

その他、冷却塔の水温が下がらない原因として、冷却水量に対して送風機の風量が減少する、すなわち、送風機の風量に対して冷却水量が多すぎることが出題されている。

➡ 空気調和機

空気調和機とは、室内空気の温度、湿度、清浄度を調節する機器である。

◆エアハンドリングユニット

エアハンドリングユニットとは、エアフィルタ、コイル（冷却器・加熱器）、ドレンパン、加湿器、送風機で構成されている空気調和機である。エアハンドリングユニットには、熱源装置や膨張弁は内蔵されておらず、冷凍機やボイラなどの熱源機器から、冷水や

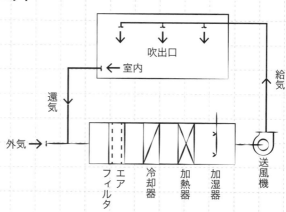

図29-1：エアハンドリングユニット

温水、蒸気などの供給を受けて、室内空気の温湿度を調節している。

◆冷却コイル（冷却器）・加熱コイル（加熱器）

コイルの方式は、プレートフィン式熱交換器が用いられている。コイルは、上流から冷却器→加熱器→加湿器の順に設置される。また各コイルの上部には空気抜きキャップを、各コイルの下部には水抜きキャップを設ける。

➡ 加湿装置

加湿装置とは、冬期の暖房時に室内が低湿度にならないように加湿し、室内

の湿度を調整する装置である。

➡ 蒸気加湿と水加湿

加湿装置の加湿方式は、蒸気加湿と水加湿に大別され、蒸気加湿には蒸気吹出し式、水加湿には水噴霧式、気化式などの加湿方式がある。蒸気加湿と水加湿の特徴は次のとおりである。

表29-1：蒸気加湿と水加湿

項目	蒸気加湿	水加湿
加湿効率	大	小
空気温度	降下しない	降下する
不純物の放出	ほとんどない	放出される
微生物の汚染	ほとんどない	汚染されることがある

加湿装置については、次の事項も押さえておこう。
2流体スプレー式：高速空気流により水を霧化して加湿する
エアワッシャ式：多量の水を空気と接触させて気化して加湿する

Step3 暗記 何度も読み返せ！

- [ ] 開放型冷却塔：散布水ポンプが不要。冷却水の汚染がある。冷却水の水処理が必要
- [ ] 密閉型冷却塔：散布水ポンプが必要。冷却水の汚染がない。散布水の水処理が必要
- [ ] エアハンドリングユニットの構成要素：エアフィルタ、コイル（冷却・加熱）、ドレンパン、加湿器、送風機

熱交換器、全熱交換器

この項では、熱交換器と全熱交換器について学習する。熱交換器は多管式とプレート式に、全熱交換器は回転型と静止型に分類される。多管式とプレート式の比較や全熱交換器の特徴について理解しよう。

Step1 図解　目に焼き付けろ！

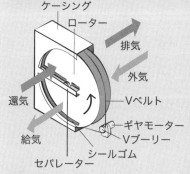

回転型
全熱交換器

ケーシング
ローター
排気
外気
Vベルト
還気
ギヤモーター
Vプーリー
給気
シールゴム
セパレーター

静止型

室内側供給空気　室内｜室外
仕切板
特殊加工紙
間隔板
特殊加工紙
室外側吹出空気
室内側排出空気
室外側新鮮空気

全熱交換器は、エレメントと呼ばれる部材が。吸熱⇒放熱、吸湿⇒透湿または放湿することにより、高温側から低温側に熱を、多湿側から低湿側に湿度を伝える装置である。全熱交換器はエレメントが回転する回転型と静止している静止型に分類される。
全熱交換器は顕熱に加え、潜熱も伝えている。だから、全熱交換器というのだ。

爆裂に読み込め！

➜ 熱交換器

熱交換器は、隔壁を介して高温側から低温側に顕熱を伝える装置で、隔壁が多数の配管で構成される多管式と、隔壁が多数の板で構成されるプレート式に分類される。

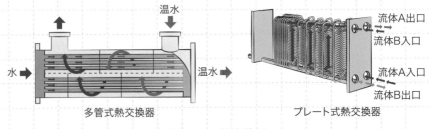

図30-1：熱交換器

プレート式熱交換器は、多管式熱交換器に比べて、据付面積当たりの伝熱面積（熱を伝える面積）が大きく、高性能でコンパクトなので空調用途に多用されている。

その他、ヒートパイプと呼ばれる構造が簡単で熱輸送能力の高い熱交換器もある。ヒートパイプは装置内部に封入された冷媒が蒸発←→凝縮を繰り返して熱を媒介しているが、高温側から低温側には顕熱を伝えているだけなので、顕熱型の熱交換器だ！

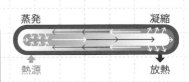

図30-2：ヒートパイプ

➡ 全熱交換器

全熱交換器は、エレメントが吸熱⇒放熱、吸湿⇒透湿または放湿することで、熱とともに湿度も伝える。顕熱に加え、潜熱も伝えているので、全熱交換器と呼ばれる。全熱交換器は回転型と静止型に分類される。回転型は吸湿性のハニカムロータ（ハチの巣状の回転体）を低速回転させて熱交換する。静止型は、伝熱性と透湿性を持つ仕切り板により熱交換する。

全熱交換器に関して、よく出題される事項は次のとおりである。

● 全熱交換器は調湿機能も有しているため、顕熱交換器と比べて結露を生じにくい。

● 全熱交換器は換気の機能を有しているため、別に外気取入系統が不要である。

● 外気冷房可能な時は、全熱交換器を使用しないで外気を導入する。

● 臭気のあるちゅう房や湿度の高い温水プールの換気には、全熱交換器ではなく、顕熱交換器が用いられる。

全熱交換器を用いる目的は、換気における省エネ。

夏期の冷房時には、高温多湿の外気と低温少湿の室内空気の全熱を交換して、換気に伴う外気導入と排気による熱負荷の増加を軽減している。

冬期の暖房時には、低温少湿の外気と高温多湿の室内空気の全熱を交換して、換気に伴う外気導入と排気による熱負荷の増加を軽減している。

第**3**章 空気環境の調整

Step3 暗記 ➡ 何度も読み返せ！

熱交換器

□ プレート式熱交換器は、多管式熱交換器に比べて、高性能・コンパクト。空調に多用。

全熱交換器

□ 回転型：吸湿性のハニカムロータを低速回転させて熱交換する

□ 静止型：伝熱性と透湿性を持つ仕切り板により熱交換する

明日からじゃない、今からやるんだ！

換気、送風機

この項では、送風機の特性曲線、機械換気方式、換気回数、1人当たり必要換気量、送風機の分類、送風機の型式、送風機の直列運転と並列運転、送風機の風量、圧力、所要動力と回転速度との関係などについて学習しよう。

Step1 図解 目に焼き付けろ！

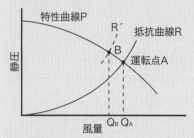

送風機の特性曲線Pと送風系の抵抗曲線Rの関係を示した図

- 送風機の運転点
  送風機の特性曲線Pと送風系の抵抗曲線Rの交点が送風機の運転点となる。
- ダンパによる風量調整
  送風量をQ_AからQ_Bに減少したい場合には、送風系のダンパの開度を閉じて、送風系の抵抗曲線をRからR′に調整して、運転点をAからBにする。

送風機の特性曲線Pは右下がり、送風系の抵抗曲線Rは右上がりの曲線だ。
送風機の静圧は風量が増加すると低下する
送風系（ダクト、ダンパ、吹出し口など）の静圧（すなわち抵抗）は、風量が増加すると増加する。
送風機の静圧と送風系の抵抗が一致する点、PとRの交点が送風機の運転点になる。
ダンパを閉めすぎるとサージングが発生する。サージングとは、低風量時の不安定な振動現象のことをいう。
サージング発生時にはダンパを開ける必要がある。

Step2 解説 爆裂に読み込め！

 送風機の型式は風の流れを理解しろ

→ 換気

　室内の空気を入れ替えることを換気という。室内の汚染された空気を排出し、屋外の空気を導入して空気を入れ替える。

◆機械換気方式

　機械換気方式には、第1種、第2種、第3種の種別があることは前述したとおりである。

　第1種機械換気方式は、燃焼用空気の供給と燃焼ガス（いわゆる排ガス）の排出が必要な厨房などに採用される。なお、厨房の場合は、燃焼ガスが厨房の外部に拡散しないよう厨房内を負圧に調整する。

　第2種機械換気方式は、対象室を正圧に保ち、外部から対象室への空気の侵入を防止する必要性から、病院の手術室や工場のクリーンルームなどに採用される。

　第3種機械換気方式は、対象室を負圧に保ち、対象室から外部に空気が拡散しないように、病院の汚染室、便所、喫煙所などに採用される。

　また、用途別では、ボイラ室の換気は、酸素供給のため第1種または第2種機械換気方式とし、燃焼ガスがボイラからボイラ室に漏出しないように、ボイラ室内を正圧に調整する。地下駐車場の換気は、排気ガス除去のため第1種または第3種機械換気方式とし、駐車場内を負圧に調整する。

◆換気回数と1人当たり必要換気量

　換気設備に関しては、換気回数と1人当たり必要換気量に関する事項が出題されている。

① 換気回数

　換気回数とは、換気量を室の容積で除したもので、時間当たりに何回、室内の空気が入れ替わったかを示す指標である。換気回数は次式で表される。

$$換気回数 = \frac{換気量}{室容積}$$

　換気量とは、時間当たりに換気される空気の体積で、単位はm³/hなどで表される。

② 1人当たり必要換気量

　建築基準法施行令第20条の2において、1人当たり必要換気量は20m³/h以上と規定されている。

　その他、換気に関する事項として、給気口（外気取入口）は、冷却塔から離す必要があることも出題されている。

➡ 送風機

　送風機とは気体を送る機械のことをいう。ビルでは、送風機をダクト（風道）に接続し、ダクトを介して室内に空気を送ったり、室内の空気を排出したりしている。ちなみに、送風機よりもさらに圧力の高いものをコンプレッサーという。

①送風機の分類

　送風機は、圧力により低い圧力のファンと高い圧力のブロアに分類される。空調用には、圧力9.8kPa未満のファンが多用されている。

②送風機の型式

　主な送風機の型式は次のとおりである。

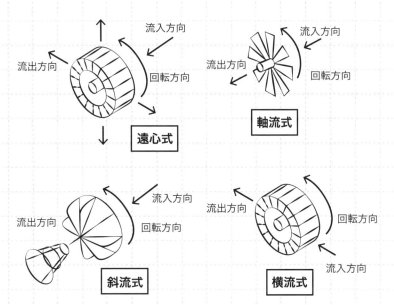

図31-1：送風機の型式

- 遠心式：空気の流れが、軸方向から入り、径方向に出る。
- 軸流式：空気の流れが、軸方向から入り、軸方向に出る。
- 斜流式：空気の流れが、軸方向から入り、軸に対して斜め方向に出る。
- 横流式：空気の流れが、円周方向から入り、円周方向に出る。

> 遠心送風機には、多翼送風機とターボ送風機がある。ターボ送風機は高速回転・高速ダクトの用途に適している。一方、多翼送風機と軸流送風機、横流送風機は、高速回転・高速ダクトの用途には適していない。

③送風機の直列運転と並列運転

2台の送風機の運転については、次のとおりである。
- 2台の送風機で直列運転すると、1台だけの単独運転に比べ、静圧が増える。
- 2台の送風機で並列運転すると、1台だけの単独運転に比べ、風量が増える。

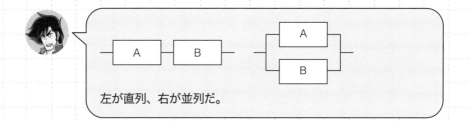

左が直列、右が並列だ。

④送風機の風量、圧力、所要動力と回転速度との関係

送風機の風量、圧力、所要動力と回転速度との関係は次のとおりである。

● 送風機の風量は、回転速度に比例する。
● 送風機の圧力は、回転速度の2乗に比例する。
● 送風機の所要動力は、回転速度の3乗に比例する。

回転速度と性能の関係は、ポンプについても同様のことがいえる。
● ポンプの流量は、回転速度に比例する。
● ポンプの圧力は、回転速度の2乗に比例する。
● ポンプの所要動力は、回転速度の3乗に比例する。

Step3 暗記 何度も読み返せ！

換気

□ ダンパを閉めすぎるとサージングが発生する。サージング発生時にはダンパを開ける必要がある。

□ 換気回数 ＝ $\dfrac{換気量}{室容積}$

No. 32 /72 ダクト、空気浄化装置

この項では、ダクトの設計方法、材質、防火区画・防煙区画の貫通部、軸流吹出口、ふく流吹出口、空気浄化装置の方式、粉じん捕集効率の定義や粉じん捕集効率の測定法などについて学習しよう。

Step1 図解 目に焼き付けろ！

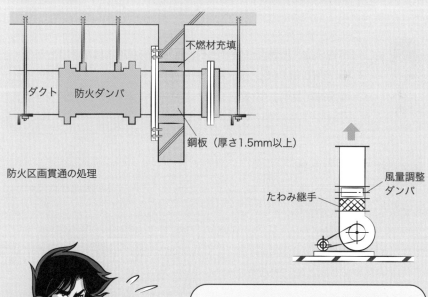

不燃材充填

ダクト 防火ダンパ

鋼板（厚さ1.5mm以上）

防火区画貫通の処理

たわみ継手

風量調整ダンパ

ダクトが防火区画を貫通する部分には、防火ダンパが設けられる。
たわみ継手とは、ダクトの振動防止のため用いられるたわみ性のある継手だ。

爆裂に読み込め！

→ ダクト

ダクトとは、風道のことで、空気調和または換気のために送風するための導管をいう。ビルの空調用・換気用のダクトは、材質は鋼板製やグラスウール製で、形状は断面が長方形の長方形ダクト（角ダクトともいう）と断面が円形の円形ダクト（丸ダクト）に大別される。

◆ダクトの設計方法

ダクトの設計方法には、ダクト内の風速が一定となるようにダクトの断面積を決定する等速法と、長さ当たりの圧力損失が一定となるようにダクトの断面積を決定する等圧法がある。

等速法は、風速は確保できるが圧力損失が過大になる場合がある。等圧法は、圧力損失は一定になるが風量がアンバランスになる場合がある。その他、ダクト系統に排水通気管を設けてはならないということも、出題されているぞ。

◆スパイラルダクト等

本試験では、スパイラルダクト、グラスウールダクトなどが出題されている。概要は次のとおりである。

①スパイラルダクト

スパイラルダクトとは、鋼板をらせん状に巻いて成形したダクトで、鋼板の継目が補強となり、スパイラルダクト以外の円形ダクト（丸ダクト）より強度が大きいという特長を有している。

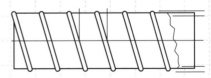

図32-1：スパイラルダクト

②グラスウールダクト

　グラスウールダクトは、材質がグラスウール（ガラス繊維）で製造されたダクトで、鋼板製ダクトに比べて、断熱性と吸音性が高いという特長を有している。

　鋼板製ダクトの内部にグラスウールを貼ったダクトを内貼りダクトという。内貼りダクトは吸音性に優れているので、ダクトからの騒音の消音に用いられる。また、内貼りダクトの消音効果は、中・高周波の音に対して大きく、低周波の音に対しては小さい。要するに、高い音は消音しやすいが、低い音は消音しにくい。

◆ダクトの防火区画・防煙区画の貫通部

　防火区画とは、火災時の火が建物に拡大しないように不燃材の床や壁で区画することをいう。防煙区画とは、火災時の煙が建物に拡散しないように不燃材の床や壁で区画することをいう。ダクトが防火区画、防煙区画を貫通する部分には、それぞれ防火ダンパ、防煙ダンパが設けられる。

①防火区画貫通部

　防火区画貫通部には、ケーシングの厚さ1.5mm以上の防火ダンパが設けられる。防火ダンパとは、温度ヒューズと連動して火災時の熱で自動閉止し、火災時の火の流路を遮断するものをいう。温度ヒューズとは、火災時の熱で溶断し、防火ダンパを閉止するもので、温度ヒューズの作動温度は、一般用72℃、厨房用120℃、排煙用280℃と定められている。

②防煙区画貫通部

　防煙区画貫通部には、防煙ダンパが設けられる。防煙ダンパとは、煙感知器と連動して火災時の煙により自動閉止し、火災時の煙の流路を遮断するものをいう。

第**3**章

空気環境の調整

ダクトに関しては、ダクト内粉じんの真菌・細菌の量は、給気ダクトよりも還気ダクトのほうが多いということも出題されている。後述する空気浄化装置で処理された給気のほうが、室内から戻ってくる還気よりも浄化されているから当然の結果だろう。

→ 吹出口・吸込口

ダクトからの給気が室内に吹き出される開口部を吹出し口、室内からの還気がダクトに吸い込まれる開口部を吸込口という。

◆吹出口

吹出口は、ダクトの軸方向に気流が吹出す軸流吹出口と、吹出し口から放射状に気流が吹出すふく流吹出口に大別され、概要は次のとおりである。

①軸流吹出口

軸流吹出口には、ノズル型、グリル型などがある。誘引比が小さく、到達距離が長いという特徴を有している。

②ふく流吹出口

ふく流吹出口には、アネモ型などがある。誘引比が大きく、温度分布が均一になりやすいという特徴を有している。

誘引比とは、吹出口から吹き出された空気が室内の空気を誘引する比率をいう。誘引比が大きいと、室内の空気を誘引しやすく、吹出し空気と室内空気が混合しやすい。吹出し空気は、室内の空気と混合して、マイルドになってから人に達したほうが快適だ。

◆吸込口

吹出し口の気流には指向性があるが、吸込口の気流には指向性はない。

158

→ 空気浄化装置

空気浄化装置とは、空気中の汚染物質を除去して浄化する装置をいう。空気浄化装置は、粒子状物質を除去するものとガス状物質を除去するものに大別される。

空気浄化装置の種類には、粒子状物質を除去するろ過式、静電式とガス状物質を除去するケミカルフィルタなどがある。

①ろ過式

ろ過式とは、フィルタ面に粉じんを衝突させて除去する空気浄化装置の方式である。粒子捕集率の範囲が広いという特徴を有している。ろ過式の空気浄化装置に関する事項は次のとおりである。

● 折り込み型エアフィルタ：通過風速を遅くして、圧力損失を低減
● 自動更新型フィルタ：捕集効率は高くないが、保守管理が容易
● HEPAフィルタ：粒子用高性能フィルタ。クリーンルーム用

②静電式

静電式とは、高圧電界による荷電および吸着吸引により粉じんなどを除去する空気浄化装置の方式で、電気集じん機が該当する。

ろ過式は、高性能になるほど、ろ材の目が細かくなり圧力損失が大きくなる。空気浄化装置の圧力損失の大小関係は次のとおり。
圧力損失：ガスフィルタ＜一般的なエアフィルタ＜HEPAフィルタ
ガスフィルタとは、ガス状物質を除去する空気浄化装置、一般的なエアフィルタとは、HEPAフィルタ以外のろ過式の空気浄化装置のことだ。

③空気浄化装置の性能

空気浄化装置の性能は、汚染除去（粉じん保持）容量、粉じん捕集効率などの指標で表され、概要は次のとおりである。

● 汚染除去（粉じん保持）容量の単位

ろ材の面積当たりの捕集し保持できる粉じん質量：[kg/m²] または、ろ材の個数当たりの捕集し保持できる粉じんの質量 [kg/個]

● 粉じん捕集効率

$$粉じん捕集効率 = \frac{上流側粉じん濃度 - 下流側粉じん濃度}{上流側粉じん濃度} \times 100 \; [\%]$$

④粉じん捕集効率の測定法

粉じん捕集効率の測定法には、捕集前後のろ材の質量を計測する質量法、捕集前後のろ材の変色を確認する比色法、捕集した粉じんの数を計測する計数法がある。質量法は、粗じん用空気浄化装置、比色法は中性能用空気浄化装置、計数法は高性能用空気浄化装置の捕集効率の測定に用いられる測定法である。

同じフィルタでも測定方法により粉じん捕集効率の数値が異なり、質量法で90％でも、比色法では50％程度である。このことも本試験で問われているぞ。

Step3 暗記 何度も読み返せ！

ダクト

☐ スパイラルダクト：継目が補強となり、丸ダクトより強度が大きい
☐ 防火ダンパの作動温度：一般72℃、厨房120℃、排煙280℃

粉じん捕集効率とその測定法

$$粉じん捕集効率 = \frac{上流側粉じん濃度 - 下流側粉じん濃度}{上流側粉じん濃度} \times 100 \; [\%]$$

No. 33 /72 | ポンプ、配管

この項では、ターボ型の渦巻きポンプ、容積型の歯車ポンプ、特殊型の渦流ポンプ、キャビテーションと水撃作用、空調用配管の温度・圧力、逆止弁、伸縮継手、防振継手などについて学習しよう。

Step1 図解 目に焼き付けろ！

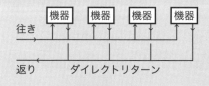

往き → 機器 機器 機器 機器
返り ── ダイレクトリターン

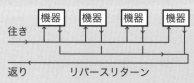

往き → 機器 機器 機器 機器
返り ── リバースリターン

図のとおり、ダイレクトリターンは、返り管を遠い方から近い方へ配管し、リバースリターンは、返り管をいったん、近い方から遠い方へ配管している。
リバースリターンとは、各機器の往復の配管経路の長さを均等にすることにより、各機器に流れる循環水の流量を均等にするための配管方式のことだ。

161

→ ポンプ

ポンプとは、水などの液体を加圧して配管を介して、高いところへ汲み上げたり、遠い場所に送ったりする機器をいう。

◆ポンプの分類

ポンプの型式は、ターボ型、容積型、特殊型があり、それぞれ下記のように分類される。

①ターボ型：渦巻きポンプ、ディフューザポンプなど

②容積型：歯車ポンプ、ダイヤフラムポンプなど

③特殊型：渦流ポンプ（カスケードポンプ）など

図33-1：渦巻きポンプ

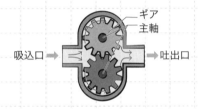

図33-2：歯車ポンプ

渦巻きポンプと渦流ポンプは、漢字が似ているので、文字で表記されていたら、見間違えないように注意しよう。

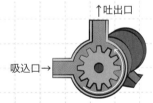

図33-3：渦流ポンプ

ポンプの詳細な仕様や原理についてはあまり問われない。上の大まかな分類とポンプの名称、そして、「ポンプの流量は圧力に比例しない。」程度のことを知っていればよいだろう。

◆ポンプの性能

ポンプの性能を表す事項には、流量、圧力、所要動力などがあるが、このうち圧力について、よく問われる。ポンプの圧力は、ポンプが水を汲み上げたり、吸い上げたりすることができる高さで表される。

ポンプが水を汲み上げることのできる高さを揚程という。揚程には、実際に水を汲み上げる高さに相当する圧力である実揚程と、実揚程に損失水頭を加えた全揚程がある。

また、ポンプが有効に水を吸い上げることのできる高さを、有効吸込みヘッド（NPSF）といい、キャビテーションの発生を判断するのに用いられる。

水頭とは、ヘッドともいい、水圧を水柱の高さで表したものだ。

◆ポンプの異常現象

ポンプに生じる主な異常現象に、キャビテーションと水撃作用がある。キャビテーションとは、ポンプの吸込み側で圧力が低下し、騒音・振動が発生して、吐出し量が低下する現象をいう。水撃作用とは、運転中のポンプを急停止したときなどに発生する圧力変動により、ポンプや配管に衝撃を与える現象をいう。

その他、ポンプの異常現象に、サージングがある。サージングの原理と現象は、送風機と同じだ。

➡ 空調用配管

空調用配管とは、空気調和設備のために用いられる配管で、内部に流れる流体の用途により、冷水配管、温水配管、冷温水配管、蒸気配管がある。冷温水配管とは、夏期冷房時には冷水、冬期暖房時には温水が流れる配管をいう。

◆空調用配管の温度・圧力

空調用配管の温度・圧力の概要は次のとおりである。

第3章 空気環境の調整

時には息抜きをする。それが勉強を続ける秘訣だ。

①冷水配管：5～10℃　　　④氷蓄熱用不凍液管：−10～−5℃

②高温水配管：120～180℃　⑤低圧蒸気管：0.1MPa未満

③冷却水配管：20～40℃　　⑥高圧蒸気管：0.1～1MPa

 高温水配管とは、配管内部の水の圧力を大気圧以上に加圧し、100℃以上に加熱された水、高温水を搬送する配管だ。

◆主な空調用配管

　主な空調用配管に、冷温水配管、蒸気配管、冷媒配管があり、概要は次のとおりである。

①冷温水配管

　冷温水配管は、エアハンドリングユニット、ファンコイルユニットなどに、夏期冷房時は冷水を、冬期暖房時には温水を供給する配管である。

　冷温水配管の系統には、温度変化による水の体積変化、特に温度上昇による体積膨張分を吸収するために、膨張水槽が設けられる。膨張水槽には、大気圧に開放されている開放型膨張水槽と密閉構造の密閉型膨張水槽がある。配管系統の水温が100℃以上の場合には、開放型膨張水槽ではなく、密閉型膨張水槽が用いられる。

 密閉型膨張水槽とは、密閉構造の圧力容器の内部に隔壁で隔てられた空気が封入されており、空気の圧縮性を利用して水の体積膨張分を吸収する構造の膨張水槽だ。
水温が100℃以上の系統に開放型膨張水槽を用いないのは、開放された水槽から湯気が大量に発生するからだ。

②冷媒配管

　冷媒配管は、パッケージ型空気調和機、ビル用マルチユニット、ルームエアコンディショナなど、蒸発器、圧縮機、凝縮器、膨張弁などの蒸気圧縮式の冷凍サイクルを内蔵している機器の冷媒の循環に用いられる配管をいう。

空調が苦手な人は、冷水配管、冷却水配管、冷媒配管の区別が
わかりにくいと思う。ここでは解説しないから、自分で調べてみ
よう。

③蒸気配管

　蒸気配管は、ボイラからの蒸気をエアハンドリングユニットの加熱コイルや
加湿器などに供給するための配管をいう。蒸気配管は高温に晒されるため、熱
に弱い樹脂管は用いられず、金属管が用いられる。

◆逆止弁と継手

　空調用配管には、逆止弁や継手が用いられる。逆止弁とは、逆流を防止する
弁をいう。継手とは、配管と配管を接続する部材のことで、接続する以外の機
能も持ち合わせている。逆止弁と継手の概要は次のとおりである。

①逆止弁

　逆止弁には様々な形式のものがあるが、主なものにリフト式とスイング式が
ある。リフト式は、逆流を防止する弁体が垂直方向に動くもの、スイング式は、
逆流を防止する弁体がヒンジを中心に回転するものをいう。リフト式は、一般
に水平配管に取り付けられる。垂直配管に取り付ける場合には、垂直配管用の
ものを用いる。スイング式は、垂直配管、水平配管に取り付けることができる。

②継手

　空調用配管には、様々な継手が用いられているが、代表的なものに伸縮管継
手と防振継手がある。
　伸縮管継手とは、継手自体が伸び縮みすることで、温度変化に伴う配管の伸
縮分を吸収するもので、主に配管の熱膨張対策に用いられる。
　防振継手とは、ゴムなど弾力性のある材質からなる継手で、ポンプなどの振
動発生機器の振動が配管に伝わるのを防止するもので、振動防止対策に用いら
れる。

第**3**章　空気環境の調整

温度上昇に伴う配管内部の水の膨張を吸収するのが膨張水槽、温度上昇に伴う配管自体の膨張を吸収するのが伸縮継手だ。

Step3 暗記 何度も読み返せ！

ポンプ

☐ ポンプが有効に水を吸い上げることのできる高さを、有効吸込みヘッド（NPSF）といい、キャビテーションの発生を判断するのに用いられる。

☐ キャビテーションとは、ポンプの吸込み側で圧力が低下し、騒音・振動が発生して、吐出し量が低下する現象をいう。

☐ 水撃作用とは、運転中のポンプを急停止したときなどに発生する圧力変動により、ポンプや配管に衝撃を与える現象をいう。

空調用配管

☐ 冷温水配管は、エアハンドリングユニット、ファンコイルユニットなどに用いられる。

☐ 配管系統の水温が100℃以上の場合には、開放型膨張水槽ではなく、密閉型膨張水槽が用いられる。

☐ 冷媒配管は、パッケージ型空気調和機、ビル用マルチユニット、ルームエアコンディショナなどに用いられる。

☐ 蒸気配管には、熱に弱い樹脂管は用いられず、金属管が用いられる。

☐ リフト式逆止弁は、一般に水平配管に取り付けられる。垂直配管に取り付ける場合には、垂直配管用のものを用いる。

☐ スイング式逆止弁は、立て配管、水平配管に取り付けることができる。

☐ 伸縮継手は、配管の熱膨張対策に用いられる。

☐ 防振継手は、振動防止対策に用いられる。

この項では、温熱環境の測定と風量・圧力・換気量の測定、具体的には乾湿計、グローブ温度計、サーミスタ温度計、バイメタル温度計、風速計、ピトー管、オリフィス、マノメータなどについて学習しよう。

Step1 図解　目に焼き付けろ！

■空気環境物質の測定法
- 赤外線吸収法：二酸化炭素
- 紫外線吸収法：オゾン
- 紫外線蛍光法：硫黄酸化物
- 化学発光法：窒素酸化物
- ザルツマン法：窒素酸化物
- X線回析分析法：アスベスト
- エライザ（ELISA）法：ダニアレルゲン
- オルファクトメータ法：臭気
- ガルバニ電池方式：酸素

空気環境物質の測定法の名称と対象物の組み合わせは、とにかく覚えるしかないな。
まず、理屈を交えて、次の2つを覚えよう
- 二酸化炭素が赤外線を吸収して地球温暖化…
  赤外線吸収法：二酸化炭素
- オゾン層が破壊されると紫外線が地表に到達
  …紫外線吸収法：オゾン
次に、語呂合わせからは、この2つを覚えよう
- 蛍の光は黄色…紫外線蛍光法：硫黄酸化物
- 質素にざるそば…ザルツマン法：窒素化合物
- エライ目にあうダニアレルゲン…エライザ法：
  ダニアレルゲン

爆裂に読み込め！

→ 温熱環境の測定

温熱環境の測定とは、温度、湿度、気流などの測定であり、概要は次のとおりである。

◆乾湿計

乾湿計とは、乾球温度計・湿球温度計を組み合わせたもので、乾湿計には、通風しないで測定するアウグスト乾湿計と、一定の通風の下で測定するアスマン通風乾湿計がある。乾球温度の値と湿球温度の値の関係は、乾球温度の値は湿球温度の値以上である。また、正確に測定するためには、不純物のない蒸留水により湿球を湿潤させることが望ましい。

湿球温度が乾球温度を上回ることはない。湿球温度が乾球温度に等しいときは、相対湿度が100%のときだ。

◆グローブ温度計

グローブ温度計とは、黒色の薄銅製の中空球体中の温度を計測し、熱放射の影響を測定する温度計である。周囲から受ける熱放射を平均化した温度である平均放射温度（MRT）が高くなると、グローブ温度計の値は大きくなる。また、グローブ温度計は、気流の影響も受けるので、気流の大きいところの測定には適していない。

◆その他の温度計

その他の温度計には、サーミスタ温度計とバイメタル温度計がある。概要は次のとおりである。

①サーミスタ温度計

サーミスタ温度計とは、温度による金属（白金など）や半導体の電気抵抗の

変化を利用した温度計をいう。

②バイメタル温度計

　バイメタル温度計とは、2種類の金属（バイメタル）の熱膨張率の差を利用した温度計である。バイメタルとは、熱膨張率の異なる2種類の金属を貼り合わせたもので、温度変化に伴う熱膨張率の差異により湾曲する部材をいう。

 バイメタルのバイ（bi-）は2、メタル（metal）は金属という意味だ。

◆風速計

　気流の測定には風速計が用いられる。風速計には、気流に奪われる熱が風速に比例する原理を利用した熱線式と、超音波の伝搬時間と気流との関係を利用した超音波式がある。

➡ 風量・圧力・換気量の測定

　風量・圧力・換気量の測定には、ピトー管、オリフィス、マノメータなどが用いられる。概要は次のとおりである。

◆ピトー管

　ピトー管とは、流れに対向する孔より全圧を測定し、流れに直交する孔より静圧を測定し、ベルヌーイの定理より、全圧と静圧の差から動圧を求め、風速を算出する測定器である。

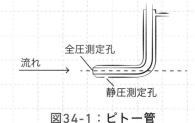

全圧測定孔

流れ

静圧測定孔

図34-1：ピトー管

第 3 章　空気環境の調整

◆オリフィス

オリフィスとは、ダクトや配管内部に設けられるダクトや配管の断面積よりも小さな開口部を有している板状の部材をいう。オリフィスは、オリフィスの上流と下流の圧力差より、ダクトや配管内の流量を測定するものである。

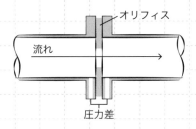

流れ

オリフィス

圧力差

図34-2：オリフィス

◆マノメータ

マノメータとは、Uの字に曲げた管であるU字管内に封入された水の水面の高低差を読み取ることで、圧力差を測定するものをいう。

その他、換気効率の測定にトレーサガス減衰法が用いられる。トレーサガス減衰法とは、指標となるガスの濃度を追跡（トレース）し、指標のガスの濃度が希釈されて減衰する状況を測定することで、換気効率の測定を行う方法である。

➡ 揮発性有機化合物の測定法

揮発性有機化合物の測定法は、サンプリング（採取）の方法により、アクティブ法とパッシブ法に大別される。

アクティブ法とは、ポンプによるサンプリングを行う方法で、燃料電池法などがある。TVOC（Total VOC）の測定は、アクティブ法により実施されている。

パッシブ法とは、分子の拡散現象を利用して採取する方法で、ポンプを使用しない方法である。パッシブ法には、DNPH含浸チューブ-HPLC法がある。

DNPH含浸チューブ-HPLC法は、妨害ガスの影響を受けやすいという短所がある。一方、AHMT吸光光度法（光電光度法）は、妨害ガスの影響を受けにく

いという長所がある。

　採取した空気から揮発性有機化合物を抽出する方法には、溶媒抽出法と加熱脱着法がある。測定感度は、溶媒抽出法よりも加熱脱着法の方が大きい。

> アクティブとは能動的、パッシブとは受動的という意味だ。DNPH含浸チューブ-HPLC法、AHMT吸光光度法（光電光度法）、溶媒抽出法、加熱脱着法については、そういう方法があるとだけ知っていればよい。これ以上深入りせずにパッシブでいこう。

Step3 暗記 → 何度も読み返せ！

乾湿計

☐ 乾球温度の値は湿球温度の値以上である。

温度計

☐ グローブ温度計は、気流の影響も受けるので、気流の大きいところの測定は適していない。

揮発性有機化合物の測定法

☐ アクティブ法とは、ポンプを用いる方法で、燃料電池法などがある。

☐ パッシブ法とは、分子の拡散現象を利用して採取する方法で、ポンプを使用しない方法で、DNPH含浸チューブ-HPLC法などがある。

☐ DNPH含浸チューブ-HPLC法は、妨害ガスの影響を受けやすい。

☐ AHMT吸光光度法（光電光度法）は、妨害ガスの影響を受けにくい。

☐ 測定感度は、溶媒抽出法よりも加熱脱着法の方が大きい。

汚染物質濃度の単位と粉じんの測定

この項では、汚染物質と濃度の単位、ピエゾバランス粉じん計の測定原理、光散乱式粉じん計の測定原理、光散乱式粉じん計のCPM値からの粉じん濃度へ換算などについて学習しよう。

Step1 図解　目に焼き付けろ！

汚染物質と濃度の単位
- トルエン－mg/m^{3}など
- 臭気－ppm、ppbなど
- アスベスト－f/Lなど
- ダニアレルゲン－ng/m^{3}など
- 細菌－cfu/m^{3}など
- オゾン－ppmなど

汚染物質と出題された主な濃度単位の組み合わせは、とにかく覚えるしかないな。

%は百分率、ppmは百万分率、ppbは10億分率だ。

アスベストのf/Lのfは［fiber］のことでアスベスト繊維の本数を意味する。アスベストの濃度の単位は、f/Lの単位以外に、f/cc、f/mL、本/cm^3、本/Lなどがある。アスベストの単位は、いずれも体積当たりの繊維の本数だ。

Step2 解説 爆裂に読み込め！

➡ 粉じん濃度の測定

◆測定対象の粉じんと濃度

　室内の空気環境測定の対象となる粉じんは相対沈降径が10μm以下で、測定する濃度は質量濃度である。質量濃度とは、単位体積当たりの質量のことで、具体的には、空気1m^{3}当たりの粉じんの質量 [mg/m^3] で表される。

◆粉じん計

　粉じん計とは、空気中の粉じんの濃度を測定する測定器で、主にピエゾバランス粉じん計と光散乱式粉じん計が用いられる。

　　粉じん計は、1年に1回、大臣の登録を受けた者の較正を受ける必要があるぞ。

①ピエゾバランス粉じん計

　ピエゾバランス粉じん計は、ピエゾ効果（圧電効果）の原理を利用した圧電天秤により粉じん濃度を測定する粉じん計である。ピエゾバランス粉じん計は、圧電天秤に粉じんを静電沈着させ、圧電天秤上の粉じん量の増加に伴い、圧電天秤の圧電素子が発振する振動数（周波数）が減少することを利用して測定する。

　　ピエゾ効果とは、圧電効果ともいい、圧力が加わると物質の電気的性質が変化する効果だ。発振とは、電気回路が外部からエネルギーを受けることなく自己振動を行う現象をいう。ちなみにピエゾとは、圧力を意味するギリシャ語だ。英語のプレッシャーだな。

②光散乱式粉じん計

　光散乱式粉じん計は、試料空気中の粉じんによる散乱光の強度により相対濃

度を測定する粉じん計である。光散乱式粉じん計の出力値は、1分当たりの測定カウント数であるcpmである。このcpm値を次式により粉じん濃度に換算する。

● C＝KA（R－D）

C：浮遊粉じん濃度 [mg/m^3]、K：標準粒子に対する1cpm当たりの粉じん濃度 [mg/m^3]、A：較正計数（通常1.3）、R：1分間当たりの測定カウント数 [cpm]、D：バックグラウンド値（ダークカウント値）[cpm]

> バックグラウンド値は、ダークカウント値ともいい、検出下限値未満の粉じん濃度においてもカウントされる値である。粉じん濃度は、測定カウントからバックグラウンド値を差し引いて換算する必要がある。

Step3 暗記 何度も読み返せ！

粉じん濃度の測定
- [ ] 測定対象の粉じんは相対沈降径が10μm以下。
- [ ] 測定する粉じん濃度は質量濃度。
- [ ] ピエゾバランス粉じん計は、圧電天秤に粉じんを静電沈着させ、圧電天秤上の粉じん量の増加に伴い、圧電天秤の圧電素子が発振する振動数（周波数）が減少することを利用して測定。
- [ ] 光散乱式粉じん計は、試料空気中の散乱光の強度により相対濃度を測定。
- [ ] 光散乱式粉じん計の出力値は、1分当たりの測定カウント数であるcpmである。

No. 36/72 試運転調整、維持管理、節電

この項では、物理的劣化・社会的劣化・経済的劣化、空気調和設備の試運転調整、空気調和設備の節電対策などについて学習しよう。

Step1 図解 目に焼き付けろ！

物理的劣化
- 性能劣化
- 安全性低下
- 法的耐用の不適合

寿命

経済的劣化
- 賃料の減少
- 資産価値の減少
- 運営管理費増加
- 水道光熱費の増加

社会的劣化
- 法的不適合
- 陳腐化
- ユーザーニーズ不適合
- 省エネの低下

物理的劣化、社会的劣化、経済的劣化とは、要するに、壊れる、役に立たない、金がかかるということだ。

爆裂に読み込め！

→ 空気調和設備の試運転調整と節電対策

空気調和設備の試運転調整と節電対策について、下記の内容が出題されている。

◆空気調和設備の試運転調整

①水配管は、管内の排水が澄んでくるまで排出し、配管用炭素鋼管（黒管）使用の場合は清掃終了後、管内に水を張ってさびの発生を抑える。

②機器の回転部分の軸受などにグリース・潤滑油を供給し、数時間運転した後、油を取り替えておく。

配管用炭素鋼管とは、亜鉛めっきを施していない炭素鋼の管で、色が黒っぽいので黒管という。亜鉛めっきを施したものを白管という。なお、炭素鋼とは炭素と鉄の合金のことである。

◆節電対策

冷水温度は高い方が、冷却水温度は低い方が、節電になるぞ。

①夏期に、冷凍機の冷水出口温度を上昇させる。

②冬期に、ボイラの温水出口温度を低下させる。

③通期に、冷凍機の冷却水入口温度を低下させる。

何度も読み返せ！

- [ ] 水配管は、管内の排水が澄んでくるまで排出し、配管用炭素鋼管（黒管）使用の場合は清掃終了後、管内に水を張ってさびの発生を抑える。

- [ ] 機器の回転部分の軸受などにグリース・潤滑油を供給し、数時間運転した後、油を取り替えておく。

No. **37** /72 光環境、照明、照度計算

この項では、光源に関する事項（光束、光度、輝度、照度、色温度、演色評価数、照明率、保守率）、昼光率、照明器具、照明器具の管球の交換方式、照度計算（点光源による照度、平均照度）などについて学習しよう。

Step1 図解　目に焼き付けろ！

■設計光束維持率と曲線

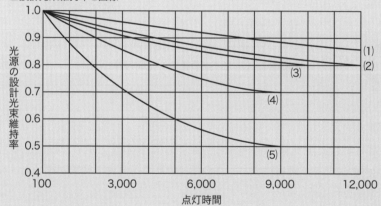

縦軸：光源の設計光束維持率（0.4〜1.0）
横軸：点灯時間（100、3,000、6,000、9,000、12,000）

(1) 高圧ナトリウムランプ
(2) 蛍光水銀ランプ
(3) 蛍光ランプ
(4) メタルハライドランプ
(5) メタルハライドランプ（低始動電圧形）

設計光束維持率とは、時間経過による照度低下を補償する係数で、光源の初期光束と時間経過後の光束の比のことだ。

177

爆裂に読み込め！

→ 光源と光環境

光源と光環境に関する事項は次のとおりである。

◆光源に関する事項

光源に関する事項は次のとおりである。

①光束

　光束とは、光源から放出される光の量で、単位は［lm］で表される。

②光度

　光度とは、単位立体角当たりから放出される光束で、単位は［cd］で表される。

立体角とは空間的な広がりを持った角度をいう。

③輝度

　輝度とは、光度を観測方向から見た見かけの面積で割った値で、単位は［cd/m²］である。輝度はまぶしさの指標であり、光源の輝度が高いと人の目にまぶしく感じる。

④照度

　照度とは、単位面積当たりに入射する光束で、単位は［lx］で表される。

⑤発光効率

　発光効率とは、ランプ効率ともいい、消費電力当たりの光束で、単位は［lm/W］で表される。

⑥色温度

　色温度とは、完全吸収体である黒体の温度放射による光の色をそのときの絶対温度で表したもので、単位は［K］で表される。色温度が高くなると青白い

光となり、演色評価数は高くならない。

⑦演色評価数

　演色評価数とは、光源による物体の色の見え方を表す指標で、演色評価数が100に近いほど基準光源とのずれが小さくなる。

⑧照明率

　照明率とは、光源から出る光束のうち、被照射面に達する光束の割合をいう。照明率は、光源の設計光束維持率や照明器具の清掃間隔の影響を受けない。

⑨保守率

　保守率とは、灯照射面の照度が時間の経過とともに低下してくる割合をいう。保守率は、照明器具の清掃間隔や照明器具構造の影響を受ける。

> 照明率は、光源から出たあとの光束に対する達する光束の比なので、設計光束維持率や照明器具の清掃間隔の影響で光源から出る光束が影響を受けても、照明率は影響を受けない。
> 一方、保守率は、当初の光源から出る光束と時間経過後の光源から出る光束の比なので、照明器具の清掃間隔が長くなったり、照明器具構造の影響で清掃しにくかったりして、当初の光源から出る光束に対して光源から出る光束が低下すると、保守率も影響を受ける。

◆光環境に関する事項

　光環境に関する事項は次のとおりである。

①照明均斉度

　照明均斉度とは、室内などにおける最低照度と最高照度の比をいう。

②昼光率

　昼光率とは、室内などのある点の照度の全天空照度の割合をいう。全天空照度とは、直射日光を除いた空からの光（天空光）による地上の水平面照度をいう。昼光率は、窓ガラスの透過率の影響を受ける。

　また、昼光率には、窓などから直接入射する直接光による直接昼光率と、壁などに反射した間接光による間接昼光率がある。直接昼光率は、室内の表面の

第3章 空気環境の調整

反射率の影響を受けないが、間接昼光率は、室内の表面の反射率の影響を受ける。

昼光率とは、ざっくりいえば、屋外と室内の照度の比だ。窓ガラスの透過率が低くなれば、外は明るいけど中は暗くなり、昼光率は低下する。

③設計用全天空照度と窓による採光

　光環境に関するその他の事項としては、次のとおりである。

　全天空照度は、快晴時よりも薄曇りのほうが高くなるので、設計用全天空照度も快晴よりも薄曇りの方が高く設定されている。

　また、窓による採光量は、天窓（天井面についている窓）のほうが側窓（壁面についている窓）よりも大きくなる。

◆照明器具

　照明器具に関する事項は、次のとおりである。

①白熱電球

　白熱電球とは、温度放射により発光する照明器具で、寿命は1,000時間程度であり蛍光ランプより短いという特徴を有している。

②ハロゲン電球

　ハロゲン電球は、発光原理は白熱電球と同じ温度放射による照明器具で、白熱電球同様に、蛍光ランプより寿命が短いという特徴を有している。

③水銀ランプ

　水銀ランプは、発光管の中に高圧水銀蒸気を封入した放電ランプで、点灯姿勢の影響を受けやすいという特徴を有している。

④高圧ナトリウムランプ

　高圧ナトリウムランプは、発光管の中に高圧水銀蒸気とともにナトリウムを

封入した放電ランプで、点灯姿勢の影響を受けにくいという特徴を有している。

 点灯姿勢とは、点灯しているランプの向きいう。点灯姿勢には、横向き姿勢、上向き姿勢、下向き姿勢などがある。

⑤高輝度放電ランプ（HID）

　高輝度放電ランプとは、輝度の高い放電ランプで、高圧水銀ランプ、メタルハライドランプ、高圧ナトリウムランプが含まれる。メタルハライドランプとは、発光管の中に高圧水銀蒸気とともに金属ハロゲン化物を封入した放電ランプで、演色性が高いという特徴を有している。

⑥照明器具の管球の交換方式

　照明器具の管球の交換方式には、個別交換方式、個別的集団交換方式、集団交換方式があり、概要は次のとおりである。
- 個別交換方式：不点灯を都度交換する方式。人件費がかさむ。
- 個別的集団交換方式：不点灯を都度交換し、定期に全交換する方式。
- 集団交換方式：不点灯になっても交換せず、定期に全交換する方式。大規模で交換が困難な場所に適す。

 その他、照明に関しては、次のようなことが出題されているから、覚えておこう。
- コーニス照明：間接照明の一種
- ブラケット：壁に取り付ける照明器具
- ダウンライト：天井に埋め込む照明器具

➡ 照度計算

　照度計算には、点光源による照度の計算と平均照度の計算があり、概要は次のとおりである。

◆点光源による照度

点光源による照度は、光源の光度により次のように計算する。

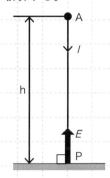

①光源直下の照度

光源Aによる被照射面Pの照度Eは、距離の2乗に反比例する。

$$E=\frac{I}{h^2}\ [\text{lx}]$$

E：照度「lx」、I：光源の光度［cd］、h：距離［m］

図37-1：光原直下の照度

②光源から水平方向に離れた面の照度

法線照度　$E_n=\dfrac{I_\theta}{R^2}\ [\text{lx}]$

水平面照度　$E_h=E_n\cos\theta$

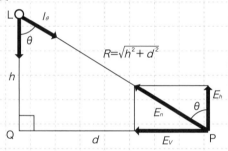

◆平均照度の計算

平均照度は、光源の光束により次のように計算する。

図37-2：光源から水平方向に離れた面の照度

$$E=\frac{FNUM}{A}\ [\text{lx}]$$

E：照度［lx］、F：1灯当たりの光束［lm］、N：灯具数、U：照明率、M：保守率

点光源から水平方向に離れた面の照度の計算では、次の代表的な直角三角形の三角比を理解している必要があるぞ。

182

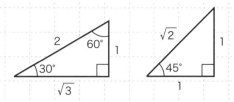

図37-3：直角三角形の三角比

Step3 暗記 → **何度も読み返せ！**

- □ 光度とは、単位立体角当たりから放出される光束で、単位は［cd］で表される。
- □ 輝度とは、光度を観測方向から見た見かけの面積で割った値で、単位は［cd/m²］である。
- □ 照度とは、単位面積当たりに入射する光束で、単位は［lx］で表される。
- □ 照明均斉度とは、室内などにおける最低照度と最高照度の比をいう。
- □ 平均照度は、光源の光束により次のように計算する。

$$E = \frac{FNUM}{A} \ [\text{lx}]$$

E：照度［lx］、F：1灯当たりの光束［lm］、N：灯具数、U：照明率、M：保守率

No. 38 /72 音、音圧レベル、振動

この項では、音の強さ、音速、伝搬音と床衝撃音、遮音と吸音、吸音率、音圧レベル、同じ騒音レベルの音の合成、音響透過損失、遮音等級、床衝撃音レベル、壁の音響透過損失レベル、振動などについて学習しよう。

Step1 図解 目に焼き付けろ！

■長方形面音源の伝搬特性

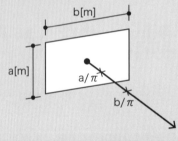
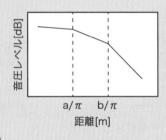

左図で示す長方形の面音源の伝搬特性は、次のように変化する。
面音源からの距離0〜a/π間：面音源の伝搬特性
面音源からの距離a/π〜b/π間：線音源の伝搬特性
面音源からの距離b/πより遠方：点音源の伝搬特性

● 面音源の減衰：面に近い距離では音は減衰しない。
● 線音源の減衰：距離が2倍になると約3dB減衰する。距離が10倍になると約10dB減衰する。
● 点音源の減衰：距離が2倍になると約6dB減衰する。距離が10倍になると約20dB減衰する

伝搬特性は、近い順から、面⇒線⇒点だ。
グラフは、離れるにしたがって、右下がり。

Step2 解説 爆裂に読み込め！

> 対数計算は毎年出るわけではなく、かつ、出たとしても1問程度だ。

➡ 音

音とは、媒体を伝搬する波動のうち、聴覚で知覚できるものをいう。

◆音の強さ

音の強さは、音速・空気密度が一定ならば、音圧の2乗に比例する。音圧とは、音による圧力変動をいい、大気中であれば大気圧に対する圧力変動値をいう。

◆音速

音速とは音の伝わる速さのことで、音速と波長と周波数の関係は、音速＝波長×周波数となる。波長とは、音波の長さ、周波数とは1秒間当たりの音波が振動する回数をいう。また、空気中の音速は気温が上昇すると増加する。

> 音速が増加するとは、すなわち音の速さが速くなるということだ。

◆伝搬音と床衝撃音

伝搬音と衝撃音に関する事項は次のとおりである。

①伝搬音

ビル内の音には固体を伝搬する固体伝搬音と空気を伝搬する空気伝搬音がある。固体伝搬音は、ダクト・管路系の振動に起因する音で、ダクトや配管などの固体を伝搬する。空気伝搬音は、窓・壁・すき間を透過する音で、ダクト内を伝搬する音である。

苦しい道のりの先には、喜びの瞬間が待っているぞ。

②床衝撃音

　床衝撃音とは、床に衝撃を加えたときの音で、ビル内では上階の床衝撃音が下階に伝搬することが問題になる。

　重量床衝撃音は、人が飛び跳ねる音で、低周波数域に主成分のある低い音である。一方、軽量床衝撃音は、食器を落とした音で、高周波数域に主成分のある高い音である。

　重量床衝撃音は床の仕上げ材の弾性にあまり影響されないが、軽量床衝撃音は、床の仕上げ材の弾性に影響される。

> 重量床衝撃音はドスンという音。軽量床衝撃音はコツンという音だ。
> ドスンという音は床の仕上げにあまり影響されないが、コツンという音は床の仕上げに影響される。

◆騒音

　騒音は、不快で好ましくない音をいう。騒音には、広い周波数成分を含む広帯域騒音や低周波成分が主成分である低周波騒音などがある。また、騒音測定は暗騒音（騒音対象以外の音）が小さいときに実施する。

◆遮音と吸音

　下図において、遮音とは音を透過させないことを、吸音とは音を反射させないことをいう。

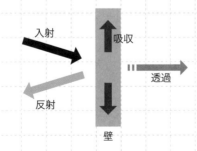

図38-1：遮音と吸音

①遮音

遮音性能は透過損失で表され、透過損失が大きいほど遮音性能が高くなる。透過損失とは、音が壁などを透過する際に失うエネルギーで、この値が大きいほど音が透過しにくい。

壁の透過損失は、壁の重量を大きくすると、増加する。また、複数の仕様の異なる部材で構成される壁の透過損失は、総合透過損失を用いて表す。

合わせガラスは、低周波領域（低音域）で透過損失が小さくなり、遮音性能が低くなる。このようにある周波数領域の音の透過損失だけが小さくなり、遮音性能が低くなる現象を、コインシデンス効果という。

「要求される遮音性能は、録音スタジオのほうがコンサートホールよりも高い。」などという問題も出題されているので、チェックしておこう。

②吸音

吸音とは、入射した音を反射させないことをいい、入射した音を吸収または透過させてしまうことをいう。したがって、吸音率は次式で表される。

$$吸音率 = \frac{透過音響エネルギー＋吸収音響エネルギー}{入射音響エネルギー}$$

吸音率の式は、分数の分子が「透過」＋「吸収」になっているところがポイントだ。反射しなければいいので、透過するのもありだ。

● 音圧レベル

音圧レベルとは、基準値に対する音圧比を常用対数によって表したもので、単位は［dB］（デシベル）が用いられる。騒音に対するものを騒音レベルという。

◆同じ騒音レベルの音の合成

同じ騒音レベルL_0［dB］の音をN個合成したときの騒音レベルL［dB］は、次式で表される。

$L = L_0 + 10 \log_{10} N$

N＝2のとき　　$L = L_0 + 10 \log_{10} 2$
N＝3のとき　　$L = L_0 + 10 \log_{10} 3$
N＝4のとき　　$L = L_0 + 10 \log_{10} 4 = L_0 + 10 \log_{10} 2^2 = L_0 + 20 \log_{10} 2$
N＝6のとき　　$L = L_0 + 10 \log_{10} 6 = L = L_0 + 10 \log_{10} (2 \times 3)$
$= L_0 + 10 \log_{10} 2 + 10 \log_{10} 3$
N＝8のとき　　$L = L_0 + 10 \log_{10} 8 = L_0 + 10 \log_{10} 2^3 = L_0 + 30 \log_{10} 2$
N＝9のとき　　$L = L_0 + 10 \log_{10} 9 = L_0 + 10 \log_{10} 3^2 = L_0 + 20 \log_{10} 3$

$\log_{10} 2 \fallingdotseq 0.301$、$\log_{10} 3 \fallingdotseq 0.477$

手計算できるように$\log_{10} 2 \fallingdotseq 0.301$、$\log_{10} 3 \fallingdotseq 0.477$は題意で与えられているので、覚える必要はない。また、合成する音の個数も、手計算できるように2と3が約数になるような数字、2、3、4、6、8、9個が指定される。
また、2個、3個のときの数値は次の通りとなる。
N＝2のとき　　$L = L_0 + 10 \log_{10} 2 \fallingdotseq L_0 + 3.010$
N＝3のとき　　$L = L_0 + 10 \log_{10} 3 \fallingdotseq L_0 + 4.770$

logとは対数のことだ。対数の計算が苦にならない人間は、式を使って騒音レベルの合成の計算問題に対抗しよう。対数計算が苦になる人間は、他の問題で得点しよう。

◆遮音性能

遮音性能を示す指標に音響透過損失と遮音等級があり、概要は次のとおりである。

①音響透過損失

　音響透過損失とは、音響が物体を透過するときの損失で、次式で表される。

音響透過損失

$$= 10 \log_{10} \frac{入射音響エネルギー}{透過音響エネルギー} = 入射音圧レベル － 透過音圧レベル \ [dB]$$

音響透過損失は、入射と透過の音圧レベルの差で表すことができる。

②遮音等級

　遮音等級には、床衝撃音の遮音等級と壁透過音の遮音等級がある。床衝撃音の遮音等級は、床衝撃音レベルは小さい方が、遮音性能が良好である。一方、壁透過音の遮音等級は、壁の音響透過損失レベルは大きいほうが、遮音性能が良好である。

床衝撃音の遮音等級と壁透過音の遮音等級を、それぞれグラフから読み取る問題が出題されている。ページ数の都合で説明しないが、それぞれの音圧レベルについて、小さい方が望ましいのか、大きいほうが望ましいのか、理解していれば応えられるはずだ。甘ったれるな！自分で練習しろ！

➡ 振動

　振動に関する事項は次のとおりである。

● 人間の全身振動の感じやすさは、低周波数振動のほうが高周波数振動よりも感じやすい。

● 機器と防振系の固有振動数が近いと共振しやすく、防振効果が低下する。また、防振のためには、できるだけ防振系の基本固有周波数を機器の加振周波数より大きく設定する。

● 空気調和設備による振動は、連続的かつ周期的な振動となる。また、風によ

る建物の振動は規則的な長周期振動となる。

● 振動規制法では、不規則かつ大幅に変動する場合の振動レベルは、測定値の80%レンジの上端の数値とすることと規定されている。

● 振動測定は、暗振動が小さいときに実施する必要がある。暗振動とは、測定対象振動以外の振動をいう。

防振とは、振動の発生や伝搬を防止することをいう。防振するための装置や機器を防振系という。防振装置には、防振架台や防振吊り金具などがあり、ゴムや金属ばね（スプリング）などが用いられている。

Step3 暗記 ▶ 何度も読み返せ！

音（おと）

□ 固体伝搬音（こたいでんぱんおん）は、ダクト・管路系（かんろけい）の振動（しんどう）に起因（きいん）する音（おと）、ダクトや配管（はいかん）などの固体（こたい）を伝搬（でんぱん）する。

□ 空気伝搬音（くうきでんぱんおん）は、窓（まど）・壁（かべ）・すき間（ま）を透過（とうか）する音（おと）、ダクト内（ない）を伝搬（でんぱん）する。

□ 吸音率（きゅうおんりつ）＝$\dfrac{\text{透過音響エネルギー（とうかおんきょう）＋吸収音響エネルギー（きゅうしゅうおんきょう）}}{\text{入射音響エネルギー（にゅうしゃおんきょう）}}$

□ 音響透過損失（おんきょうとうかそんしつ）

　＝$10 \log_{10} \dfrac{\text{入射音響エネルギー（にゅうしゃおんきょう）}}{\text{透過音響エネルギー（とうかおんきょう）}}$＝入射音圧レベル（にゅうしゃおんあつ）－透過音圧レベル（とうかおんあつ）[dB]

振動（しんどう）

□ 振動規制法（しんどうきせいほう）では、不規則（ふきそく）かつ大幅（おおはば）に変動（へんどう）する場合（ばあい）の振動（しんどう）レベルは、測定値（そくていち）の80%レンジの上端（じょうたん）の数値（すうち）とすることと規定（きてい）されている。

□ 振動測定（しんどうそくてい）は、暗振動（あんしんどう）が小（ちい）さいときに実施（じっし）する必要（ひつよう）がある。

重要度: 🔥🔥🔥

No. **39** /72 自動制御

この項では、比例制御と二位置制御の概要、自動制御に用いられる機器である
サーモスタット、ヒューミディスタット、バイメタルなどの概要、予冷運転・
予熱運転時の外気制御や外気冷房などについて学習しよう。

Step1 図解 目に焼き付けろ！

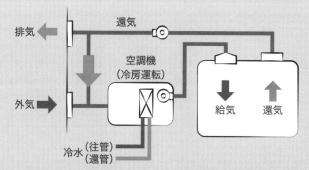

【通常冷房時】空調機を冷房運転し、必要な外気量のみ給気する

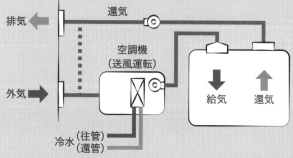

【外気冷房時】空調機を送風運転し、フルに外気を導入し冷房する

爆裂に読み込め！

→ 自動制御

　自動制御とは、室温や水位などを計測し、調節器で調節し、目標の値にする一連の動作を自動で行い制御することをいう。

◆自動制御の種類

　自動制御の種類は、様々に分類され、様々なものがあるが、本試験によく出題されるものは、次のとおりである。

①比例制御

　比例制御とは、P制御ともいい、設定値と現在値との差に比例した操作量を調節する制御方式をいう。

> 比例制御のP制御とは、プロポーション【proportion】のPだ。

②二位置制御

　二位置制御とは、オンオフ制御ともいい、現在値が上限値に達したらオンまたはオフ、下限値に達したらオンまたはオフになるような制御方式をいう。

◆自動制御に用いられる機器

　自動制御に用いられる機器には、様々なものがあるが、本試験によく出題されるものは、次のとおりである。

①サーモスタット

　サーモスタットとは、温度調節に用いられる温度検出器をいう。

②ヒューミディスタット

　ヒューミディスタットとは、湿度調節に用いられる湿度検出器をいう。

③バイメタル

　バイメタルとは、線膨張係数の異なる2種類の金属から構成されるもので、温度の変化により変形することで電気接点を開閉するもので、二位置制御に用いられる

◆外気制御

　外気制御とは、空気調和設備において、換気のための外気導入を制御することをいう。外気制御に関する事項は次のとおりである。

①始業時間前の予冷・予熱運転時には、外気取入を停止する。
②冷房・暖房運転時には、二酸化炭素濃度により、外気取入量を制御する。
③外気と室内のエンタルピーの比較により、外気のほうが室内よりエンタルピーが低く外気で冷房可能な場合は、外気を導入して外気冷房を行う。

予冷とは、始業時間前に、あらかじめ冷房することをいう。
予熱とは、始業時間前に、あらかじめ暖房することをいう。

- ☐ 比例制御とは、P制御ともいい、設定値と現在値との差に比例した操作量を調節する制御方式をいう。
- ☐ 二位置制御とは、オンオフ制御ともいい、現在値が上限値に達したらオンまたはオフ、下限値に達したらオンまたはオフになるような制御方式をいう。
- ☐ サーモスタットとは、温度調節に用いられる温度検出器をいう。
- ☐ ヒューミディスタットとは、湿度調節に用いられる湿度検出器をいう。
- ☐ バイメタルとは、線膨張係数の異なる2種類の金属から構成されるもので、温度の変化により変形することで電気接点を開閉するもので、二位置制御に用いられる。
- ☐ 外気制御とは、空気調和設備において、換気のための外気導入を制御することをいう。
- ☐ 始業時間前の予冷・予熱運転時には、外気取入を停止する。
- ☐ 冷房・暖房運転時には、二酸化炭素濃度により、外気取入量を制御する。
- ☐ 外気と室内のエンタルピーの比較により、外気のほうが室内よりエンタルピーが低く外気で冷房可能な場合は、外気を導入して外気冷房を行う。

第4章

建築物の構造概論

アクセスキー **E**

（大文字のイー）

用語・日射・建築

この項では、容積率、建ぺい率、センターコア・片寄コアなどの建築計画、建築物の用語、日射受熱量の各面の比較、日射反射率、日射遮へい係数、建築生産の特徴、工事監理、設計図書などについて学習しよう。

Step1 図解 → 目に焼き付けろ！

容積率

敷地面積に対する延べ面積の割合

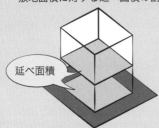

延べ面積

建ぺい率

敷地面積に占める建築面積の割合

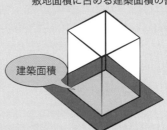

建築面積

容積率と建ぺい率

コアとは、中核という意味で、建築物の平面計画では、廊下・階段・トイレ・エレベータ・パイプスペースなどの共用部分をいう。

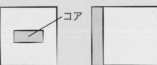

コア

センターコア

分散コア

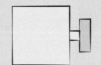

分離コア

片寄せコア

建築物の平面計画

Step2 解説 爆裂に読み込め！

まず、アルファベットやカタカナ語を覚えよう。

建築物の用語

本試験でよく出題される建築物に関する主な用語は次のとおりである。

◆BEMS

BEMSとは、Building and Energy Management Systemの略で、ビルエネルギー管理システムのことであり、建築物のエネルギーを管理するコンピュータシステムである。

◆CASBEE

CASBEEとは、Comprehensive Assessment System for Built Environment Efficiencyの略で、建築物の環境性能評価システムで、建築物の省エネ性を含んだ総合的な環境性能を評価する仕組みである。

◆COP

COPとは、Coefficient of Performanceの略で、成績係数といい、冷暖房機器の冷暖房能力を消費電力で除した値をいう。COPの数値が大きいほど効率が高く省エネ性能が高い。なお、国連気候変動枠組条約締約国会議もCOPと略される。

◆ESCO

ESCOとは、Energy Service Companyの略で、エネルギーに関する種々のサービスの総称で、改修にかかる経費を改修後の光熱水費の削減分で賄う事業などがある。

◆インバータ制御

　インバータ制御とは、インバータ（逆変換装置）を用いて電源の周波数を制御することにより電動機の回転数を制御するもので、電動機の消費電力を節減することにより省エネ対策となる。

◆コージェネレーション

　コージェネレーションとは、熱電併給ともいい、発電機で発電したときに生じる排熱を暖房・給湯などに利用することをいう。電気エネルギーとともに熱エネルギーを利用するもので、熱効率を高めることができる。

◆サスティナブル

　サスティナブルとは、持続可能なことをいう。サスティナブルディベロップメントとは、持続可能な開発をいう。「持続可能な」とは、環境に再生不能なダメージを与えないという意味で用いられる。

◆サンクンガーデン

　サンクンガーデンとは、地下空間の広場や庭園のことである。サンクンガーデンは、ビル風による風害対策になる。

◆ストリートキャニオン

　ストリートキャニオンとは、建築物にはさまれた谷間のような半閉鎖空間をいう。熱や汚染物質の拡散能力が低く、熱や汚染物質がこもりやすい。

◆デューディリジェンス

　デューディリジェンスとは、不動産の売買や賃借時などに、対象不動産を調査し、評価する一連の活動をいう。

◆フリーアクセスフロア

　フリーアクセスフロアとは、OA機器の配線を考慮した二重構造の床をいう。

◆マグニチュード

　マグニチュードとは、地震のエネルギーの大きさを表す単位である。

◆ライフサイクル

ライフサイクルとは、一生涯のサイクルという意味で、建築物や設備においては、計画、設計、製作、運用、保全、廃棄、再利用のすべての段階・期間を指す。

◆リノベーション

リノベーションとは、機能改善など付加価値を伴った改修のことをいう。

◆レンタブル比

レンタブル比とは、貸室面積/床面積、すなわち全体の床面積に対する貸室などの収益のある部分の面積をいう。レンタブル比が大きいと採算性が高い状態となる。

ここで、単位の前につける接頭語を抑えておこう。
G（ギガ）：10^9、M（メガ）：10^6、k（キロ）：10^3、h（ヘクト）：10^2
c（センチ）：10^{-2}、m（ミリ）：10^{-3}、μ（マイクロ）：10^{-6}、n（ナノ）：10^{-9}

➡ 日射

日射については、建築物の各面が受ける日射と日射の反射と遮へいについて、概要を理解しよう。

◆建築物の各面が受ける日射

建築物の各面が受ける日射は、夏至と冬至に建築物の各面が受ける日射量の比較について、理解しておこう。

第 **4** 章

建築物の構造概論

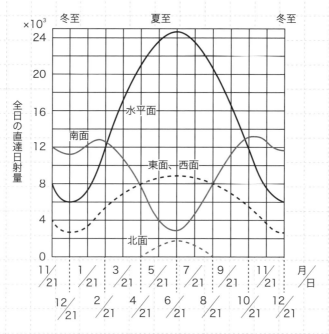

図40-1：各面の直達日射量の例（北緯35°付近）

①夏至に建築物の各面が受ける日射量

　夏至の1日の日射受熱量の各面の比較は、受熱量の多い順に、水平面＞東西面＞南面＞北面である。

②冬至に建築物の各面が受ける日射量

　冬至の1日の日射受熱量の各面の比較は、受熱量の多い順に、南面＞水平面＞東西面である。

夏至の時は太陽高度が高いので、日射が屋上の水平面にほぼ真上から当たる。
冬至の時は太陽高度が低いので、日射が南側の垂直面にほぼ真横から当たる。
だか〜ら、それぞれ1日の日射受熱量が他の面よりも多くなる。

◆日射の反射と遮へい

日射の反射については日射反射率、日射の遮へいについては日射遮へい係数を理解しよう。

①日射反射率

日射反射率とは、入射した日射に対する反射した日射の比をいう。日射反射率は、物体の色合いや明るさなどに左右され、樹木の緑葉のほうがコンクリートよりも日射反射率は小さい。

②ガラスの日射遮へい係数

窓に用いられるガラスの日射遮へい係数は、次式で定義される。

$$日射遮へい係数＝\frac{各種ガラスや窓付属物が付いた場合の日射熱取得}{3mm厚の透明フロート板ガラスの日射熱取得}$$

前式のとおり、日射遮へい係数は、基準に対する日射熱取得の比で定義されている。したがって、日射遮へい係数が大きくなると、日射熱取得が大きくなる。

また、窓にブラインドを取り付けると、日射による熱取得を節減することができる。窓のブラインドは、屋外側に付けたほうが、室内側に付けるよりも、日射による熱取得が小さくなる。

その他、「地球の温室効果は、日射の赤外線が二酸化炭素に吸収され生じる。」などというフレーズも出題されている。

➡ 建築生産

建築生産の項では、建築生産の特徴、工事監理、躯体工事、現寸図などの事項について理解しておこう。

◆建築生産の特徴

建築生産は、製造業の見込み生産と異なり、注文生産・一品生産・現場生産がほとんどである。

◆工事監理

　工事監理とは、工事が設計図書どおりに実施されているか確認することをいう。設計者が建築主の委託を受けて代行することが多い。

　工事のうち躯体工事は、鉄筋工事、鉄骨工事、コンクリート工事などをいい、仮設工事・防水工事・金属工事などは躯体工事に該当しない。

◆設計図書

　設計図書とは、建築物、その敷地又は工作物に関する工事用の図面（現寸図その他これに類するものを除く。）及び仕様書と、建築基準法に規定されている。したがって、現寸図は、建築基準法上に基づく設計図書から除かれている。

　現寸図とは、縮尺しない実物と同じ寸法で描いた図または図面をいう。ま、わたしの部屋にある、推しアイドルの等身大パネルのようなものだな。

Step3 暗記 何度も読み返せ！

建築計画

- [ ] 容積率：延べ面積/敷地面積
- [ ] 延べ面積：各階の床面積の合計
- [ ] 建ぺい率：建築面積/敷地面積
- [ ] 建築面積：建物の壁・柱の中心線で囲まれた水平投影面積（上からみた面積）

日射

- [ ] 日射遮へい係数 = $\dfrac{\text{各種ガラスや窓付属物が付いた場合の日射熱取得}}{\text{3mm厚の透明フロート板ガラスの日射熱取得}}$

設計図書、構造

この項では、基礎・建築構造（ラーメン構造、トラス構造、免震構造、制震構造など）、地盤（第三紀層、洪積層、沖積層）、建築構造に関する用語（剛性率、層間変形角）、積載荷重などについて学習しよう。

Step1 図解 目に焼き付けろ!

建築図記号

	出入口一般		シャッター
	両開き扉		両開き防火戸および防火壁
	片開き扉		窓一般
	回転扉		はめ殺し窓、回転窓、滑り出し窓、突き出し窓（開閉方法を記入）
	自由扉		上げ下げ窓
	折り畳み戸		両開き窓
	伸縮間仕切り		片開き窓
	引き違い戸		引き違い窓
	片引き戸		格子付き窓
	引き込み戸		網窓
	雨戸		吹抜
	網戸		階段

表示記号は、扉と窓の違いをよく把握しておくこと。

爆裂に読み込め！

とりあえず、この分野に深入りは禁物だ。

→ 基礎・建築構造・地盤

ここでは、建築物の基礎、建築構造、そして建築物が据え置かれる地盤について学習する。

◆仕様書

- 仕様書の記載事項：成分・施工方法・品質・性能など。積算は記載しない
- 立面図：建築物の東西南北4面の垂直断面投影図
- 詳細図：主要部分の拡大図
- 展開図：室内より北、東、南、西の四方を時計回りに描いた投影図
- 矩計図：垂直方向の各部の寸法の基準や基準詳細を示す
- 日影曲線：棒の影の先端が1日に描く曲線
- 日影図：直達日射による建築物の影の形状を1日の時間ごとに描いた図
- 配置図：敷地内の建物の配置を示した図

◆基礎

基礎とは、構造物からの力を地盤に伝え、構造物を安全に支えるもので、主な基礎にべた基礎、独立基礎、連続フーチング基礎などがある。

①べた基礎

べた基礎とは、底板一面で支える構造の基礎で、地耐力が弱い地盤に用いられる。

②連続フーチング基礎

連続フーチング基礎は、布基礎ともいい、柱と柱に連続して配置される基礎

で、低層建築物に用いられる。

③独立基礎

　独立基礎とは、柱の下などに独立して配置される基礎をいう。

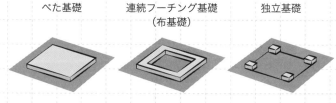

べた基礎　　　　連続フーチング基礎　　　独立基礎
　　　　　　　　（布基礎）

図41-1：基礎

要するに、ざっくりいうと、
べた基礎は面で支える、連続フーチング基礎は線で支える、独立
基礎は点で支える、イメージだ。

◆建築構造

　建築構造とは、建築物を構成する力学的構造をいう。建築構造は、自重、積載荷重、地震力などの外力に耐えることのできる力学的な強度を有している必要がある。主な建築構造の概要は次のとおりである。

①ラーメン構造

　ラーメン構造とは、柱と梁を剛接合した構造である。

②トラス構造

　トラス構造とは、部材を三角形状にピン接合した構造で、部材には軸方向の力のみ加わるという特徴を有している。

剛接合とは、部材どうしを一体化するような接合をいう。
ピン接合とは、ヒトの関節のように部材が回転できるような接合をいう。

③シェル構造

　シェル構造とは、薄い曲面板からなる構造で、屋根に用いられる構造形式である。

④壁式構造

　壁式構造とは、主要抵抗要素が板状の部材で構成される構造である。

ラーメン構造が、主要抵抗要素が柱と梁で構成される構造に対して、壁式構造は、主要抵抗要素が壁で構成される構造である。壁式構造は、要するに段ボール箱のような構造だ。

⑤免震構造

　免震構造とは、基礎部分などにアイソレータ等を設置して、地震の揺れを上部構造に伝達させない構造である。

⑥制震構造

　制震構造とは、各階などにダンパ等を設置し、地震の揺れを吸収して低減し、制御する構造である。

免震は、地震を免れる。制震は、地震を制御する。

◆地盤

　地盤には、地盤が形成された時代により第三紀層、洪積層、沖積層などがある。地盤の形成順は、古い順に第三紀層⇒洪積層⇒沖積層である。また、地盤の強度は、一般に地盤の形成が古いほど大きく、大きい順に第三紀層＞洪積層＞沖積層である。

②両端固定梁

両端固定梁とは、両端が固定端による支持形式による梁をいう。

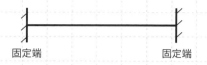

固定端　　　　　　　　　固定端

図41-5：両端固定梁

③片持ち支持梁

片持ち支持梁とは、ひさしのように一端のみを固定端で支持する形式の梁をいう。片持ち支持梁に荷重が加わった場合に片持ち支持梁に作用する力は、固定端である支持端が最大となる。

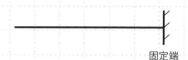

固定端

図41-6：片持ち支持梁

回転端は回転することができる支持端、移動端は移動することができる支持端、固定端は回転も移動もできない支持端、支持端とは支持する端部をいう。

◆**建築物の荷重**

荷重とは、物体に外部から作用する力をいう。建築物の荷重に関する事項は、次のとおりである。

①固定荷重と積載荷重

建築物に作用する荷重には、固定荷重と積載荷重がある。固定荷重は、人間・家具などの積載荷重を含まない建築物の自重による荷重をいい、積載荷重とは、人間や家具などの載荷物による荷重をいう。

固定荷重とは、荷重のことだ。

②積載荷重の計算

積載荷重の計算については、建築基準法施行令に次のように規定されている。

209

（積載荷重）

第八十五条　建築物の各部の積載荷重は、当該建築物の実況に応じて計算しなければならない。ただし、次の表に掲げる室の床の積載荷重については、それぞれ同表の（い）、（ろ）又は（は）の欄に定める数値に床面積を乗じて計算することができる。

表41-1：室の種類ごとの構造計算

構造計算の対象		（い）	（ろ）	（は）
室の種類		床の構造計算をする場合（単位 N/m²）	大ばり、柱又は基礎の構造計算をする場合（単位 N/m²）	地震力を計算する場合（単位 N/m²）
（一）	住宅の居室、住宅以外の建築物における寝室又は病室	1,800	1,300	600
（二）	事務室	2,900	1,800	800
（三）	教室	2,300	2,100	1,100

（抜粋）

表から導き出されることは次のとおりだ。

Step3 暗記　何度も読み返せ！

- ☐ 事務室の構造計算は、床2,900＞大はり等1,800＞地震力800　[N/m²]。
- ☐ 床の構造計算は、事務室2,900＞教室2,300＞住宅1,800　[N/m²]。
- ☐ 地震力の計算は、教室1,100＞事務室800＞住宅600　[N/m²]。

重要度：🔥🔥🔥

建築材料

この項では、コンクリート（普通コンクリート、軽量コンクリート、ブリージング、レイタンスなど）、金属（トタン、ブリキ、アルミニウム）、木材（含水率、発火点、引火点）、コンクリートと鋼の熱膨張係数などについて学習しよう。

Step1 図解 目に焼き付けろ！

セメント ペースト	セメント		水
モルタル	セメント　水	細骨材（砂）	

コンクリート	セメント　水	骨材 細骨材（砂）　　粗骨材（砂利）

（注）割合は質量比で、おおよその目安。
　　　材料としては上記のほかに混和材料、空気が混入される。

セメントペースト・モルタル・コンクリートの組成

> モルタルとコンクリートの違いは、粗骨材である砂利があるかないかだ。

爆裂に読み込め！

この項では大小関係と数値を覚えよう。

➡ 建築材料

建築材料としては、コンクリート、金属、木材などが用いられる。

◆コンクリート材料

コンクリートは、セメント、水、砂、砂利を混合して水和反応により硬化したものである。また、セメント、水、砂を混合したものをモルタルという。コンクリートは、圧縮強度、耐火性が高いという特徴を有している。

コンクリートには、普通コンクリートと軽量コンクリートがある。普通コンクリートは、単位体積当たりの質量2,300kg/m³程度、軽量コンクリートは、単位体積当たりの質量1,500〜1,900kg/m³程度のコンクリートである。

コンクリートの打設後の現象にブリージングとレイタンスがある。ブリージングとは、コンクリートの打設後に表面に浮上する水をいう。レイタンスとは、コンクリートの打設後に表面に浮上する泥状物質をいう。

セメント、水、砂、砂利を練り混ぜた固まる前のドロドロしたコンクリートを木で作った型に流し込むことを、コンクリートの打設という。型に流し込んだドロドロのコンクリートは、やがて固まってカッチカチになる。カッチカチやぞ。

◆金属

①鋼材

鋼とは、鉄と炭素の合金で、炭素量が増すと靭性（粘り強さ）が低下して、もろくなる。鋼はさびやすいので、表面にめっきして使用される。トタンは、

鋼材に亜鉛めっきしたものをいう。ブリキは、鋼材にすずめっきしたものをいう。

②アルミニウム

アルミニウムは、金属材料の中では密度（比重）が小さく、軽金属といわれる。アルミニウムの密度（比重）は、鉄の1/3程度である。アルミニウムは、密度（比重）が小さいという特性から、非耐力壁であるカーテンウォールなどの材料に用いられている。

> カーテンウォールとは、カーテンのようにレールのような金具にひっかけて取り付ける外壁をいう。カーテンウォールは建築物の自重などの荷重を負担しない壁なので非耐力壁という。要するに、祭りのお神輿をかつがずにぶら下がっている輩のようなものだ。

③木材

木材については、含水率、発火点、引火点に関する事項が出題されている。木材の気乾状態（大気と平衡状態）の含水率は、15〜20％程度である。また、木材は400〜470℃程度で自然発火し、引火点は240〜270℃程度である。

すなわち、木材を加熱し、約180℃を超えると木材成分の熱分解が始まり、可燃性ガスを放出し始め、温度が約240〜270℃程度に達した状態で火源を近づけると引火する。さらに温度が約400〜470℃程度に達すると火源が無くても発火する。

> その他の建築材料としては、人造大理石で床の仕上げ材等に用いられるテラゾや、熱線の吸収を高めるためにガラスの原料に着色をしてあるガラス（色ガラス）である熱線吸収板ガラスなども出題されている。

→ 建築材料の熱性能

建築材料の熱性能については、次の事項が出題されている。

◆鋼と木材の比熱

比熱は、一般的に単位温度上昇・単位質量当たりの比熱である質量比熱（kJ/（kg・℃））が用いられるが、比熱には、単位温度上昇・単位体積当たりの比熱である容積比熱（kJ/（m³・℃））もある。鋼と木材では、質量比熱と容積比熱の大小関係が異なる。質量比熱（kJ/（kg・℃））は、鋼のほうが木材より小さいが、容積比熱（kJ/（m³・℃））は、鋼のほうが木材より大きい。

◆コンクリートと鋼の熱膨張係数

熱膨張係数とは、物体の温度上昇によって膨張する割合を表したものをいう。コンクリートと鋼の熱膨張係数は、常温においてほぼ等しい。コンクリートと鋼の熱膨張係数がほぼ等しいと、鉄筋コンクリートにおいて、温度変化による内部応力が発生しないという特長につながる。

その他として熱容量について押さえておこう。熱容量とは、物体の温度を単位温度上昇させるために必要な熱量をいう。熱容量の大きい材料は、日射熱などを蓄熱しやすいぞ。

◆主な建築材料の密度の比較

密度大　鋼材＞アルミニウム＞コンクリート＞合板　密度小

コンクリート（2300kg/m³程度）よりもアルミ（2700kg m³程度）のほうが、密度が大きい。

◆主な建築材料の熱伝導率の比較

熱伝導率大　アルミニウム材料＞鋼材＞コンクリート＞板ガラス＞木材（合板）＞石膏ボード＞断熱材（ウレタンフォーム・グラスウール）　熱伝導率小

コンクリート（1.6W/mK程度）のほうが、板ガラス（1.0W/mK程度）よりも熱伝導率が大きい。グラスウールとして断熱材に用いられるだけあって、ガラスは意外と熱伝導率が小さい。
ビルにおいて、コンクリートの外壁よりも窓ガラスのほうが熱の侵入・放出が多いのは、コンクリートの外壁よりも窓ガラスのほうが薄いからだ。

第4章 建築物の構造概論

Step3 暗記 何度も読み返せ！

- [ ] 普通コンクリートは、単位体積当たりの質量2300kg/m³程度。
- [ ] 軽量コンクリートは、単位体積当たりの質量1500〜1900kg/m³程度。
- [ ] レイタンスとは、コンクリートの打設後に表面に浮上する泥状物質をいう。
- [ ] トタンは、鋼材に亜鉛めっきしたものをいう。
- [ ] ブリキは、鋼材にすずめっきしたものをいう。
- [ ] アルミニウムの密度（比重）は、鉄の1/3程度である。
- [ ] 木材の気乾状態（大気と平衡状態）の含水率は、15〜20%程度
- [ ] 木材は400〜470℃程度で自然発火する。
- [ ] 木材の引火点は240〜270℃程度である。
- [ ] 質量比熱（kJ/（kg・℃））は、鋼のほうが木材より小さい。
- [ ] 容積比熱（kJ/（m³・℃））は、鋼のほうが木材より大きい。
- [ ] コンクリートと鋼の熱膨張係数は、常温においてほぼ等しい。
- [ ] 熱容量の大きい材料は、日射熱などを蓄熱しやすい。

No. 43 /72 輸送・電気・ガス設備

この項では、電圧区分、都市ガスの供給圧力、エレベータの駆動方式、非常用エレベータ、エレベータの非常管制、エスカレータの定格速度、都市ガスとLPガスの比較、ガス漏れ時などの異常時の対応などについて学習しよう。

Step1 図解 目に焼き付けろ！

■電圧区分

	交流	直流
低　　圧	600V以下	750V以下
高　　圧	低圧を超え7,000V以下	
特別高圧	7,000Vを超えるもの	

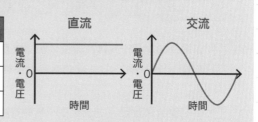

■都市ガスの供給圧力
- 低圧　0.1MPa未満
- 中圧　0.1MPa以上1.0MPa未満
- 高圧　1.0MPa以上

> 交流とは、電圧や電流の方向や大きさが周期的に変動する電気をいい、電灯、動力、コンセントなどに供給されている。
> 直流とは、電圧や電流の方向が一定である電気をいい、乾電池、蓄電池、太陽電池、燃料電池など電池から供給される。

Step2 解説 爆裂に読み込め！

→ 輸送設備

　輸送設備とは、人や物を輸送する設備で、ビルにおいてはエレベータ、エスカレータがある。エレベータについては、エレベータの方式、非常用エレベータ、非常時の管制について、出題されている。

◆エレベータの駆動方式

　エレベータの駆動方式にはロープ式と油圧式がある。ロープ式は、電動機、ワイヤロープ、滑車により駆動する方式で、広範囲な速度制御が可能であるため、中・高層用に多用されている。油圧式は、電動ポンプと油圧ジャッキを用いた駆動方式で、昇降高さと速度に制限があるため低層用に用いられている。

◆非常用エレベータ

　非常用エレベータは、高さ31mを超える建築物に建築基準法により設置が義務づけられている消防隊用のエレベータである。

> 消防隊とは、消防署の消防士の部隊のことだ。非常用エレベータは、消防隊が使用するのだが、消防法ではなく、建築基準法に規定されているぞ。

◆エレベータの非常管制

　エレベータの非常管制とは、非常時にエレベータを運転・停止する制御をいう。エレベータの非常管制には、火災時の火災管制と地震時の地震管制がある。エレベータの火災管制では、エレベータを避難階に停止する制御が行われる。エレベータの地震管制では、エレベータを最寄り階に停止する制御が行われる。

もう覚えられない。そんなときは一旦休むのも有効だぞ。

第 **4** 章 建築物の構造概論

エレベータに乗っているときに火災が発生した場合は、避難階（通常は1階）まで走行して停止するから逃げてもらう。

エレベータに乗っているときに地震が発生した場合は、エレベータの走行路がダメージを受けている可能性があるので、速やかに走行するのをやめ、最寄り階で停止するからエレベータから出て行ってくれ〜。

◆**エスカレータの定格速度**

エスカレータについては、定格速度について出題されている。定格とは、機器の製造者が保証する出力の限度をいう。エスカレータの定格速度は次のとおりである。

- 勾配8度以下：50m/min以下
- 勾配8度超30度以下：45m/min以下
- 勾配30度超35度以下：30m/min以下

→ 電気設備

電気設備に関しては、建築設備のファン、ポンプの電動機に交流電動機が多用されていること、Step1にあるように、交流の電圧区分が低圧が600V以下、高圧が600V超え7,000V以下、特別高圧が7,000V超であること、非常用の照明装置が、消防法ではなく建築基準法に定められていることなどが出題されている。

→ ガス設備

ガス設備については、都市ガスとLPガス、ガスの供給と取扱いについて出題されている。

◆**都市ガスとLPガス**

ガス設備については、燃料ガスである都市ガスとLPガスについて、出題され

ている。都市ガスとは配管で供給される燃料ガスで、主成分がメタンの液化天然ガス（LNG）が使用されている。LPガスは、液化石油ガスのことで、ボンベなどの容器で供給され、主成分はプロパンである。LPガス容器は40℃以下の場所に保管する必要がある。

　また、都市ガス、LPガスともに、1,000倍に希釈しても臭いを感知できる付臭剤の添加が、法令で義務づけられている。

　都市ガスとLPガスを比較すると次のとおりである。

表43-1：都市ガスとLPガス

比較項目	都市ガス	LPガス
発熱量	小	大
理論空気量	小	大
供給圧力	小	大
比重	空気より小さい	空気より大きい

比較表のとおり、都市ガスがすべての項目で小さい。
発熱量とは、単位体積当たりの発熱する熱量をいう。
理論空気量とは、完全燃焼させるために理論上必要な空気の量をいう。理論空気量で完全燃焼させたときに生じる排ガスを理論排ガス量という。理論空気量と理論排ガス量の関係は、理論空気量よりも理論排ガス量のほうが多い。

◆異常時の対応

　室内がガス臭いときは窓を開けて、ガスを屋外に排出する。換気扇は、電動機の火花により着火のおそれがあるので使用しないようにする。震度5強以上の震度で自動遮断するマイコンメーターが、作動を表示する赤ランプ点滅が復帰しない場合は、使用を開始してはならない。

◆ガス設備機材

　過去に主題された主なガス設備機材は次のとおりである。

①ガバナ

　ガバナとは、ガスの圧力を所定の範囲内に調整する整圧器をいう。

②ヒューズガス栓

　ヒューズガス栓とは、ガス栓から大量のガスが流れたとき、内部の浮き球が
上昇して流路をふさぐことで、自動的にガスの流れを停止するガス栓をいう。

③絶縁継手

　絶縁継手とは、ガス管の腐食を防止するために、電気的な絶縁性能を有した
継手をいう。

Step3 暗記　何度も読み返せ！

輸送設備

☐ エスカレータの定格速度
　勾配8度以下：50m/min以下
　勾配8度超30度以下：45m/min以下
　勾配30度超35度以下：30m/min以下

ガス設備

☐ 都市ガスとは配管で供給される燃料ガスで、主成分がメタンの液化
　天然ガス（LNG）が使用されている。

☐ LPガスは、液化石油ガスのことで、ボンベなどの容器で供給され、
　主成分はプロパンである。

☐ 震度5強以上の震度で自動遮断するマイコンメーターが作動を表示す
　る赤ランプ点滅が復帰しない場合は、使用を開始することはできない。

この項では、消防用設備等の種類、消火設備（泡消火設備、不活性ガス消火設備など）、感知器（煙感知器、熱感知器、炎感知器）避難、排煙、防災に関する用語（火災荷重、耐火性能、防火性能）などについて学習しよう。

Step1 図解 目に焼き付けろ！

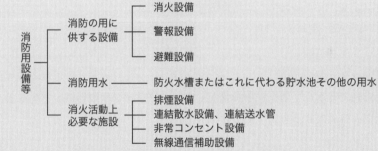

消防用設備等の種類

```
          ┌─ 消防の用に ──┬─ 消火設備
          │   供する設備    ├─ 警報設備
消防         │             └─ 避難設備
用           │
設 ─────┼─ 消防用水 ──── 防火水槽またはこれに代わる貯水池その他の用水
備           │
等           │
          │             ┌─ 排煙設備
          └─ 消火活動上 ──┼─ 連結散水設備、連結送水管
              必要な施設    ├─ 非常コンセント設備
                          └─ 無線通信補助設備
```

消火活動とは、消防署の消防士の部隊である消防隊による消火活動のことをいうぞ。

爆裂に読み込め！

➡ 消防設備

消防設備については、消火設備は泡消火設備、不活性ガス消火設備が、警報設備は感知器について問われることが多い。ポイントは次のとおりである。

◆消火設備

消火設備とは、火災を初期の段階で消火するための設備をいい、主なものは下記のとおりである。

①屋内消火栓設備

屋内消火栓設備とは、人が消火栓を開けて、ホースの先端のノズルから放水して消火する設備をいう。屋内消火栓設備は、水による冷却作用により消火する設備である。

②スプリンクラ設備

スプリンクラ設備とは、天井に設けたスプリンクラヘッドと呼ばれる放水口より、自動で散水して消火する設備をいう。スプリンクラ設備は、水による冷却作用により消火する設備である。

③泡消火設備

泡消火設備とは、天井に設けた泡消火ヘッドと呼ばれる放水口より、泡を放出して消火する設備である。泡による窒息作用と冷却作用により消火するもので、駐車場のガソリン火災などの油火災を対象にした消火設備である。

④不活性ガス消火設備

不活性ガス消火設備とは、容器内の窒素ガスや二酸化炭素などの不活性ガスを、配管、ノズルを介して対処エリアに放出し、不活性ガスの窒息作用により消火する設備である。電算室、通信室などの水による損害の懸念が大きい用途に普及している。

消火設備には、ハロゲン化物消火設備もあるが、ハロゲン化物消火設備は、消火剤によるオゾン層破壊の問題があり、普及していない。

◆**警報設備**

　警報設備には、自動火災報知設備、ガス漏れ警報設備などがある。本試験では、自動火災報知設備のうちの感知器について頻出している。感知器とは、火災により発生する熱、煙、炎を感知し、受信機に信号を送る機器をいう。

①煙感知器

　煙感知器とは、火災により発生する煙を感知する感知器で、検出原理により光電式とイオン化式がある。光電式は、煙による光の変化を電気信号に置き換えて感知する方式である。イオン化式は、煙によるイオン電流の変化を利用したものであるが、放射性物質を使用しているため新規に使用されていない。

②熱感知器

　熱感知器とは、火災により発生する熱を感知する感知器で、警報を発する方式により定温式、差動式、補償式がある。定温式とは一定の温度以上で作動する熱感知器、差動式とは一定の温度上昇率以上で作動する熱感知器である。補償式とは、定温式と差動式の特性を併せ持つ熱感知器である。

③炎感知器

　炎感知器とは、火災により発生する赤外線や紫外線を感知する感知器で、検出原理により赤外線式と紫外線式がある。炎感知器は、高天井、大空間の部分の火災感知に適している。

火が出ないで煙だけが出るような、くん燃状態等での早期感知は、熱感知器よりも煙感知器のほうが適している。

第 **4** 章

建築物の構造概論

➡ 防災

防災については、避難、排煙、防災に関する用語が出題されている。ポイントは次のとおりである。

◆避難

避難経路は、2方向避難とし、できるだけ避難導線は日常導線と一致させる。避難計画は、平常時より遅い歩行速度で立案する。また、劇場などの客室からの出口の戸は、避難時に開けやすいように外開きとする。

◆排煙

排煙とは、建物内の火災により発生した煙を建物の外に排出することをいう。排煙には、排煙窓などによる自然排煙と排煙機などによる機械排煙がある。機械排煙は、火災の初期段階での排煙には有効であるが、フラッシュオーバ後の排煙には無効である。フラッシュオーバとは、初期火災後の火災盛期に起きる燃焼が急激に拡大する現象をいう。

◆防災に関する用語

防災に関する主な用語は次のとおりである。

①火災荷重

火災荷重とは、単位面積当たりの可燃物重量をいう。

②気象庁震度階級

地震による揺れの大きさを示す階級で、震度0から震度7まであり、数字が大きいと揺れが大きいことを示す。

③耐火性能

耐火性能とは、火災による倒壊・延焼を防止する性能をいう。

④防火性能

防火性能とは、火災による延焼を抑制する性能をいう。

⑤マグニチュード

　マグニチュードとは、地震の規模を示す指標で、値が1大きくなるとエネルギーは約32倍になる。

⑥ライフライン

　ライフラインとは、電気、水道、ガス、通信など、生活を維持するための諸施設をいう。

> 耐火とは、火に耐えて倒れない。防火とは、火を防いで燃えない。

Step3 暗記 ➡ **何度も読み返せ！**

- ☐ 煙感知器には、検出原理により光電式とイオン化式がある。
- ☐ 定温式とは一定の温度以上で作動する熱感知器である。
- ☐ 差動式とは一定の温度上昇率以上で作動する熱感知器である。
- ☐ 補償式とは、定温式と差動式の特性を併せ持つ熱感知器である。
- ☐ 炎感知器には、赤外線式と紫外線式がある。
- ☐ 炎感知器は、高天井、大空間の部分の火災感知に適している。
- ☐ 避難経路は、2方向避難とし、できるだけ避難導線は日常導線と一致させる。

建築関係法令

この項では、建築基準法と建築士法の関係法令について学習する。建築基準法では、法の目的、用語の定義、確認申請・完成検査・定期検査報告・建築物の高さ制限などの規定について押さえておこう。

Step1 図解 目に焼き付けろ！

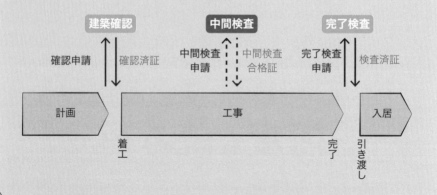

建築確認申請とは、「こんな建物を建築しますが、よろしいですか？確認してください。」と申請することをいう。

Step2 解説 爆裂に読み込め！

建築物衛生法の特定建築物は、建築基準法の建築物であること
が要件の一つだ。

→ 建築基準法

建築基準法からは、法の目的、用語の定義、確認申請などの規定について出
題されている。

◆目的

建築基準法は、建築物の敷地、構造、設備及び用途に関する最低の基準を定
めて、国民の生命、健康及び財産の保護を図り、もって公共の福祉の増進に資
することを目的としている。

◆用語の定義

用語の定義は、建築基準法第2条と建築基準法施行令第1条に規定されてい
る。

①建築物

土地に定着する工作物のうち、屋根及び柱若しくは壁を有するもの（これに
類する構造のものを含む。）、これに附属する門若しくは塀、観覧のための工作
物又は地下若しくは高架の工作物内に設ける事務所、店舗、興行場、倉庫その
他これらに類する施設（鉄道及び軌道の線路敷地内の運転保安に関する施設並
びに跨線橋、プラットホームの上家、貯蔵槽その他これらに類する施設を除
く。）をいい、建築設備を含むものとする。

鉄道及び軌道の線路敷地内の運転保安に関する施設やプラット
ホームの上家、貯蔵槽その他これらに類する施設は、建築基準法
上の建築物ではないのだ。

②特殊建築物

　学校（専修学校及び各種学校を含む。以下同様とする。）、体育館、病院、劇場、観覧場、集会場、展示場、百貨店、市場、ダンスホール、遊技場、公衆浴場、旅館、共同住宅、寄宿舎、下宿、工場、倉庫、自動車車庫、危険物の貯蔵場、と畜場、火葬場、汚物処理場その他これらに類する用途に供する建築物をいう。

一定規模以上の事務所は、建築物環境衛生法上の特定建築物に該当するが、事務所は、建築基準法上の特殊建築物ではない。

③建築設備

　建築物に設ける電気、ガス、給水、排水、換気、暖房、冷房、消火、排煙若しくは汚物処理の設備又は煙突、昇降機若しくは避雷針をいう。

④居室

　居住、執務、作業、集会、娯楽その他これらに類する目的のために継続的に使用する室をいう。

⑤主要構造部

　壁、柱、床、はり、屋根又は階段をいい、建築物の構造上重要でない間仕切壁、間柱、付け柱、揚げ床、最下階の床、回り舞台の床、小ばり、ひさし、局部的な小階段、屋外階段その他これらに類する建築物の部分を除くものとする。

床、階段は主要構造部だが、最下階の床や屋外階段は主要構造部ではない。

⑥構造耐力上主要な部分

　基礎、基礎ぐい、壁、柱、小屋組、土台、斜材（筋かい、方づえ、火打材その他これらに類するものをいう。）、床版、屋根版又は横架材（はり、けたその他これらに類するものをいう。）で、建築物の自重若しくは積載荷重、積雪荷

重、風圧、土圧若しくは水圧又は地震その他の震動若しくは衝撃を支えるものをいう。

 基礎は、主要構造部ではなく、構造耐力上主要な部分に該当する。

⑦建築

建築物を新築し、増築し、改築し、又は移転することをいう。

 移転とは、同一敷地内での建築物の移動をいう。敷地外への建築物の移動は、新築と見なされる。

⑧大規模の修繕・大規模な模様替

大規模の修繕とは、建築物の主要構造部の一種以上について行う過半の修繕をいう。大規模の模様替とは、建築物の主要構造部の一種以上について行う過半の模様替をいう。

 外壁や電気、衛生、空調などの設備は、いくらお金をかけて半分以上修繕しても、主要構造部ではないので、建築基準法上の大規模の修繕にはならないのだ。

◆建築基準法の規定

建築基準法の規定のうち、本試験に頻出する主なものは次のとおりである。

①建築確認申請

建築主は、法に掲げる建築物を建築しようとする場合、これらの建築物の大規模の修繕若しくは大規模模様替をしようとする場合等においては、当該工事に着手する前に、その計画が建築基準関係規定に適合するものであることについて、確認の申請書を提出して建築主事の確認を受け、確認済証の交付を受けなければならない。

建築確認申請は、申請者は建築主、確認者は建築主事という関係だ。建築主と建築主事は字が似ているので、間違えないようにしよう。

そして、建築基準法上の大規模な修繕、大規模模様替は、建築確認申請が必要になるのだ。

なお、建築主とは、建築物に関する工事の請負契約の注文者又は請負契約によらないで自らその工事をする者をいい、建築主事とは、建築基準法により建築確認を行うため地方公共団体に設置が義務づけられている職員だ。

②中間検査、完成検査

　建築主は、確認申請が必要な工事が特定工程を含む場合において、当該特定工程に係る工事を終えたときは、その都度、国土交通省令で定めるところにより、建築主事の検査を申請しなければならない。

　建築主は、確認申請が必要な工事を完了したときは、国土交通省令で定めるところにより、建築主事の検査を申請しなければならない。

中間検査、完了検査についても、建築主から建築主事に申請しなければならないのだ。

③定期検査報告

　法に掲げる建築物の所有者は、これらの建築物の敷地、構造及び建築設備について、国土交通省令で定めるところにより、定期に、一級建築士若しくは二級建築士又は建築物調査員資格者証の交付を受けている者にその状況の調査をさせて、その結果を特定行政庁に報告しなければならない。

特定行政庁とは、建築主事を置く市町村長、その他の市町村については都道府県知事をいう。

④違反建築物に対する命令

特定行政庁は、違反建築物について、当該建築物の建築主等に対して、当該工事の施工の停止、当該建築物の除却、移転、改築、増築、修繕、模様替、使用禁止、使用制限などの違反を是正するために必要な措置をとることを命ずることができる。

違反建築物に対する命令は、建築主事ではなく、特定行政庁が行う。

⑤単体規定と集団規定

建築基準法には、単体規定と集団規定がある。単体規定とは、建築物自体に関する規定、集団規定とは、建築物と都市に関する規定である。

⑥建築物の高さ制限

建築基準法には、「絶対高さ制限」「道路斜線制限」「隣地斜線制限」「北側斜線制限」の4種類の建築物の高さ制限がある。

絶対、道路の隣地は北側！と覚えよう。

🡒 建築士法

建築士法は、建築物の設計、工事監理等を行う技術者の資格を定め、業務の適正をはかり、建築物の質の向上に寄与させることを目的とした法律である。建築士法において、技術者の資格として、建築士と建築設備士が規定されている。

◆建築士

この法律で建築士とは、一級建築士、二級建築士及び木造建築士をいう。

①一級建築士

　国土交通大臣の免許を受け、一級建築士の名称を用いて、建築物に関し、設計、工事監理その他の業務を行う者をいう。

②二級建築士

　都道府県知事の免許を受け、二級建築士の名称を用いて、建築物に関し、設計、工事監理その他の業務を行う者をいう。

③木造建築士

　都道府県知事の免許を受け、木造建築士の名称を用いて、木造の建築物に関し、設計、工事監理その他の業務を行う者をいう。

◆建築設備士

　建築設備に関する知識及び技能につき国土交通大臣が定める資格を有する者をいう。

　建築士は、一定規模以上の建築物の建築設備に係る設計又は工事監理を行う場合においては、建築設備士の意見を聴くよう努めなければならない。また、建築士は、建築設備士の意見を聴いたときは、設計図書又は報告書において、その旨を明らかにしなければならない。

Step3 暗記　何度も読み返せ！

- ☐ 建築設備とは、建築物に設ける電気、ガス、給水、排水、換気、暖房、冷房、消火、排煙若しくは汚物処理の設備又は煙突、昇降機若しくは避雷針をいう。
- ☐ 大規模の修繕とは、建築物の主要構造部の一種以上について行う過半の修繕をいう。
- ☐ 大規模の模様替とは、建築物の主要構造部の一種以上について行う過半の模様替をいう。

鉄筋コンクリート・鉄骨

この項では、鉄筋コンクリートについては、柱と梁の鉄筋、かぶり厚さ、壁と床の厚さ、プレストレストコンクリートなど、鉄骨については、鉄骨構造の特徴や鉄骨の接合などを学習していこう。

Step1 図解　目に焼き付けろ！

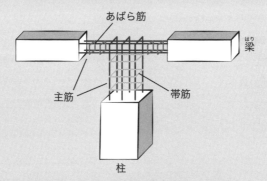

主筋、帯筋、あばら筋

帯筋はフープ、あばら筋はスターラップともいう。

爆裂に読み込め！

鉄筋コンクリート構造はRC構造、鉄骨構造はS構造という。

➡ 鉄筋コンクリート

鉄筋コンクリートは、コンクリートを鉄筋で補強したものである。鉄筋は、コンクリートより引張強度が大きく、コンクリートは、鉄筋より圧縮強度が大きく、鉄筋は引張応力を、コンクリートは圧縮応力をそれぞれ負担している。

鉄筋コンクリート構造の建築物は、鉄骨構造の建築物に対して、耐火性、耐食性に優れているが、施工の工期が長いという特徴を有している。

◆柱と梁の鉄筋

柱と梁の鉄筋には、主筋、帯筋、あばら筋がある。主筋は、柱および梁の軸方向に配筋される鉄筋で、曲げモーメントに対抗している。帯筋は、柱の周方向に配筋される鉄筋で、せん断力に対抗している。あばら筋は、梁の周方向に配筋される鉄筋で、せん断力に対抗している。

主筋は曲げモーメントに、帯筋・あばら筋はせん断力に対抗している。

◆かぶり厚さ

かぶり厚さとは、コンクリート表面から鉄筋表面までの距離をいう。かぶり厚さは、建築基準法施行令に次のように規定されている。

①耐力壁以外の壁又は床：2cm以上
②耐力壁、柱又は梁：3cm以上
③直接土に接する壁、柱、床若しくは梁又は布基礎の立上り部分：4cm以上

④基礎：捨コンクリートの部分を除いて6cm以上

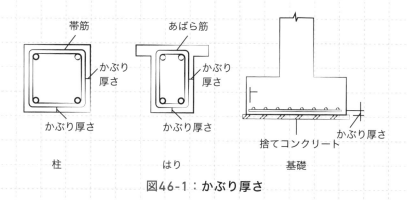

図46-1：かぶり厚さ

柱と梁のかぶり厚さは、主筋からではなく、帯筋またはあばら筋からコンクリート表面までの距離をいう。

◆**壁と床の厚さ**

　壁の厚さは、一般壁で10～15cm程度、耐震壁で20cm程度である。また、床の厚さは一般に15～20cm程度である。

その他、プレストレストコンクリート構造についても出題されている。プレストレストコンクリートとは、あらかじめ圧縮力を導入したコンクリートで、大スパン構造に適しているコンクリートだ。

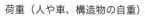
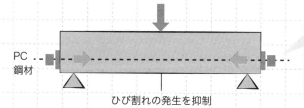

図46-2：プレストレストコンクリート

1日1ページでもいい。とにかくやるんだ！

第**4**章

建築物の構造概論

→ 鉄骨

　鉄骨とは、鉄でできた建築物の骨組みをいう。鉄骨構造の建築物は、鉄筋コンクリート構造の建築物に対して、じん性に富み耐震性に有利で解体が容易であるが、耐食性に乏しいという特徴を有している。

　鉄骨の接合は、工場では溶接接合、現場ではボルト接合が主に用いられ、ボルト接合は高力ボルト接合が多用されている。高力ボルト接合とは、接合材間の摩擦力により力を伝達する構造のボルト接合をいう。

　じん性とは粘り強い性質をいう。鋼材の炭素量が増加すると、じん性が低下するということも出題されているので、覚えておこう。

第5章

給水及び排水の管理

アクセスキー　W

（大文字のダブリュー）

No. 47 /72 給排水の用語と単位

この項では、用語（絶対圧力とゲージ圧力、絶対温度と摂氏温度、オフセット、活性汚泥、二重トラップ、バルキング）と単位（加熱能力、水槽内照度率、比体積、比熱、BOD容積負荷、密度）などについて学習していこう。

Step1 図解 目に焼き付けろ！

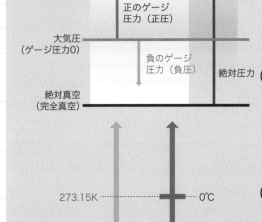

正のゲージ圧力（正圧）

大気圧（ゲージ圧力0）

負のゲージ圧力（負圧）

絶対圧力

絶対真空（完全真空）

絶対圧力とゲージ圧力
- 絶対圧力：真空を基準とする圧力
- ゲージ圧力：大気圧を基準とする圧力

273.15K ── 0℃

0K …… 絶対温度 摂氏温度

絶対温度と摂氏温度
- 絶対温度：絶対零度を基準とする温度。単位は［K］（ケルビン）
- 摂氏温度：氷点を基準とする温度。単位は［℃］

絶対温度の単位はK（ケルビン）に対し、摂氏温度の単位は℃だ。絶対圧力もゲージ圧力も単位はPa（パスカル）だが、ゲージ圧力にはPaGとゲージを意味するGをつけて表記される。

Step2 解説 爆裂に読み込め！

用語や単位は、各単元でも出てくるので、詳細は各単元で学習しよう。

→ 用語

本試験で、過去に出題された主な給排水に関する用語は次のとおりである。

◆オフセット

オフセットとは、「差位、偏位、転位」などという意味で、様々な分野で用いられる言葉であるが、排水管が平行移動している部分もオフセットという。

オフセットは、空調の自動制御にも用いられる用語だ。フィードバック制御における目標値と制御量の間に生じる定常的な偏差をオフセットという。

◆活性汚泥

活性汚泥とは、汚水を浄化するための装置である浄化槽における好気性微生物の集合体をいう。なお、好気性微生物とは、酸素が豊富な環境下で活動する微生物をいう。

酸素が欠乏してる環境下で活動する微生物を嫌気性微生物という。

◆スカム

スカムとは、浄化槽や排水槽内の浮上物質をいう。

第 5 章　給水及び排水の管理

239

◆逃し通気管

逃し通気管とは、排水系統内に生じた圧力を逃すために設ける通気管をいう。なお、通気管とは、排水管の排水の流れを円滑にしたり、排水管内の換気をしたりするために、排水管に設けられる大気に開口した管をいう。

◆二重トラップ

二重トラップとは、排水管に直列に配置された2つのトラップをいう。二重トラップは、排水が阻害されるのでしてはならない。なお、トラップとは、排水口などから、臭気や害虫が室内に侵入しないようにするために設けられる水を溜める機能のある部分をいう。

◆バイオフィルム

バイオフィルムとは、生物膜のことで、浄化槽で浄化処理するために設けられる部材に発生する微生物による膜をいう。バイオフィルムにより浄化処理が行われる。

◆バルキング

バルキングとは、浄化槽内の活性汚泥が単位重量当たりの体積が増加し、膨潤して沈降しにくくなる現象をいう。

バルキングにより沈みにくくなると、沈殿処理しにくくなるのだ。

◆ブランチ間隔

ブランチ間隔とは、排水立て管に接続している排水横管間の間隔をいう。

ブランチとは枝という意味だ。

➡ 単位

本試験で、過去に出題された主な給排水に関する単位は次のとおりである。

①加熱能力：kW

②水槽（内）照度率：%

③ばっ気槽混合液浮遊物質濃度（MLSS）：mg/L

④排水基準によるリン含有量：mg/L

⑤比体積：m³/kg

⑥比熱の単位：J/（g・℃）またはJ/（g・K）

⑦BOD容積負荷：kg/（m³・日）

⑧密度：kg/m³

> 比体積と密度は逆数（分数の分母と分子が逆）の関係だ。
> 単位については、過去に出題されたものを押さえておこう。

Step3 暗記 → 何度も読み返せ!

- ☐ オフセット：排水管が平行移動している部分
- ☐ 活性汚泥：好気性微生物の集合体
- ☐ スカム：排水槽内の浮上物質
- ☐ 逃し通気管：排水系統内に生じた圧力を逃すために設ける通気管
- ☐ 二重トラップ：排水管に直列に配置された2つのトラップ。排水が阻害されるので禁止
- ☐ バイオフィルム：微生物による膜
- ☐ バルキング：活性汚泥が単位重量当たりの体積が増加して沈降しにくくなる現象
- ☐ ブランチ間隔：排水立て管に接続している排水横管間の間隔

重要度：🔥🔥🔥

水道・水質基準・塩素消毒

この項では、水道施設のフロー、浄水処理の基本フロー、専用水道と簡易専用水道、トリハロメタン、遊離残留塩素と結合残留塩素の消毒効果、残留塩素の測定法、塩素消毒の効果の影響などについて学習していこう。

Step1 図解 → 目に焼き付けろ！

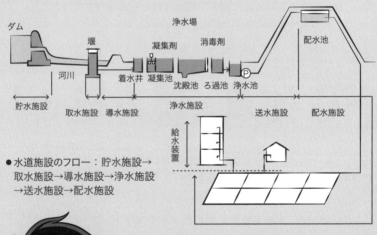

ダム　　　　　　　　　　　浄水場
堰　　　凝集剤　消毒剤　　　配水池
河川　　　着水井　凝集池　　　　　浄水池
　　　　　　　　　沈殿池　ろ過池
貯水施設　取水施設　導水施設　　浄水施設　　　　送水施設　　配水施設

給水装置

● 水道施設のフロー：貯水施設→取水施設→導水施設→浄水施設→送水施設→配水施設

上の図中の給水装置とは、配水管から分岐して設けられた給水管及びこれに直結する給水用具と水道法で定義されている。

Step2 解説 爆裂に読み込め！

> 建築物衛生法の特定建築物の水道は、専用水道と簡易専用水道が多い。

→ 水道

　水道に関しては、水道施設、専用水道と簡易専用水道について出題されている。概要は次のとおりである。

◆水道施設

　水道施設とは、水道のための施設をいう。また、水道とは、導管及びその他の工作物により、水を人の飲用に適する水として供給する施設の総体と、水道法に定義されている。水道施設の概要は次のとおりである。

①水道施設のフロー

　水道施設のフローは、Step1の図のとおり、貯水施設→取水施設→導水施設→浄水施設→送水施設→配水施設である。

> 浄水施設で処理されていない水を原水という。原水には、河川や湖沼などの地表水や地下水・伏流水が利用されている。
> 地表水は、地下水・伏流水に比べて水量・水質の変化が激しい。このことも本試験で出題されているので、覚えておこう。
> なお、地下水とは地下にたまっている水、伏流水とは地下を流れる水のことをいう。

②浄水施設

　浄水施設とは、河川や湖沼の原水を飲用に適した上水に処理する施設をいう。浄水施設における浄水処理の基本フローは、Step1の図のとおり、凝集→沈殿

焦らず、確実に進めることが大事だ。 **243**

→ろ過→消毒である。ろ過は、浮遊物質を除去するための処理で、膜ろ過法などが用いられている。その他、臭気の除去のための処理に、活性炭処理やオゾン処理がある。

凝集とは、凝集剤により不純物を集めてひとかたまりにして、沈殿しやすくすることをいう。

③配水施設

　配水施設とは、水道の需要者に上水を配る施設をいい、配水池と配水管で構成されている。配水池とは、需要者に上水を配水するために上水を貯留する設備をいう。配水池の必要容量は、1日最大給水量の12時間分を標準として計画される。

◆専用水道と簡易専用水道

　専用水道と簡易専用水道については、水道法に次のように規定されている。

①専用水道

　専用水道とは、寄宿舎、社宅、療養所等における自家用の水道その他水道事業の用に供する水道以外の水道で、他の水道から供給を受ける水のみを水源とし、100人を超える者にその居住に必要な水を供給するもの、または、1日最大給水量が20m^{3}を超えるもの。

②簡易専用水道

　簡易専用水道とは、水道事業の用に供する水道及び専用水道以外の水道で、水道事業の用に供する水道から供給を受ける水のみを水源とし、水槽の有効容量の合計が10m^{3}を超えるもの。

水槽の有効容量が10m^{3}以下の簡易専用水道に満たないものは、小規模貯水槽水道と呼ばれている。

➡ 水質基準

　水質基準は、建築物衛生行政概論の試験科目でも出題される。給水及び排水の管理の試験科目において、過去に出題された主な水質基準項目は次のとおりである。

- 大腸菌：検出されないこと
- 一般細菌：1mLの検水で形成される集落数が100以下
- 鉄：0.3mg/L以下
- 銅：1.0mg/L以下
- 鉛：0.2mg/L以下
- 色度：5度以下
- 濁度：2度以下
- 総トリハロメタン：0.1mg/L以下

> トリハロメタンとは、有機物質と消毒用塩素が反応して生成されるもので、消毒副生成物と呼ばれる。発がん性のある有害物質である。

➡ 水道水の塩素消毒

　水道水は、消毒のため塩素が用いられている。水道水の塩素消毒に関する主な事項は、次のとおりである。

◆残留塩素

　残留塩素とは、水道水中に残留している塩素のことをいう。残留塩素には、遊離残留塩素と結合残留塩素がある。遊離残留塩素には次亜塩素酸、次亜塩素酸イオンが、結合残留塩素にはジクロラミン、モノクロラミンがある。クロラミンとは、塩素とアンモニアの化合物をいう。

　これらの残留塩素の消毒効果は、大きい順に、次亜塩素酸、次亜塩素酸イオン、ジクロラミン、モノクロラミンとなり、次亜塩素酸や次亜塩素酸イオンの

遊離残留塩素の方が結合残留塩素よりも大きな消毒効果を発揮する。

残留塩素の消毒効果は大きい順に、次亜塩素酸＞次亜塩素酸イオン＞ジクロラミン＞モノクロラミン。「ジジイはジモノ」と覚えよう。

◆残留塩素の測定法

　残留塩素の測定は、DPD法という方法で行う。DPD法とは、残留塩素に反応して桃赤色に発色する試薬を用いて、発色度合いを基準と目視で比較することにより、残留塩素濃度を測定する比色法である。DPD法では、遊離残留塩素→結合残留塩素の順で発色する。

◆塩素消毒の効果の影響

　塩素消毒の効果は、pHの影響を受け、アルカリ性側で消毒効果が急減する。また、窒素化合物と反応すると、塩素消毒の効果は減少する。

◆塩素濃度と接触時間

　塩素消毒の効果は、CT値が大きくなると大きくなる。CT値とは、次式のとおり、塩素濃度と接触時間の積をいう。

CT値＝塩素濃度×接触時間

　ある微生物を不活性化させるCT値を確保するためには、塩素濃度が多ければ接触時間は短くてよく、塩素濃度が少なければ接触時間は長くする必要がある。したがって、CT値を確保するための塩素濃度と接触時間の関係は、反比例の関係である。

CT値のCTとは、濃度（concentration）と時間（time）の英語の頭文字だ。

Step3 暗記 → 何度も読み返せ！

- [ ] 水道施設のフロー：貯水施設→取水施設→導水施設→浄水施設→送水施設→配水施設
- [ ] 地表水は、地下水・伏流水に比べて水量・水質の変化が激しい。
- [ ] 浄水処理の基本フロー：凝集→沈殿→ろ過→消毒
- [ ] ろ過は、浮遊物質を除去するための処理で、膜ろ過法などが用いらる。
- [ ] 臭気の除去のための処理に、活性炭処理やオゾン処理がある。
- [ ] 配水池の必要容量は、1日最大給水量の12時間分を標準として計画される。
- [ ] 専用水道は、100人を超える者に水を供給するもの、または、1日最大給水量が20m³を超えるもの。
- [ ] 簡易専用水道は、水槽の有効容量の合計が10m³を超えるもの。
- [ ] トリハロメタンとは、有機物質と消毒用塩素が反応して生成される。
- [ ] 消毒効果は大きい順に、次亜塩素酸、次亜塩素酸イオン、ジクロラミン、モノクロラミン。
- [ ] 次亜塩素酸や次亜塩素酸イオンの遊離残留塩素が消毒効果を発揮する。
- [ ] DPD法は、残留塩素に反応して桃赤色に発色する
- [ ] DPD法は、遊離残留塩素→結合残留塩素の順で発色する。
- [ ] 塩素消毒の効果は、アルカリ性側で消毒効果が急減する。
- [ ] 窒素化合物と反応すると、塩素消毒の効果は減少する。
- [ ] CT値を確保するための塩素濃度と接触時間の関係は、反比例の関係である。

重要度：🔥🔥🔥

給水方式・給水設備

この項では、高置水槽方式、圧力水槽方式、ポンプ直送方式、直結増圧方式、直結直圧方式、給水設備の計画・設計、飲料用貯水槽、クロスコネクション、逆サイホン作用、ウォーターハンマなどについて学習していこう。

目に焼き付けろ！

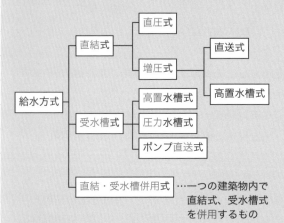

A：満水警報、B：給水停止、
C：給水開始、D：減水警報、
E：共通
高置水槽の電極による水位制御

高置水槽の水位制御とは、高置水槽の水位が各電極棒の下端の位置になったときに、警報を発したり、ポンプを運転停止したりすることをいう。一番長い共通の電極は、その他の電極と共通の対の電極という意味だ。
高置水槽の電極による水位制御は、短い方から満水警報－給水停止－給水開始－減水警報－共通だ。

Step2 解説 爆裂に読み込め！

→ 給水方式

給水方式は、受水槽方式と水道直結方式に大別される。受水槽方式は、高置水槽方式、圧力水槽方式、ポンプ直送方式に分類される。水道直結方式は、直結直圧方式と直結増圧方式に分類される。

◆受水槽方式

受水槽方式とは、配水管からの上水を一旦、受水槽に受ける給水方式をいう。

①高置水槽方式

高置水槽方式の上水のフローは、配水管→受水槽→揚水ポンプ→高置水槽→給水末端である。高置水槽方式に関する主な事項は、次のとおりである。

・給水圧力は、高低差と重力により定まるので、一定である。
・受水槽・高置水槽の2つの開放型水槽があり、汚染のおそれが多い。
・高置水槽の水位により、揚水ポンプの起動・停止が制御される。
・受水槽の水位（減水警報水位）により、揚水ポンプの空転防止制御（ポンプの運転禁止）が実施される。

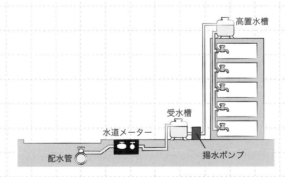

図49-1：高置水槽方式

②圧力水槽方式

　圧力水槽方式の上水のフローは、配水管→受水槽→給水ポンプ→圧力水槽→給水末端である。圧力水槽方式は、給水圧力をポンプと圧力水槽で制御しているので、給水圧力が変動しやすい。

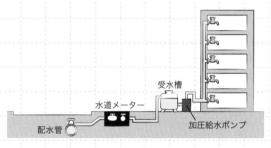

図49-2：圧力水槽方式

③ポンプ直送方式

　ポンプ直送方式の上水のフローは、配水管→受水槽→給水ポンプ→給水末端で、受水槽で受けてから、最下階で配管を展開し、上向き配管で給水する方式である。

図49-3：ポンプ直送方式

◆水道直結方式

　水道直結方式とは、配水管からの上水を受水槽に受けずに、配水管に直接連結されたる給水管により給水する方式をいう。水道直結方式は、開放型水槽である受水槽がないので、汚染のおそれが少なく衛生的である。

①直結増圧方式

　直結増圧方式の上水のフローは、配水管→増圧ポンプ→給水末端である。配水管の水圧を増圧ポンプで増圧して、給水末端または高置水槽まで給水する方式である。

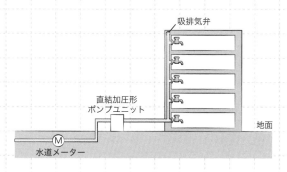

図49-4：直結増圧・直送式

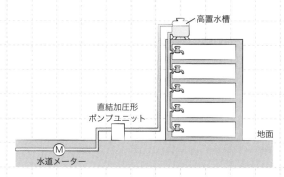

図49-5：直結増圧・高置水槽方式

②直結直圧方式

　直結直圧方式の上水のフローは、配水管→給水管→給水末端で、配水管の水圧のまま給水末端まで給水する方式である。

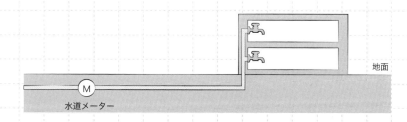

図49-6：直結直圧方式

前述した、専用水道、簡易専用水道には、受水槽方式が用いられ、水道直結方式は用いられない。

→ 給水設備

◆給水設備の計画、設計

給水設備の計画、設計に関する主な事項は次のとおりである。

①受水槽の有効容量は、1日最大使用水量の1/2程度で計画する。
②上限水圧は、ホテル・住宅0.3MPa、事務所・商業施設0.5MPaで計画する。
③最低必要水圧は、一般水栓30kPa、大便器洗浄弁・シャワー70kPa、ガス瞬間湯沸器40〜80kPaで計画する。
④1日あたりの設計給水量は、事務所：60〜100L/人、ホテル客室部：350〜400L/床で計画する。
⑤給水管の適正流速は、0.9〜1.2m/s、上限2.0m/s程度である。
⑥給水配管の枝管の分岐は、上方に給水する場合は上取出し、下方に給水する場合は下取出しとする。

給水管を太い管から細い管に分岐する場合、細い管を上に持っていくときは太い管の上から、細い管を下に持っていくときは太い管の下から分岐するのだ。逆にすると、一旦立ち上がった部分に空気が、一旦立ち下がった部分にゴミがたまりやすくなるためだ。

◆飲料用貯水槽

受水槽、高置水槽などの飲料用貯水槽に関する主な事項は次のとおりである。

①保守点検のためのスペースを、貯水槽の上部は100cm以上、貯水槽の側面・底部は60cm以上確保する。
②逆流による汚染防止のため、流入管吐水部に吐水口空間を確保する。流入管を水没させないようにする。

③逆流による汚染防止のため、水抜き管、オーバーフロー管には、排水口空間
による間接排水とする。

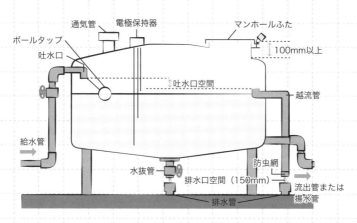

図49-7：吐水口空間・排水口空間

④異物混入の汚染防止のため、貯水槽内に飲料水配管以外の配管を設けてはな
らない。

⑤FRP（強化プラスチック）製の貯水槽は、紫外線に弱く、ステンレス製水槽
に比較して機械的強度が弱い。

⑥ポンプの搬送動力の低減のためには、受水槽は地下階ではなく地上階に設置
し、ポンプが水を汲み上げる高低差を低減する。

⑦ステンレス鋼板製は、液層部よりも気層部のほうが腐食しやすい

液層部とは、常時、水にさらされている部分、気層部とは、常時、
空気にさらされている部分をいう。気層部のほうが、水槽内表面に
消毒用の塩素が濃縮しやすく、塩素の影響により腐食しやすくなる。

◆**給水設備の生じる現象**

給水設備に生じる現象には、クロスコネクション、逆サイホン作用、ウォー
ターハンマ（水撃）、鋼管の腐食などがあり、概要は次のとおりである。

①クロスコネクション

　クロスコネクションとは、上水の給水・給湯系統が他の系統と直接接続されることをいい、クロスコネクションは絶対にしてはならない。バイパス管・バイパス弁で迂回させても、止水弁で止水しても、逆止弁で逆流を防止しても、上水と直接接続された状態であり、クロスコネクションの防止にならない。

②逆サイホン作用

　逆サイホン作用とは、給水管内が負圧となり、一度吐水した水が給水管内に逆流することをいう。逆サイホン作用は上水の汚染の原因となるため、吐水口空間を設けるなどして防止する必要がある。

③ウォーターハンマ（水撃作用）

　ウォーターハンマとは、水撃作用ともいい、流水中の配管の弁を急閉すると、弁の上流側の圧力が上昇し、圧力が伝わる現象をいう。ウォーターハンマ防止のためには、エアチャンバーなどのウォーターハンマ防止器をウォーターハンマ発生個所に近い位置に設ける必要がある。また、高層階の揚水管の横引部分など水柱分離が起こりやすい部分は、特にウォーターハンマが発生しやすい。

水柱分離とは、揚水ポンプを停止して水の流れを止めたときに、慣性力と重力の作用によって管内が負圧となり、水の一部が蒸発して水流がとぎれる現象をいう。

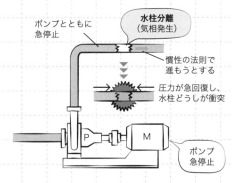

図49-8：水柱分離によるウォーターハンマ

④鋼管の腐食

　給水管に使用される鋼管は、アノード（陽極）部と呼ばれる電流が流出する部分と、カソード（陰極）部と呼ばれる電流が流入する部分の、2つが発生することにより腐食する。鋼管中の水質のアルカリ度の減少、塩化物濃度の上昇

によって、鋼管に対する腐食性が増加する。

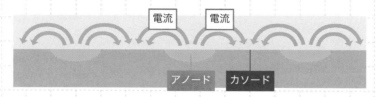

図49-9：鋼の腐食

→ 給水設備機器

給水設備機器には、水槽、ポンプ、弁などが用いられる。

①ポンプ

給水設備用のポンプには、速度エネルギーを圧力エネルギーに変換する渦巻ケーシングを備えた遠心ポンプの一種である渦巻ポンプやディフューザポンプが用いられる。遠心ポンプとは、羽根車を高速回転し、水に遠心力を与えて吐出するポンプである。また、ポンプには、ウォーターハンマ防止のため吐出し側に衝撃吸収式逆止弁を設けられる。

②止水弁

給水設備の止水弁には、玉形弁　仕切弁　バタフライ弁　ボール弁などが用いられる。玉形弁は、仕切弁に比べ流量調整に適している。ボール弁は、管軸と通路が一致したとき全開、90度回転した状態で全閉となる弁である。

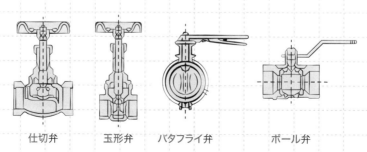

仕切弁　　玉形弁　　バタフライ弁　　ボール弁

図49-10：給水設備に用いられる主な弁

第**5**章

給水及び排水の管理

その他、給水管の接続部分には、フレキシブル継手が用いられる。フレキシブル継手とは、配管の変位吸収のために設ける。変位とは、位置が変わること、すなわち移動することをいう。

図49-11：フレキシブル継手

Step3 暗記 何度も読み返せ！

給水設備

☐ 受水槽の有効容量は、1日最大使用水量の1/2程度で計画する。

☐ 上限水圧は、ホテル・住宅0.3MPa、事務所・商業施設0.5MPaで計画する。

☐ 最低必要水圧は、一般水栓30kPa、大便器洗浄弁・シャワー70kPa、ガス瞬間湯沸器40〜80kPaで計画する。

☐ 1日あたりの設計給水量は、事務所：60〜100L/人、ホテル客室部：350〜400L/床で計画する。

☐ 給水管の適正流速は、0.9〜1.2m/s、上限2.0m/s程度である。

☐ 保守点検のためのスペースを、貯水槽の上部は100cm以上、貯水槽の側面・底部は60cm以上確保する。

No. 50 /72 給水配管と給水設備の管理

この項では、貯水槽の清掃、ポンプの点検、上向き配管・下向き配管の勾配、給水配管の接合方法、給水配管の腐食、赤水、酸素濃淡電池、貯水槽の管理、負圧による逆流防止などについて学習していこう。

Step1 図解 目に焼き付けろ！

貯水槽の清掃

- 清掃は、受水槽→高置水槽の順で行う。
- 清掃後の消毒は、濃度50〜100mg/L次亜塩素酸ナトリウムなどにより、2回以上行う。
- 清掃後の水洗い及び水張りは、消毒作業終了後30分以上経過してから行う。
- 清掃後の残留塩素濃度は、遊離残留塩素0.2mg/L、結合残留塩素1.5mg/L以上であることを確認する。
- 作業従事者の健康診断は、6か月ごとに受ける。
- 高置水槽の電極棒の点検は、手動で揚水ポンプを作動させて行う。

給水用ポンプの点検頻度と項目

- 毎日：圧力、電圧、電流、軸受温度、軸受部の水滴滴下状態
- 1回/1か月：絶縁抵抗測定、各部の温度測定など
- 1回/6か月：ポンプと電動機の芯狂い（回転軸のズレ）など
- 吸込み側の圧力計の指針が振れている場合は、吸込み管への空気の吸込みか、吸込み管に異物が詰まっている可能性がある。
- 吐出し側の圧力計の指針が振れている場合は、ポンプ内または吐出し管に異物が詰まっている可能性がある。

貯水槽の清掃の順序、受水槽→高置水槽の流れは、通常時の水の流れと同じだ。
清掃後の残留塩素濃度の数値は、通常時ではなく、汚染のおそれがある時の値だ。

爆裂に読み込め！

給水配管の接合方法は、名称を覚えよう。

→ 給水配管

給水配管については、横主管（ほぼ水平方向に配管される太い管）、接合方法、腐食に関する事項が出題されている。

◆給水横主管の勾配

給水配管の配管方式には、ポンプ直送方式のように下から上に給水する上向き配管と、高置水槽方式のように上から下に給水する下向き配管方式がある。給水横主管は、横主管の部分に空気が溜まらないように勾配を設け、上向き配管では上り勾配（先上がり配管）、下向き配管では下り勾配（先下がり配管）となるようにする。

上向きが上り勾配、下向きが下り勾配だ。覚えやすいだろう。勾配の上り下りというのは、給水時の水の流れが上っているのか下っているのかということだ。

◆給水配管の接合方法

主な給水配管の接合方法は、次のとおりである。

①合成樹脂ライニング鋼管：管端防食継手によるねじ接合
②ステンレス鋼管：溶接接合
③銅管：差込ろう接合
④硬質ポリ塩化ビニル管：接着接合
⑤ポリエチレン管・ポリブデン管：融着接合

鋼管
硬質ポリ塩化ビニル

**図50-1：合成樹脂ライニ
ング鋼管**

合成樹脂ライニング鋼管とは、鋼管の内面に塩化ビニル管を内装したものをいう。合成樹脂ライニング鋼管は、鋼管が露出する管の端部が腐食するので、それを防止するための継手、管端防食継手が使用される。また、塩化ビニルは接着剤による接着接合が可能だが、ポリエチレン、ポリブテンは接着剤で接着できないので、熱で溶かして接合する融着接合が用いられる。

◆給水配管の腐食

　亜鉛めっき鋼管は、さびが発生して赤水の原因となり、飲料水の配管材料として不適であり、給水配管には、合成樹脂ライニング鋼管やステンレス鋼管などが用いられている。赤水以外の給水の着色現象としては、亜鉛の腐食生成物による白濁現象や、銅管から銅イオンが浸出して脂肪酸と化合して生じる青い水などがある。

　亜鉛めっき鋼管の腐食現象は、酸素濃淡電池の形成によるものである。酸素濃淡電池とは、さびこぶ部（酸素濃度が低い部分）をアノード（陽極）、その他の部分である管壁部（酸素濃度が高い部分）をカソード（陰極）の電池を形成する現象をいう。

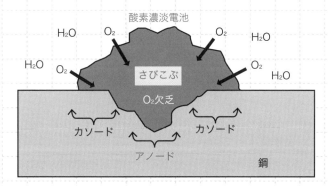

図50-2：酸素濃淡電池

その他、給水配管については、給水管と排水管が水平に平行して埋設される場合には、給水管を上にし、水平間隔500mm以上確保するということも覚えておこう。

● 給水設備の管理

給水設備の管理については、貯水槽の管理や負圧による逆流防止に関する事項が出題されている。

◆貯水槽の管理
貯水槽の管理の主な事項は次のとおりである。

①飲料用貯水槽は、上面、下面、側面の六面すべて外部から点検できるように設置する。
②貯水槽の水抜き管は、貯水槽内のすべての水を排出できるように、貯水槽の最も低い部分から取り出す。
③大容量の貯水槽は、迂回壁などにより水の流れを水槽内で迂回させ、滞留水の発生を防止する。

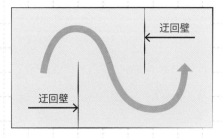

図50-3：迂回壁（平面図）

◆負圧による逆流防止
給水配管に負圧が発生すると、一度吐水して汚れた水を吸込み飲用水が汚染するおそれがあり避けなければならない。負圧は、ポンプ直送方式の上階などで発生しやすいので、維持管理上、注意が必要である。

負圧による逆流防止には、洗面器の吐水口空間や大便器洗浄弁に大気圧式バキュームブレーカを設置するなどの対策が必要である。吐水口空間は、吐水口端とあふれ縁との垂直距離をいうが、洗面器の場合、あふれ縁は洗面器本体の上縁をいい、オーバーフロー口ではないことに注意しなければならない。

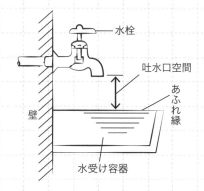

図50-4：洗面器の吐水口空間

その他、赤水対策としての防錆剤の使用は、あくまでも配管更新までの応急措置ということも、よく出題されるので、覚えておこう。

Step3 暗記 → 何度も読み返せ！

☐ 給水横主管は、上向き配管では上り勾配（先上がり配管）、下向き配管では下り勾配（先下がり配管）となるようにする。

☐ 合成樹脂ライニング鋼管：管端防食継手によるねじ接合

☐ 亜鉛の腐食生成物による白濁現象や、銅管から銅イオンが浸出して脂肪酸と化合して生じる青い水などがある。

☐ 酸素濃淡電池とは、さびこぶ部（酸素濃度低い部分）がアノード（陽極）、管壁部（酸素濃度が高い部分）がカソード（陰極）となる。

☐ 大容量の貯水槽は、水の流れを水槽内で迂回させ、滞留水の発生を防止する。

☐ 負圧は、ポンプ直送方式の上階などで発生しやすい。

給湯設備

この項では、設計給湯量、圧力容器の検査、水の性質と金属の腐食、給湯加熱装置（ボイラ、温水発生機、湯沸器）、給湯配管、逃し管、逃し弁、伸縮管継手、循環ポンプ、循環流量の計算、給湯設備の管理などについて学習していこう。

Step1 図解 目に焼き付けろ！

- 設計給湯量
  総合病院150〜250L/（床・日）
  ホテル宿泊部75〜150L/（人・日）
  事務所7.5〜11.5L/（人・日）
- 給湯配管に銅管を用いる場合の流速は、潰食防止対策として1.2m/s以下が望ましい。
- 給湯配管は、空気抜きのため横管に1/200以上の勾配を設ける。
- 貯湯槽の給湯温度は、レジオネラ菌対策のため、常時60℃（最低でも55℃）以上とする。
- 一般細菌やレジオネラ菌が検出された場合の加熱処理は、70℃程度の湯を20時間程度循環させる。
- 圧力容器の検査
  第1種圧力容器：1月以内ごとに定期自主検査、1年以内ごとに性能検査
  第2種圧力容器、小型圧力容器：1年以内ごとに定期自主検査

ビルの給湯設備に限って言えば、圧力容器の第1種と第2種の違いは、「規定の圧力、容量以上のもので、蒸気その他の熱媒を受け入れ、又は蒸気を発生させて固体又は液体を加熱する容器」が第1種、それ以外で第2種に該当するものが第2種だ。詳細は、労働安全衛生法施行令第1条に記述されているから、知りたい者は自分で調べろ。

Step2 解説 爆裂に読み込め！

→ 水の性質と金属の腐食

　水の性質については、水の比体積は4℃以上の水の比体積は温度が高くなると小さくなることと、水中における気体の溶解度（溶けやすさ）は、温度が高いほど、圧力が低いほど小さくなることが出題されているので、このことを覚えておこう。金属の腐食速度については、水中の金属の腐食は、水温が高いほど速くなることを覚えておこう。

> 比体積が小さくなるということは、比体積の逆数である密度は大きくなるということだ。溶解度が小さくなるということは、温度が高いほど、圧力が低いほど、気体は水中に溶けにくくなるということだ。温度の高い生暖かい炭酸飲料の瓶の栓を抜くと、圧力が下がって、気体が溶けていられなくなって泡が吹出すのは、この性質のためだ。

→ 給湯設備

　給湯設備には、中央に大型の給湯加熱装置を設置する中央式と、個別に小型の給湯加熱装置を分散配置する局所式がある。中央式は、ホテルなどの給湯箇所の多い建築物に採用される。一方、局所式は、事務所ビルなどの給湯箇所の少ない建築物に採用される。

→ 給湯加熱装置

　給湯加熱装置には、直接加熱方式と間接加熱方式がある。直接加熱方式は、燃料や電気によって直接水を加熱する方式、間接加熱方式は、蒸気や温水を熱源として、加熱コイルなどで水を加熱する方式である。直接加熱方式の給湯加熱装置にはボイラや温水発生機、湯沸器などが、間接加熱方式の給湯加熱装置

には、貯湯槽や熱交換器などがある。

　本試験でよく出題される給湯加熱装置に関する事項は次のとおりである。

①貫流ボイラ

　貫流ボイラとは配管だけで構成されるボイラで、缶水量が少なく、出湯温度が変化しやすいので、シャワーなどの用途には不適である。

②温水発生機

　温水発生機には、真空式温水発生機と無圧式温水発生機がある。真空式温水発生機は、缶体内が大気圧以下のもので、労働安全衛生法のボイラに該当しない給湯加熱装置である。無圧式温水発生機は、缶体が大気圧に開放されているもので、真空温水発生機同様に、労働安全衛生法のボイラに該当しない給湯加熱装置である。

　労働安全衛生法のボイラとは、法で定める規模、圧力以上のものをいう。したがって、圧力がかかっていない状態で加熱する真空式温水発生機、無圧式温水発生機は、労働安全衛生法のボイラに該当しないのだ。

③湯沸器

　湯沸器は、貯蔵式と貯湯式に大別される。貯蔵式湯沸器は、開放構造の湯沸器で、高温用・飲用に用いられる。貯湯式湯沸器は、密閉構造の湯沸器である。

　その他、給湯加熱装置には熱交換器があるが、熱交換器に関しては「排水から熱回収する場合は間接的に熱交換する。」ということが問われているので覚えておこう。

→ 給湯配管

給湯配管の配管方式は、一過式と循環式に大別される。一過式とは、給湯水の流れが一気通貫している配管方式をいい、循環式は、配管の中のお湯が冷えないように再加熱するための循環経路を有している配管方式をいう。さらに循環式には、循環経路の向きにより、上向き配管方式と下向き配管方式がある。

◆循環式給湯配管の横主管の勾配

循環式給湯配管の横主管の勾配は次のとおりである。
①循環式給湯配管の上向き配管の横主管：上り勾配（先上がり配管）
②循環式給湯配管の下向き配管の横主管：下り勾配（先下がり配管）

上向きが上り勾配、先上がり配管、下向きが下り勾配、先下がり配管なのは、給水配管と同様だ。

◆熱膨張対策

給湯設備は水を加熱するので、水と配管の温度が上昇する。温度が上昇すると水も配管も膨張するので、対策が必要となり、給湯配管には膨張管、逃し弁、伸縮管継手などが用いられている。

①逃し管、逃し弁

給湯設備中の水の膨張分を外部に逃すための配管を逃し管、弁を逃し弁という。逃し管は膨張管ともいう。逃し管（膨張管）は、逃し管の途中に弁を設けずに、逃し管の末端を補給水槽の水面以上に立ち上げる。また、逃し弁とは配管内の圧力が設定圧力を超えると開放し、水の膨張に伴って上昇した配管内の圧力を外部に逃す弁をいう。

逃し管（膨張管）に弁を設けないのは、弁があると、誤って弁を閉じたままにしてしまい、上昇した圧力を逃すことができなくなるおそれがあるからだ。

逃し管の末端を補給水槽の水面以上に立ち上げるのは、水面以下だと逃し管の末端からお湯がざざ漏れになるからだ。

②伸縮管継手

　給湯水の加熱に伴い給湯配管の温度も上昇する。配管の温度が上昇すると長さ方向への膨張が問題となる。長さ方向の温度上昇の度合いを示すものに線膨張係数がある。線膨張係数はステンレス鋼管などの金属管よりも、架橋ポリエチレン管などの樹脂管のほうが大きくなる。

　温度上昇に伴う配管の長さ方向の膨張を吸収するために、給湯配管には伸縮管継手が用いられる。伸縮管継手とは、ある一定の範囲内で伸び縮みすることができる継手をいう。伸縮管継手にはベローズ（蛇腹）形とスリーブ（袖）形があり、継手当たりの伸縮できる量を比較すると、ベローズ（蛇腹）形よりもスリーブ（袖）形のほうが大きい。

金属よりも樹脂のほうが伸びやすい。
ベローズよりもスリーブの方が伸びやすい。

◆循環ポンプ

　循環式給湯配管には、配管内の給湯水を再加熱するために循環ポンプが設けられる。循環ポンプについて、よく出題される事項は次のとおりである。
①循環ポンプは、返湯管に設ける。
②循環ポンプの揚程は、循環回路系で最も大きくなる摩擦損失から決定する。
③循環ポンプは、省エネ上、返湯温度低下時のみ運転するほうがよい。
④騒音・振動防止のためのサイレンサーは、ポンプ流出側の配管に設置する。
⑤流量の調節は、返湯管に設けた玉形弁などで行う。

◆循環流量の計算

本試験において給湯配管の循環流量を算定する問題が出題される。循環流量を算定するためには、次の2つの式を理解していなければならない。

①循環流量

$Q=0.0143 \times H_L \div \Delta t$

Q：循環流量［L/min］、H_L：循環配管からの熱損失［W］、Δt：加熱装置における給湯温度と返湯温度の差［℃］

前式より、循環流量は、加熱装置における給湯温度と返湯温度の差に反比例する。したがって、使用湯量が多すぎると、給湯温度が上昇しない場合がある。

この式を覚える必要はない。題意で与えられる。使えるようにしておこう。

②循環配管からの熱損失［W］

循環配管からの熱損失は次式により算定する。

循環配管からの熱損失［W］
＝循環配管からの単位長さ当たりの熱損失［W/m］×循環配管の長さ［m］

この式は覚えるまでもないだろう。本試験の設問の題意で与えられている条件をよく読めば理解できるはずだ。

→ 給湯設備の管理

給湯設備の管理について、よく出題される主な事項は次のとおりである。

①器具のワッシャ（ゴム輪）等は、細菌繁殖防止のため、天然ゴムよりも合成ゴムのほうがよい。

②貯湯槽の電気防食には、流電陽極式と外部電源式がある。流電陽極式は、犠牲陽極の状態を点検し、取り換えが必要である。一方、外部電源式は、電極の取り換えは不要であるが、防食電流の調整を行う必要がある。

③ステンレス鋼のうち、耐孔食性、耐隙間腐食性は、SUS444のほうがSUS304より優れているが、SUS444は水素脆化するので、電気防食をしてはならない。

④防錆剤の使用は、飲料水系統と同様に配管更新までの応急措置である。

⑤省エネルギーの観点からは、湯水を出しっ放しにされやすい湯水個別水栓よりも、小まめに止水する傾向にある湯水混合水栓の方が望ましい。

⑥空気抜き弁の位置は、湯に溶けていた空気が分離しやすい、圧力の低い、最上部に設ける。

⑦入浴設備の循環水の塩素消毒は、ろ過器の入口側に投入する。

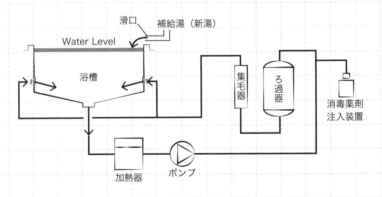

図51-1：循環式浴槽の構造

出典：厚生労働省健康局生活衛生課長「循環式浴槽におけるレジオネラ症防止対策マニュアルについて」)

SUS444はフェライト系ステンレス鋼の一種、SUS304はオーステナイト系ステンレス鋼の一種だ。フェライト系ステンレス鋼のSUS444は、電気防食すると水槽脆化により割れてしまう。オーステナイト系ステンレス鋼のSUS304には電気防食を適用することができるのだ。

Step3 暗記 → 何度も読み返せ！

- ☐ 水の比体積は4℃以上の水の比体積は温度が高くなると小さくなる
- ☐ 水中における気体の溶解度は、温度が高いほど、圧力が低いほど小さくなる。
- ☐ 水中の金属の腐食は、水温が高いほど速くなる。
- ☐ 中央式は、ホテルなどの給湯箇所の多い建築物に採用される。
- ☐ 局所式は、事務所ビルなどの給湯箇所の少ない建築物に採用される。
- ☐ 直接加熱方式は、燃料や電気によって直接水を加熱する方式。
- ☐ 間接加熱方式は、蒸気や温水を熱源として、加熱コイルなどで水を加熱する方式。
- ☐ 貫流ボイラは、缶水量が少なく、出湯温度が変化しやすいので、シャワーなどの用途には不適である。
- ☐ 真空式温水発生機は、缶体内が大気圧以下のもので、労働安全衛生法のボイラに該当しない。
- ☐ 無圧式温水発生機は、缶体が大気圧に開放されているもので、労働安全衛生法のボイラに該当しない。
- ☐ 貯蔵式湯沸器は、開放構造の湯沸器で、高温用・飲用に用いられる。
- ☐ 貯湯式湯沸器は、密閉構造の湯沸器である。
- ☐ 排水から熱回収する場合は間接的に熱交換する。
- ☐ 循環式給湯配管の上向き配管の横主管：上り勾配（先上がり配管）
- ☐ 循環式給湯配管の下向き配管の横主管：下り勾配（先下がり配管）
- ☐ 逃し管の途中に弁を設けずに、逃し管の末端を補給水槽の水面以上に立ち上げる。
- ☐ 線膨張係数はステンレス鋼管などの金属管よりも、架橋ポリエチレン管などの樹脂管のほうが大きくなる。
- ☐ 伸縮管継手の伸縮できる量は、ベローズ（蛇腹）形よりもスリーブ（袖）形のほうが大きい。

雑用水・排水再利用設備

この項では、雑用水の維持管理、雑用水の循環方式（個別循環方式、地区循環方式、広域循環方式）、生物処理法、膜分離活性炭処理法、雨水処理施設、雨水利用率、上水代替率などについて学習していこう。

Step1 図解 目に焼き付けろ！

排水再利用施設のフロー

●生物処理法

集水 → スクリーン → 流量調整槽 → 生物処理槽 → 沈殿槽 → ろ過装置 → 消毒槽 → 排水処理水槽
→ 給水

●膜分離活性炭処理法

集水 → スクリーン → 流量調整槽 → 膜分離装置 → 活性炭処理装置 → 消毒槽 → 排水処理水槽
→ 給水

●雨水処理設備

集水 → スクリーン → 沈砂槽 → 沈殿槽 → 雨水貯留槽 → 消毒装置 → 雨水処理水槽（雑用水槽など） → 給水

生物処理法のフローでは、ろ過→消毒の順だ。前述したように入浴設備の循環水の塩素消毒が、ろ過器の入口側に投入されるのと相違がある。気を付けよう。

雨水処理設備では、沈砂→沈殿と沈沈と並んでいるが、砂→殿の順だ。

**Step2
解説** 爆裂に読み込め！

雑用水循環方式の規模は、個別＜地区＜広域だ。

➡ 雑用水設備

　雑用水とは、散水、噴水などの修景（景色を整備すること）、清掃、水洗便所用水などの飲用以外の用途に用いられる水をいう。雑用水設備に関しては、雑用水の管理と雑用水の循環方式について、次の事項を理解しておこう。

◆雑用水の維持管理

　雑用水のうち、散水、修景、清掃用水の場合には、し尿を含む水を原水として使用してはならない。また、下記の基準で管理する必要がある。

表52-1：雑用水の基準値と検査周期

基準値	検査周期
pH値：5.8以上8.6以下	7日以内ごとに1回
臭気：異常でないこと	7日以内ごとに1回
外観：ほとんど無色透明であること。	7日以内ごとに1回
大腸菌：検出されないこと	2月以内ごとに1回
濁度：2度以下（水洗便所用水は除く）	2月以内ごとに1回

すなわち、雑用水のうち水洗便所用水の場合は、し尿を含む原水としてもよいし、濁度の基準は適用されない。

第**5**章

給水及び排水の管理

◆雑用水の循環方式

　雑用水の循環とは、建築物などで生じた排水を処理して循環させる方式で、上水の使用を軽減することができる。雑用水の循環方式には、個別循環方式、地区循環方式、広域循環方式があり、概要は次のとおりである。

①個別循環方式

　個別循環方式は、ビル等で発生する排水等を同一ビル内で処理し、雑用水用として利用する方式である。

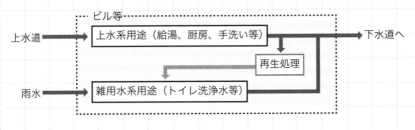

図52-1：個別循環方式

②地区循環方式

　地区循環方式は、複数のビル等が共同で雑用水道を運営し、地区内の雑用水として利用する方式である。

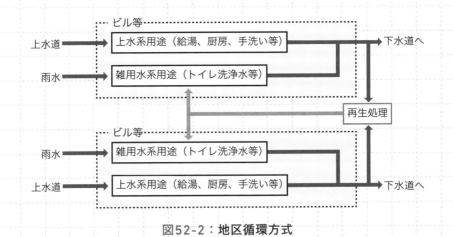

図52-2：地区循環方式

③広域循環方式

広域循環方式は、下水処理場等で処理された水を、地域内の雑用水として利用する方式である。

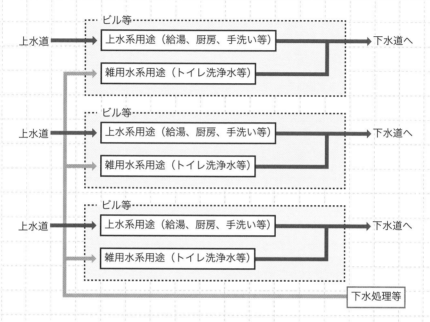

図52-3：広域循環方式

> その他、雑用水の管理に関しては、雑用水受水槽も、上水受水槽と同様に「二重スラブ内ではなく六面点検可能なように設ける。」ということも出題されている。なお、スラブとは床板のこと、二重スラブとは二重床のことをいう。

⊖ 排水再利用施設

排水再利用施設には、水洗便所の排水以外の雑排水を再利用する施設と雨水を再利用する施設がある。排水再利用施設の概要は次のとおりである。

◆雑排水再利用施設

雑排水再利用施設には、生物処理法、膜分離活性炭法などが用いられている。雑排水再利用施設の概要は次のとおりである。

①生物処理法

生物処理法は、微生物により排水を処理する方法で、スクリーン、流量調整槽、生物処理槽、沈殿槽、ろ過装置、消毒槽、排水処理水槽などの単位装置で構成される。

 単位装置とは、施設を構成する基本となる装置をいう。ヒトに例えると、肺とか心臓とか胃とかの器官だな。

②膜分離活性炭処理法

膜分離活性炭処理法とは、分離膜によるろ過作用と活性炭による吸着作用により排水を処理する方法で、スクリーン、流量調整槽、膜分離装置、活性炭処理装置、消毒槽、排水処理水槽などの単位装置で構成される。

膜分離活性炭処理法は、SS（浮遊懸濁物質）の低い排水処理に適している。分離膜には、主に限外ろ過膜（UF膜）が用いられ、色度・臭気の除去のために活性炭処理法が用いられている。

 分離膜のろ過作用により濁度成分が、活性炭の吸着作用により色度成分と臭気が処理される。

◆雨水処理施設

雨水処理施設は、スクリーン、沈砂槽、沈殿槽、雨水貯留槽、消毒装置、雨水処理水槽（雑用水槽など）などの単位装置で構成される。雨水処理施設については、次の指標がよく出題されるので、覚えておこう。

①雨水利用率

雨水利用率とは、雨水集水量に対する雨水利用量の割合で、次式で表される。

$$雨水利用率＝\frac{雨水利用量}{雨水集水量}×100 \ [\%]$$

②上水代替率

上水代替率とは、使用水量に対する雨水利用量の割合で、次式で表される。

$$上水代替率＝\frac{雨水利用量}{使用水量}×100 \ [\%]$$

雑用水設備から発生した汚泥も、雨水処理設備から発生した汚泥も、し尿を含んでいないので、産業廃棄物となる。産業廃棄物とは、事業活動に伴って排出される廃棄物をいう。廃棄物については後半で学習するが、ここでも押さえておこう。

Step3 暗記 何度も読み返せ！

□ 雑用水の管理基準

基準値	検査周期
pH値：5.8以上8.6以下	7日以内ごとに1回
臭気：異常でないこと	7日以内ごとに1回
外観：ほとんど無色透明であること	7日以内ごとに1回
大腸菌：検出されないこと	2月以内ごとに1回
濁度：2度以下（水洗便所用水は除く）	2月以内ごとに1回

□ $雨水利用率＝\dfrac{雨水利用量}{雨水集水量}×100 \ [\%]$

□ $上水代替率＝\dfrac{雨水利用量}{使用水量}×100 \ [\%]$

排水設備

この項では、排水横管の最小勾配、排水立て管のオフセット、掃除口、排水トラップ、トラップの封水強度、脚断面積比、二重トラップ、排水ます、泥だめ、インバートなどについて学習していこう。

Step1 図解 目に焼き付けろ！

排水横管の最小勾配

管径（mm）	勾配
65以下	最小1/50
75、100	最小1/100
125	最小1/150
150以上	最小1/200

排水立て管のオフセット

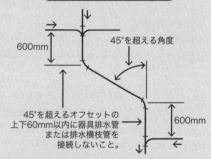

600mm

45°を超える角度

45°を超えるオフセットの上下60mm以内に器具排水管または排水横枝管を接続しないこと。

600mm

排水立て管のオフセット部（移行部）の上下600mm以内には、排水横枝管を接続しない。

排水トラップ

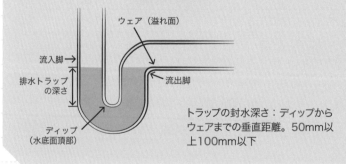

ウェア（溢れ面）

流入脚→

排水トラップの深さ

←流出脚

ディップ（水底面頂部）

トラップの封水深さ：ディップからウェアまでの垂直距離。50mm以上100mm以下

爆裂に読み込め！

 排水管の流れは、川の流れのようだ。

➡ 排水設備

◆排水管

　排水管とは、建築物内で生じた不要になった水を建築物の外に排出するための配管である。排水管は、洗面器や水洗便所などの衛生器具に接続された器具排水管、器具排水管からの排水を集めて横方向に導く排水横枝管、排水横枝管からの排水を下方に導く排水立て管、排水立て管からの排水を敷地排水管（敷地に埋設された排水管）に導く排水横主管で構成されている。

 排水管の排水の流れは、器具排水管→排水横枝管→排水立て管→排水横主管だ。排水管は、支流を集めて海まで流れる川の流れに似ている。人生も川の流れのように。

　排水管に関するよく出題される事項は、次のとおりである。
①排水横管の管内最小流速は、0.6〜1.5m/sとなるように計画する。
②排水立て管の管径は、上部と下部は同径とし、上部にいくほど縮小してはならない。

 川の場合は、下流にいくに従い川幅が広くなるが、排水立て管の場合は、上部も下部も同じ太さで計画する必要がある。上にいくほど細くなるような配管をタケノコ配管というが、排水立て管はタケノコ配管としてはならないのだ。理由は、排水に伴って必要となる空気の流通が悪くなって、排水の流れが阻害されるからだ。

③排水用硬質塩化ビニルライニング鋼管

　排水管には、排水用硬質塩化ビニルライニング鋼管などが使用されている。排水用硬質塩化ビニルライニング鋼管は、水圧のかからない排水管に使用されるため鋼管の肉厚を薄くしてある。したがって、鋼管外面にねじ切りができないので、**メカニカル式**の排水鋼管用可とう継手を用いて、ボルトナットで接続される。

◆**掃除口**

　掃除口とは、排水管の内部を掃除するために排水管に設けられる開口部をいう。通常時はふたが閉まっているが、清掃時にはふたを開けて、開口部から清掃機具を挿入して、排水管内に付着した汚れや異物を除去する。

　掃除口に関する主な事項は、次のとおりである。

①掃除口の設置間隔

　掃除口は、排水管の長さ30m以内ごとに設ける。排水管の管径が100mm以下の場合は、排水管の長さ15m以内ごとに掃除口を設ける。

②掃除口の大きさ

　掃除口の大きさは、排水管の管径が100mm以下の場合、管径以上の口径とする。排水管の管径が100mmを超えるものは、100mm以上の口径とする。

掃除口は、そもそも円形を想定している。掃除口の大きさは口径100mmもあれば十分だ。ただ、管径50mmの配管に口径100mmの掃除口はつけられないから、管径100mm以下の配管の掃除口は管径以下でいい、という関係になっているのだ。

◆**排水トラップ**

　排水トラップとは、排水管を通じて排水口から臭気や害虫が室内などに侵入するのを防止するために、水を溜める機能のある部分をいう。また、臭気や害虫を封じ込めるための水を封水という。

①サイホントラップと非サイホントラップ

　トラップ以上はサイホン作用が生じやすいサイホントラップと、サイホン作用が生じにくい非サイホントラップに大別される。サイホン式トラップには、Ｐトラップ、Ｓトラップなどの管トラップがあり、非サイホン式トラップには、わんトラップ、ドラムトラップなどがある。

> 排水管のサイホン作用とは、排水管内を満流状態（水が充満された状態）で流れたときに、ゴボゴボ音を立てて、封水が動揺したり吸引されたりする現象だ。

②トラップの封水強度（封水保持能力）

　封水強度とは、排水管内の気圧変動などの要因で、封水が消失せずに保持できる度合い、すなわち封水保持能力をいう。封水強度は、サイホントラップよりも非サイホントラップのほうが大きく、管トラップではＰトラップのほうがＳトラップよりも大きい。

> サイホントラップはゴボゴボしやすく、特にＳトラップはゴボゴボしやすい。ゴボゴボしやすいと封水が消失しやすく、封水強度が小さい。

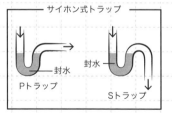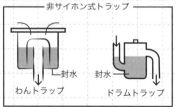

図53-1：排水トラップの種類（一例）

③脚断面積比

　脚断面積比とは、排水トラップの流入脚の断面積に対する流出脚の断面積の

比率をいい、次式で表される。

- 脚断面積比 ＝ $\dfrac{流出脚断面積}{流入脚断面積}$

　排水トラップの脚断面積比が大きくなると、流入脚に対する流出脚の断面積の比が大きくなって流出側が満流状態になりにくいので、排水トラップの封水強度は大きくなる。

④禁止事項

　排水トラップにおける禁止事項には、次の事項がある。

　二重トラップとは、排水の流れに対して、直列に2つ以上トラップを接続することをいい、**二重トラップはしてはならない**

　また、蛇腹管をループ状にして水をためたものは、**ループが解除されるとトラップ機能が喪失するので、排水トラップとして認められない。**

 二重トラップとは、ダブルトラップともいう。二重トラップは、排水の流れが阻害されるので、してはならないのだ。

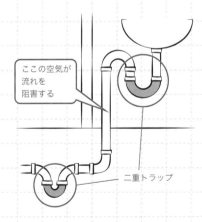

ここの空気が
流れを
阻害する

二重トラップ

図53-2：二重トラップ

◆排水ます

　排水ますとは、敷地排水管を点検、清掃するために、合流部分などに設けられる設備をいう。排水ますには、雨水排水管に設けられる雨水ますと、汚水排水管に設けられる汚水ますがある。排水ますは、敷地排水管の管内径の120倍を超えない範囲に設置する必要がある。

　排水ますに関する事項は次のとおりである。

●雨水排水ますには、20mm程度の流入管と流出管の管底差と、150mm以上の泥だめを設ける。

●汚水排水ますには、排水溝（インバート）を設ける

　雨水ますには泥だめを設け、雨水に含まれる土砂が下流に流れないようにする。
　汚水ますにはインバートを設け、汚水に含まれる汚物がますに滞留しないようにする。
　インバートとは、ますの底部に設けられる半円状の溝のことだ。

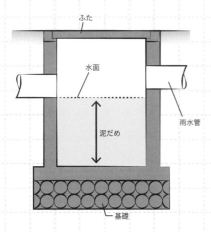

図53-3：雨水ます

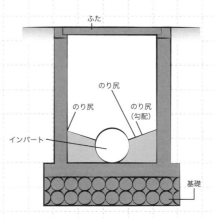

図53-4：汚水ます

その他、逆流防止弁も出題されている。逆流防止弁とは、敷地排水管から建物内排水管へ排水の逆流を防止する弁だ。

図53-5：逆流防止弁

Step3 暗記 何度も読み返せ！

- [ ] 排水横管の管内最小流速は、0.6〜1.5m/sとなるように計画する。
- [ ] 排水立て管の管径は、上部と下部は同径とし、上部にいくほど縮小してはならない。
- [ ] 掃除口は、排水管の長さ30m以内ごとに設ける。排水管の管径が100mm以下の場合は、排水管の長さ15m以内ごとに掃除口を設ける。
- [ ] 掃除口の大きさは、排水管の管径が100mm以下の場合、管径以上の口径とする。排水管の管径が100mmを超えるものは、100mm以上の口径とする。
- [ ] 封水強度は、サイホントラップよりも非サイホントラップのほうが大きく、管トラップではPトラップのほうがSトラップよりも大きい。
- [ ] 脚断面積比＝$\dfrac{流出脚断面積}{流入脚断面積}$
- [ ] 排水ますは、敷地排水管の管内径の120倍を超えない範囲に設置する必要がある。
- [ ] 雨水排水ますには、20mm程度の流入管と流出管の管底差と、150mm以上の泥だめを設ける。
- [ ] 汚水排水ますには、排水溝（インバート）を設ける
- [ ] 逆流防止弁とは、敷地排水管から建物内排水管へ排水の逆流を防止する弁。

排水通気設備と管理

この項では、各個通気管、ループ通気管、伸頂通気管、通気弁などの排水通気設備と、排水管の清掃、排水槽の清掃、排水ポンプの点検、グリース阻集器の清掃などの排水通気設備の管理について学習していこう。

Step1 図解 目に焼き付けろ！

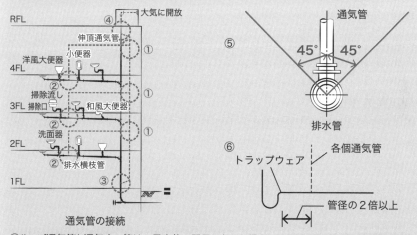

通気管の接続

①ループ通気管と通気立て管は、最高位の器具のあふれ縁よりも150mm以上高い位置で接続する。
②ループ通気管と排水横管は、最上流の器具排水管と排水横管の接続部のすぐ下流で接続する。
③通気立て管の下部と排水立て管は、最低位の排水横枝管より低い位置で接続する。
④通気立て管と伸頂通気管は、最高位の器具のあふれ縁より150mm以上高い位置で接続する。

爆裂に読み込め!

→ 通気設備

通気設備とは、排水管内の気圧の変動を抑制して排水の流れを円滑にし、排水管内の換気をする目的で設けられる設備をいう。通気設備は、通気管、通気弁などで構成され、排水設備と併せて排水通気設備ともいう。

◆通気管

通気管には、器具排水管に接続される各個通気管、排水横枝管に接続されるループ通気管、排水立て管に接続される通気立て管、排水立て管の頂部に接続される伸頂通気管、排水立て管と通気立て管を接続する結合通気管がある。

◆通気方式

通気方式には、各個通気管による各個通気方式、ループ通気管によるループ通気方式、伸頂通気管による伸頂通気方式がある。

◆伸頂通気方式

伸頂通気方式は、伸頂通気管のみで構成される通気立て管のない方式で、単管式排水システムともいう。伸頂通気方式は、排水横主管以降が満流になる場合には採用しないようにする。また、伸頂通気方式では、排水横枝管と排水立て管の合流部分と排水立て管と排水横主管の接続部分に特殊な形状の継手を使用する特殊継手排水システムが、排水横枝管の接続数の少ない集合住宅等に用いられている。

特殊継手とは、排水に旋回流を
与えるなどして、各個通気管、
ループ通気管、通気立て管がな
くても、排水が円滑に流れるよ
うに工夫された継手のことをい
う。旋回流を与えると排水しや
すくなるのは、ペットボトルの
水を捨てるときに、手でペット
ボトルを回転させて、中の水に
旋回流を与えると早く排水でき
るのと、同じ理屈だ。

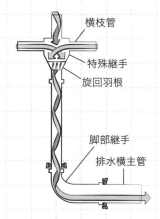

図54-1：特殊継手排水シ
ステムの例

第5章 給水及び排水の管理

◆通気弁

通気弁とは、伸頂通気管の末端に設けられる弁をいう。通気弁は、伸頂通気
管の末端からの臭気の排出が問題になるようなところに設けられ、空気の吸入
だけを行い空気の排出はしない機能をもつ弁である。したがって、排水通気系
統の正圧防止にはならない。

通気弁は、ゴムシールなど
により、空気を吸い込むこ
とはできるが、吐き出すこ
とはできなくしている弁
だ。

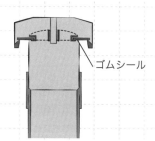

ゴムシール

図54-2：通気弁

◆通気管に関する事項

通気管に関する主な事項は次のとおりである。

①結合通気管

結合通気管とは、排水立て管と通気立て管を接続する通気管をいう。排水立

て管内の圧力を緩和するために、ブランチ間隔（横枝管の間隔の数）10以内ごとに設ける。

②伸頂通気管

伸頂通気管は、排水立て管の頂部における管径を縮小せずに伸長し、大気に開放する必要がある。

「通気管の大気開口部の通気率（開口面積/管内断面積）は、100%程度確保する。」ことも出題されているので、覚えておこう。

➜ 排水通気設備の管理

排水通気設備の管理に関する事項は次のとおりである。

◆汚水槽・ちゅう房排水槽の水位制御
①汚水槽・ちゅう房排水槽の水位制御は、電極棒に固形物が付着して誤作動のおそれがあるので、電極棒ではなく、フロートスイッチを用いる。
②長時間の滞留による腐敗を防止するため、ポンプの運転停止位置は低くする。
③滞留による腐敗を防止するため、タイマーにより2時間程度でポンプにて排水する。

◆排水管の清掃
排水管の清掃方法には、高圧洗浄法、ウォーターラム法、スネークワイヤー法、ロッド法などがあり、概要は次のとおりである。
①高圧洗浄法：5〜30MPaの圧力の水を噴射して洗浄する方法。
②ウォーターラム法：圧縮空気により閉塞物を除去する方法。固着したグリースは除去できない。
③スネークワイヤー法：ワイヤーを排水管に挿入して清掃する方法。長さ25mまでの排水横管などの清掃に用いる。
④ロッド法：手動でロッドを排水管内に挿入して清掃する方法。最大30m程度までの長さの排水横管などの清掃に用いる。

その他、「床下式の掃除口には、腐食しやすい鋼製プラグを用いない。」などという事項も出題されているので、覚えておこう。

◆排水槽の清掃

排水槽とは、建築物の地下で生じた排水をいったん貯留し、ポンプでくみ上げて排水するために設けられる水槽をいう。排水槽は清掃が必要で、排水槽の清掃に関する事項は次のとおりである。

①6か月以内ごとに1回清掃する。
②作業前に酸素濃度18％以上、硫化水素濃度10ppm以下を確認する。
③作業用照明はメタンガス等に引火しないよう防爆型とする。

排水槽の清掃回数は、自治体の指導要綱などで、より短い頻度での清掃が規定されているところもある。なお、防爆構造とは、爆発を防止する構造をいうぞ。

◆排水ポンプの点検

排水ポンプとは、排水槽にたまった排水をくみ上げて排出するためのポンプをいう。排水ポンプは点検が必要で、排水ポンプの点検に関する事項は次のとおりである。

①絶縁抵抗測定：1か月に1回程度。1MΩ以上あるか確認する。
②メカニカルシール部のオイル交換：6か月〜1年に1回程度。
③メカニカルシールの交換：1〜2年に1回程度。
④オーバーホール（分解整備）：3〜5年。

この数字にはいろいろ異論があると思うが、本試験での過去の出題や法定講習のテキストに記載されている数字だ。試験対策と割り切って覚えてしまおう。

◆グリース阻集器の清掃

　阻集器とは、排水管内に付着、堆積するような有害な物質を、阻止して集めて、下流に流さないようにするための機器をいう。阻集器のうち、ちゅう房の排水に含まれるグリース（油脂）を阻集する機器をグリース阻集器という。

　グリース阻集器は清掃が必要で、グリース阻集器の清掃に関する事項は次のとおりである。

①ちゅう芥の除去：毎日行う。
②グリースの除去：7〜10日に1回程度行う。
③付着・沈殿したグリースの清掃：1か月に1回程度行う。
④トラップの清掃：2か月に1回程度行う。

　ちゅう芥とは、ちゅう房から出るごみ、いわゆる生ごみだ。
　ちゅう芥の除去とグリースの除去、グリースの清掃とトラップの清掃で、頻度が異なるので、気をつけよう。

Step3 暗記　何度も読み返せ！

□ 結合通気管は、ブランチ間隔（横枝管の間隔の数）10以内ごとに設ける。

□ スネークワイヤー法：ワイヤーを排水管に挿入して清掃する方法。長さ25mまでの排水横管などの清掃に用いる。

□ ロッド法：手動でロッドを排水管内に挿入して清掃する方法。最大30m程度までの長さの排水横管などの清掃に用いる。

排水槽の清掃

□ 作業前に酸素濃度18％以上、硫化水素濃度10ppm以下を確認する。

□ 絶縁抵抗測定：1か月に1回程度。1MΩ以上あるか確認する。

衛生器具

衛生器具とは、大便器、小便器、洗面器などの器具をいう。この項では、大便器の給水方式（タンク式、洗浄弁式）、大便器の洗浄水量、小便器、水受け容器のあふれ縁、衛生器具設備の定期点検などについて学習していこう。

Step1 図解 目に焼き付けろ！

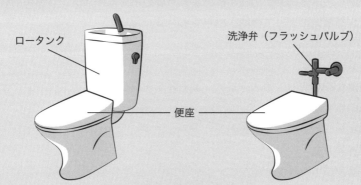

ロータンク

洗浄弁（フラッシュバルブ）

便座

左　タンク方式　右　洗浄弁方式
タンク式と洗浄弁式

2019年、JIS A 5207「衛生器具-便器・洗面器類」が改正された。
変更点は、以下のとおりだ。
① 洗落とし式、サイホン式という洗浄方式区分が廃止された。
② 「節水Ⅰ形」、「節水Ⅱ形」から、「Ⅰ形」「Ⅱ形」に変更された。

→ 大便器

大便器については、給水方式、洗浄水量について、JIS「日本産業規格」に次のように規定されている。

◆給水方式

大便器の給水方式には、タンク式、洗浄弁式、専用洗浄弁式があり、次のようにJIS「日本産業規格」に規定されている。

①タンク式

大便器の給水方式で，汚物を排出するための水をためたタンクを使用し，タンクの水を重力によって便器へ給水する方式。

②洗浄弁式

大便器及び小便器の給水方式で，洗浄弁を使用し，水道の給水圧力によって便器へ給水する方式。

③専用洗浄弁式

大便器及び小便器の給水方式で，専用の給水装置を使用し，水道の給水圧力，加圧装置などによって便器へ給水する方式。ただし，大便器の専用洗浄弁式は，内部に負圧破壊装置を具備する。

なお、負圧破壊装置とは、水使用機器において，吐水した水又は使用した水が逆サイホン作用によって上水給水系統に逆流する現象を防止するため，給水管内に負圧が発生したときに，自動的に空気を吸引して負圧を解消する構造をもつ器具をいう。

負圧破壊装置とは、具体的にはバキュームブレーカのことだ。
バキュームブレーカは、洗浄弁の下流側に設けられ、汚水の給水管への逆流を防止する器具のことだ。

流水方向

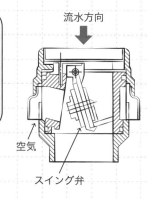

空気

スイング弁

図55-1：バキュームブレーカー

◆大便器の1回当たりの洗浄水量

大便器の1回当たりの洗浄水量は、次のように区分されている。

①Ⅰ型（8.5L以下）
②Ⅱ型（6.5L以下）

その他、大便器に関しては、温水便座には上水以外を使用してはならないということも出題されているので、覚えておこう。

➡ 小便器

小便器については、次の事項が出題されている。

①手動式小便器洗浄弁

手動操作を期待できないので、公衆用には適さない。公衆用の小便器の洗浄弁には、自動式小便器洗浄弁が適している。

②小便器のトラップ

公衆用には清掃しやすい着脱式が適している。

➡ 水受け容器のあふれ縁

　水受け容器とは、使用した水を排水系統に導く器具をいう。また、あふれ縁とは、水があふれ出る部分の最下端をいう。水受け容器のあふれ縁は、次のとおりである。

①衛生器具：オーバーフロー口ではなく上縁
②開放式水槽：オーバーフロー口

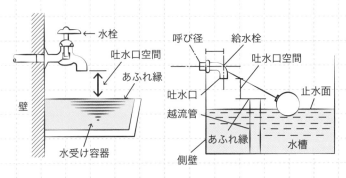

左　水受け容器のあふれ縁　右　開放式水槽のあふれ縁

図55-2：あふれ縁

水受け容器の一種である洗面器に空いている穴がオーバーフロー口（くち）だ。洗面器のあふれ縁は、小穴ではなく洗面器の上部の縁だ。小穴が詰まったりすると、上縁まで水が上がってくる可能性があるからだ。そして、あふれ縁と吐水口との距離が吐水口空間だ。

➡ 衛生器具設備の定期点検

　主な衛生器具の定期点検は次のとおりである。

①大便器・小便器　　　：取付状態（半年に1回）・排水状態（半年に1回）
②洗面器　　　　　　　：取付状態（2か月に1回）・排水状態（半年に1回）
③洗浄タンク・洗浄弁：詰まり、汚れ（半年に1回）・水量調節等（半年に1回）

「サイホン作用を用いた大便器の溜水面が小さい場合の原因：タンク内の補助水管がオーバーフロー管に差し込まれていない。」というマニアックな問題も出題されている。こんな問題にまでは対応し難いが、大便器の洗浄タンクについて、一応、図をみておこう。

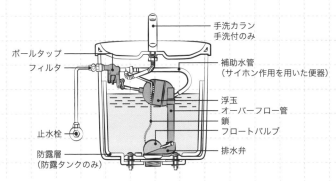

図55-3：大便器の洗浄タンク

Step3 暗記 → 何度も読み返せ！

☐ タンク式とは、大便器の給水方式で，汚物を排出するための水をためたタンクを使用し，タンクの水を重力によって便器へ給水する方式。

☐ 洗浄弁式とは、大便器及び小便器の給水方式で，洗浄弁を使用し，水道の給水圧力によって便器へ給水する方式。

☐ 専用洗浄弁式とは、大便器及び小便器の給水方式で，専用の給水装置を使用し，水道の給水圧力，加圧装置などによって便器へ給水する方式。ただし，大便器の専用洗浄弁式は，内部に負圧破壊装置を

具備する。

☐ 負圧破壊装置とは、水使用機器において，吐水した水又は使用した水が逆サイホン作用によって上水給水系統に逆流する現象を防止するため，給水管内に負圧が発生したときに，自動的に空気を吸引するような構造をもつ器具をいう。

☐ 大便器の1回当たりの洗浄水量：Ⅰ型（8.5L以下）、Ⅱ型（6.5L以下）

☐ 手動式小便器洗浄弁は、手動操作を期待できないので、公衆用には適さない。

☐ 公衆用の小便器の洗浄弁には、自動式小便器洗浄弁が適している。

☐ 小便器のトラップは、公衆用には清掃しやすい着脱式が適している。

☐ 水受け容器のあふれ縁は、衛生器具はオーバーフロー口ではなく上縁、開放式水槽はオーバーフロー口。

☐ サイホン作用を用いた大便器の溜水面が小さい場合の原因：タンク内の補助水管がオーバーフロー管に差し込まれていない。

衛生器具の定期点検

☐ 大便器・小便器：取付状態（半年に1回）・排水状態（半年に1回）
☐ 洗面器　　　　：取付状態（2か月に1回）・排水状態（半年に1回）
☐ 洗浄タンク・洗浄弁：詰まり、汚れ（半年に1回）・水量調節等（半年に1回）

排水槽・排水処理設備

この項では、阻集器（グリース阻集器、オイル阻集器、プラスタ阻集器、毛髪阻集器、砂阻集器）、排水槽、排水ポンプ、雨水排水設備、ルーフドレン、ちゅう房排水除外施設（浮上分離法、生物処理法）などについて学習していこう。

Step1 図解　目に焼き付けろ！

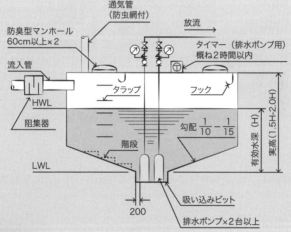

排水槽の構造

マンホールの大きさは貯水槽と同じだ。
人が入るという用途が同じだからだ。

爆裂に読み込め！

➡ 阻集器

　阻集器とは、下流に流すと排水管に付着、堆積するなど排水機能に有害な影響を与えるものを、下流に流さないように、阻止して集める器具をいう。主な阻集器は次のとおりである。

①グリース阻集器

　ちゅう房排水中のグリースを阻集する。油は水より軽いので浮上する。

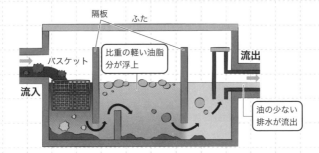

隔板　　ふた

バスケット

比重の軽い油脂分が浮上

流出

流入

油の少ない排水が流出

図56-1：グリース阻集器

②オイル阻集器

　駐車場、洗車場などの排水中のエンジンオイルやガソリンを阻集する。

③プラスタ阻集器

　歯科技工室、ギプス室などの排水中の石こう（プラスタ）を阻集する。

④毛髪阻集器

　浴場、プールなどの排水中の毛髪を阻集する。

⑤砂阻集器

　工場などの排水の砂を阻集する。

阻集器とトラップは別の機能をもつものである。したがって、トラップの組み込まれていない阻集器には、出口側にトラップを設ける必要がある。排水は、まず阻集してから流す必要があるので、阻集器⇒トラップという流れだ。

➡ 排水槽

排水槽とは、下水道より低い位置の建築物内で生じた排水を、いったん溜めておくための水槽をいう。ある一定の水位まで溜まったら、排水ポンプでくみ上げて下水道に放流する。

排水槽に関する事項は次のとおりである。

①排水槽の底部の勾配は、1/15以上1/10以下とする。

②排水槽のマンホールは直径600mm以上の円が内接できるものとする。

③排水ポンプは、吸込みピットの壁などから200mm以上離す。

④湧水槽のポンプ起動の高水位は、二重スラブ底面の床面以下とする。

⑤汚物ポンプは、厨房排水、汚水など固形物を含む排水を排除するポンプである。

⑥排水槽をばっ気する場合は、排水槽内が正圧になるので排気する。

湧水とは湧き水のことだ。地下階の壁や床から染み出してしまう水のことだ。
いわゆる汚水槽と呼ばれるトイレの便器の系統の排水が流れる水槽の排水ポンプには、固形物を含む排水を排除する汚物ポンプが用いられる。

➡ 雨水排水設備

屋上やバルコニーなどに降雨した雨水を集水し、排除する設備を雨水排水設備という。雨水は、そのまま下水道に放流するか、再利用設備に送られる。雨水排水設備に関する事項は次のとおりである。

第5章 給水及び排水の管理

①雨水排水系統は、排水系統と合流させずに、単独系統として屋外に排出する。

②雨水立て管と排水立て管は、兼用してはならない。

③ルーフドレンのストレーナ開口面積は、接続される雨水排水管の管径の2倍以上とする。

図56-2：ルーフドレン

　ルーフドレンとは、屋上屋根などの雨水排水口に設けられる器具をいう。葉っぱなどのごみが排水口から侵入しないように、スクリーンと呼ばれるごみ除けがついている。

➜ ちゅう房排水除外施設

　ちゅう房排水除外施設には、ちゅう房排水中に含まれる油分や有機物を、浮上させて分離する浮上分離法と、微生物により分解させる生物処理法がある。生物処理法は、発生汚泥量、ランニングコストが浮上分離法よりも少ないという特徴を有している。

浮上分離法に関しては、油分の浮上速度についてがよく出題される。覚えておこう。

●油分の浮上速度は、排水の粘性に反比例し、排水の粘性が大きくなると遅くなる。

●油分の浮上速度は、油粒子の直径が大きくなると速くなる。

Step3 暗記 何度も読み返せ！

☐ 排水槽（はいすいそう）の底部（ていぶ）の勾配（こうばい）は、1/15以上（いじょう）1/10以下（いか）とする。

☐ 排水槽（はいすいそう）のマンホールは直径（ちょっけい）600mm以上（いじょう）の円（えん）が内接（ないせつ）できるものとする。

☐ 排水（はいすい）ポンプは、吸込（すいこ）みピットの壁（かべ）などから200mm以上離（いじょうはな）す。

No. 57 /72　浄化槽

この項では、浄化槽のフロー、浄化槽の処理方式（生物膜法と活性汚泥法）、浄化槽法上の定義、浄化槽の点検、浄化槽の計算（BOD除去率など）、浄化槽・汚泥の指標などについて学習していこう。

Step1 図解　目に焼き付けろ！

● 接触ばっ気法のフロー（501人以上）

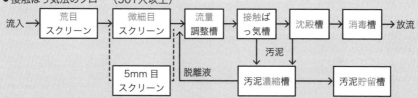

流入 → 荒目スクリーン → 微細目スクリーン → 流量調整槽 → 接触ばっ気槽 → 沈殿槽 → 消毒槽 → 放流

5mm目スクリーン

脱離液

汚泥

汚泥濃縮槽 → 汚泥貯留槽

● 長時間ばっ気方式のフロー

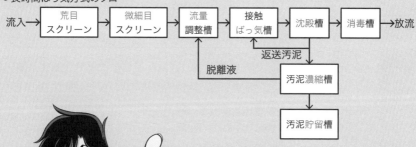

流入 → 荒目スクリーン → 微細目スクリーン → 流量調整槽 → 接触ばっ気槽 → 沈殿槽 → 消毒槽 → 放流

返送汚泥

脱離液

汚泥濃縮槽

汚泥貯留槽

浄化槽の放流前のフローは、ばっ気槽⇒沈殿槽⇒消毒槽だ。
「ばっちいので消毒」で覚えよう。ばっ気とは、汚水中に空気を送ることをいう。

爆裂に読み込め！

> 浄化槽法には、認定、登録、許可制度がある。

→ 浄化槽

　浄化槽とは、便所の汚水とその他の衛生器具からの雑排水を浄化し、公共下水道以外に放流するための設備をいう。

◆浄化槽の処理方式

　浄化槽の処理方式は、生物膜法と活性汚泥法に大別される。生物膜法とは、浄化槽内の板などの部材（担体という）に微生物を付着させ、これに汚水を接触させて微生物の浄化作用により処理を行う方式をいう。活性汚泥法とは、浄化槽中の汚泥内の微生物により、汚水の浄化処理を行う方式をいう。

　生物膜法、活性汚泥法は、さらにそれぞれ下記のような方式に分類される。

①生物膜法：担体流動法、回転板接触法、接触ばっ気法、散水ろ床法
②活性汚泥法：長時間ばっ気法、標準活性汚泥法

> 活性汚泥とは、好気性微生物（酸素が豊富な状況で活動する微生物）を含んだ汚泥をいう。活性汚泥法では、好気性微生物の作用により汚水を浄化するので、酸素の供給が不可欠なので、ばっ気が必要なのだ。

◆浮遊性有機物質の除去と消毒

　浄化槽は、微生物の有機物を分解する作用により汚水を浄化するものであるが、併せて、浮遊性有機物質の除去と消毒の処理も行われている。

①浮遊性有機物質の除去

浮遊性有機物質の除去には、急速砂ろ過法、凝集沈殿法（リン化合物など）などが用いられている。

②消毒

消毒は消毒剤である塩素剤の投入により行われる。塩素剤には、無機系塩素剤と有機系塩素剤があるが、消毒剤の溶解速度は無機系塩素剤のほうが有機系塩素剤よりも速いという特徴がある。

➡ 浄化槽法

浄化槽法において、浄化槽などについて、次のように定義されている。

◆浄化槽

浄化槽は「便所と連結してし尿及びこれと併せて雑排水を処理し、終末処理下水道以外に放流するための設備又は施設であって、同法に規定する公共下水道及び流域下水道並びに廃棄物の処理及び清掃に関する法律の規定により定められた計画に従って市町村が設置したし尿処理施設以外のものをいう。」と定義されている。

> 浄化槽は、「し尿と雑排水を処理し、」と定義されている。ここだけでも覚えよう。

◆浄化槽製造業者

浄化槽製造業者は、「認定を受けて当該認定に係る型式の浄化槽を製造する事業を営む者をいう。」と定義されている。

◆浄化槽工事業者

浄化槽工事業者は、「登録を受けて浄化槽工事業を営む者をいう。」と定義されている。

◆浄化槽清掃業者

浄化槽清掃業者は、「許可を受けて浄化槽清掃業を営む者をいう。」と定義されている。

すなわち、浄化槽製造業は認定制度、浄化槽工事業は登録制度、浄化槽清掃業は許可制度だ。紛らわしいのう。

◆浄化槽管理士

浄化槽管理士は、「浄化槽管理士の名称を用いて浄化槽の保守点検の業務に従事する者として浄化槽管理士免状の交付を受けている者をいう。」と定義されている。

◆浄化槽設備士

浄化槽設備士は、「浄化槽工事を実地に監督する者として浄化槽設備士免状の交付を受けている者をいう。」と定義されている。

すなわち、浄化槽管理士は浄化槽の保守点検、浄化槽設備士は浄化槽の工事監督が業務内容だ。紛らわしいのう。

➡ 浄化槽の管理

浄化槽の管理については、放流水のBOD濃度、排水の水質指標、浄化槽の点検に関する事項が、本試験で出題されている。

◆放流水のBOD濃度

浄化槽の放流水のBOD濃度の基準値は、浄化槽法施行規則において、20mg/L以下と規定されている。なお、BODとは、生物化学的酸素要求量のことで、20℃5日間、微生物によって消費される酸素量で表される排水の水質指標の一つである。

その他の排水の水質指標として、下記についても覚えておこう。
- COD：化学的酸素要求量。酸化剤によって消費される酸素量
- SS：排水中に浮遊する懸濁物質。2mmのふるいを通過し1μmのろ過材上に残留する物質
- 全窒素：有機性窒素、アンモニア性窒素、亜硝酸性窒素、硝酸性窒素の総和

◆浄化槽の点検

浄化槽の点検では、点検周期と点検内容が本試験で出題されている。主な事項は次のとおりである。

①最初の保守点検・設置後の水質検査

浄化槽法により、最初の保守点検を使用開始直前に行い、指定検査機関の水質検査を使用開始後3か月経過した日から5か月間に行うと規定されている。

②保守点検・清掃

浄化槽の保守点検・清掃について、浄化槽法に次のように規定されている。

「浄化槽管理者は、環境省令で定めるところにより、毎年1回（環境省令で定める場合にあっては、環境省令で定める回数）、浄化槽の保守点検及び浄化槽の清掃をしなければならない。」

浄化槽の保守点検・清掃は、原則、毎年1回と規定されている。活性汚泥法の点検回数は、環境省令で定める回数である1週間に1回と規定されている。このことが本試験で出題されているぞ。

③主な浄化槽の点検内容

主な浄化槽の点検内容は次のとおりである。
- ばっ気槽：MLSS（活性汚泥浮遊物質）濃度、溶存酸素濃度など
- 嫌気ろ床槽：スカム（浮上物質）・堆積汚泥の生成状況など
- 接触ばっ気槽：生物膜の付着状況など

● 沈殿槽：スカム・堆積汚泥の生成状況など

 浄化槽の点検内容は、浄化槽法に保守点検の技術上の基準として、ばっ気槽、沈殿槽などの単位装置ごとに細かく示されているが、とてもじゃないが、覚えられない。上に示した主な内容と「沈殿槽で撹拌するわけがない。」「MLSS濃度は活性汚泥法における指標である。」などのポイントだけ押さえておこう。

➡ 浄化槽の計算

　浄化槽に関する計算では、BOD除去率、汚泥の濃縮に関する問題が、本試験において出題されている。本試験の計算問題を解くために覚えておくべき事項は下記のとおりである。

◆BOD除去率

　BOD除去率は次式で表される。

　BOD除去率

$$= \frac{流入水のBOD濃度［mg/L］-放流水のBOD濃度［mg/L］}{流入水のBOD濃度［mg/L］} \times 100 ［\%］$$

◆汚泥の濃縮

　汚泥は固形物と水分に分けられる。汚泥の濃縮とは、汚泥中の水分を減少させて、固形物の割合を増加させることをいう。濃縮前後の汚泥の水分と容積の関係は、次式で表される。

$$V_b = \frac{100-a}{100-b} \times V_a$$

V_a：汚泥の濃縮・脱水前の容積［m³］、V_b：汚泥の濃縮・脱水後の容積［m³］
a：汚泥の濃縮・脱水前の水分［%］、b：汚泥の濃縮・脱水前の水分［%］

◆浄化槽・汚泥の指標

　浄化槽及び汚泥を表す指標として、BOD容積負荷と汚泥容量指標があり、次

のとおりである。

①BOD容積負荷

BOD容積負荷とは、処理装置1m³あたりの1日あたりに流入するBOD量で、単位はkg/(m³・日) で表される。

②汚泥容量指標（SVI）

汚泥容量指標（SVI）とは、沈殿汚泥1gが占める容積 [mL] で表される。汚泥容量指標（SVI）が大きいと沈降・沈殿しにくくなる。

その他、浄化槽の計算に関しては、「複合用途ビルの浄化槽の処理対象人員の計算は、各用途の処理対象人員を合算する。」という、当たり前と思われることも問われていたので、覚えておこう。

Step3 暗記 **何度も読み返せ！**

- [ ] BOD除去率＝
$$\frac{流入水のBOD濃度[mg/L]－放流水のBOD濃度[mg/L]}{流入水のBOD濃度[mg/L]}\times100[\%]$$

- [ ] $V_b=\dfrac{100-a}{100-b}\times V_a$

  V_a：汚泥の濃縮・脱水前の容積 [m³]、V_b：汚泥の濃縮・脱水後の容積 [m³]

  a：汚泥の濃縮・脱水前の水分 [%]、b：汚泥の濃縮・脱水前の水分 [%]

- [ ] BOD容積負荷とは、処理装置1m³あたりの1日あたりに流入するBOD量で、単位はkg/(m³・日) で表す。
- [ ] 汚泥容量指標（SVI）とは、沈殿汚泥1gが占める容積 [mL] で表す。

No. 58 /72 下水道と水質汚濁法の特定施設

この項では、下水道法上の用語の定義（公共下水道、流域下水道、都市下水路、終末処理場）、下水道の方式（合流式、分流式）、水質汚濁防止法の特定施設（旅館、飲食店、病院）などについて学習していこう。

Step1 図解 目に焼き付けろ！

合流式 汚水と雨水を同じ管で集める

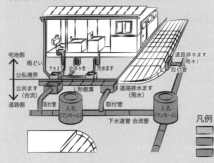

分流式 汚水と雨水を別の管で集める

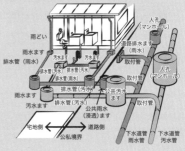

凡例
□ 汚水
■ 雨水
■ 下水

合流式は大雨が降ると処理されない下水が放流されてしまうんだ。

Step2 解説 爆裂に読み込め！

→ 下水道法上の用語の定義

下水道に関する用語は、下水道法に次のように定義されている。

◆下水

生活若しくは事業（耕作の事業を除く。）に起因し、若しくは付随する汚水又は雨水をいう。

◆下水道

下水を排除するために設けられる排水管、排水渠その他の排水施設（かんがい排水施設を除く。）、これに接続して下水を処理するために設けられる処理施設（屎尿浄化槽を除く。）又はこれらの施設を補完するために設けられるポンプ施設、貯留施設その他の施設の総体をいう。

◆公共下水道

次のいずれかに該当する下水道をいう。

①主として市街地における下水を排除し、又は処理するために地方公共団体が管理する下水道で、終末処理場を有するもの又は流域下水道に接続するものであり、かつ、汚水を排除すべき排水施設の相当部分が暗渠である構造のもの。

②主として市街地における雨水のみを排除するために地方公共団体が管理する下水道で、河川その他の公共の水域若しくは海域に当該雨水を放流するもの又は流域下水道に接続するもの。

◆流域下水道

次のいずれかに該当する下水道をいう。

わかるまでトコトン読み込むんだ！ **307**

①専ら地方公共団体が管理する下水道により排除される下水を受けて、これを排除し、及び処理するために地方公共団体が管理する下水道で、2以上の市町村の区域における下水を排除するものであり、かつ、終末処理場を有するもの。

②公共下水道（終末処理場を有するもの又は前号①に該当するものに限る。）により排除される雨水のみを受けて、これを河川その他の公共の水域又は海域に放流するために地方公共団体が管理する下水道で、2以上の市町村の区域における雨水を排除するものであり、かつ、当該雨水の流量を調節するための施設を有するもの。

◆都市下水路
　主として市街地における下水を排除するために地方公共団体が管理している下水道（公共下水道及び流域下水道を除く。）で、その規模が政令で定める規模以上のものであり、かつ、当該地方公共団体が指定したものをいう。

◆終末処理場
　下水を最終的に処理して河川その他の公共の水域又は海域に放流するために下水道の施設として設けられる処理施設及びこれを補完する施設をいう。

要するに次のことを押さえておこう。
- 下水道には、汚水と雨水が合流する方式（合流式）と汚水と雨水が分流する方式（分流式）がある。
- 流域下水道とは、2以上の市町村にまたがる下水道で、事業主体は都道府県である。
- 便所系統からの排水系統は汚水系統であり、暗渠構造である。

➡ 水質汚濁防止法の特定施設

◆特定施設の定義
　特定施設は、水質汚濁防止法に次のように定義されている。

　この法律において「特定施設」とは、次の各号のいずれかの要件を備える汚水又は廃液を排出する施設で、政令で定めるものをいう。

①カドミウムその他の人の健康に係る被害を生ずるおそれがある物質として政令で定める有害物質を含むこと。

②化学的酸素要求量その他の水の汚染状態（熱によるものを含み、①に規定する物質によるものを除く。）を示す項目として政令で定める項目に関し、生活環境に係る被害を生ずるおそれがある程度のものであること。

◆特定施設等の設置の届出

　特定施設の設置の届出について、水質汚濁防止法に次のように規定されている。

- 工場又は事業場から公共用水域に水を排出する者は、特定施設を設置しようとするときは、環境省令で定めるところにより、都道府県知事に届け出なければならない。

◆主な特定施設

　主な特定施設として、水質汚濁防止法に次の施設が規定されている。

①旅館業の用に供する施設であって、次に掲げるもの。
- ちゅう房施設
- 洗濯施設
- 入浴施設

②飲食店に設置されるちゅう房施設（総床面積が420m^{2}未満の事業場に係るものを除く）。

③病院で病床数が300以上であるものに設置される施設であって、次に掲げるもの。
- ちゅう房施設
- 洗浄施設
- 入浴施設

旅館は、ちゅう房、洗濯、入浴。病院は、ちゅう房、洗浄、入浴。旅館は洗濯、病院は洗浄だ。

☐ 下水とは、生活若しくは事業（耕作の事業を除く。）に起因し、若しくは付随する汚水又は雨水をいう。

☐ 下水道には、汚水と雨水が合流する方式（合流式）と汚水と雨水が分流する方式（分流式）がある。

☐ 流域下水道とは、2以上の市町村にまたがる下水道で、事業主体は都道府県である。

☐ 便所系統からの排水系統は汚水系統であり、暗渠構造である。

☐ 特定施設を設置しようとするときは、環境省令で定めるところにより、都道府県知事に届け出なければならない。

主な特定施設

☐ 旅館業の用に供する施設であって、次に掲げるもの。
　　ちゅう房施設　　洗濯施設　　入浴施設

☐ 飲食店に設置されるちゅう房施設（総床面積が420m²未満の事業場に係るものを除く）。

☐ 病院で病床数が300以上であるものに設置される施設であって、次に掲げるもの。
　　ちゅう房施設　　洗浄施設　　入浴施設

消火設備

この項では、消防設備点検、屋内消火栓設備、スプリンクラ設備、泡消火設備、不活性ガス消火設備、粉末消火設備などについて、特にスプリンクラ設備の開放型と閉鎖型、湿式、乾式、予作動式などについて、学習していこう。

Step1 図解 → 目に焼き付けろ！

■スプリンクラ設備の種類

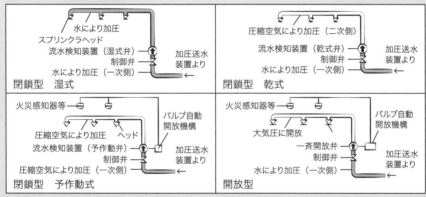

閉鎖型 湿式
水により加圧
スプリンクラヘッド
流水検知装置（湿式弁）
制御弁
水により加圧（一次側）
加圧送水装置より

閉鎖型 乾式
圧縮空気により加圧（二次側）
流水検知装置（乾式弁）
制御弁
水により加圧（一次側）
加圧送水装置より

閉鎖型 予作動式
火災感知器等
圧縮空気により加圧　ヘッド
流水検知装置（予作動弁）
制御弁
圧縮空気により加圧（一次側）
バルブ自動開放機構
加圧送水装置より

開放型
火災感知器等
大気圧に開放
一斉開放弁
制御弁
水により加圧（一次側）
バルブ自動開放機構
加圧送水装置より

開放型は劇場の舞台に用いられる。劇場の舞台は火の回りが速いので、一斉に散水できる開放型を使用する必要があるのだ。「開かれた舞台」と覚えよう。

爆裂に読み込め！

→ 消防設備点検

消防設備点検とは、消防法に定められている法定点検で、次のように規定されている。

- 機器点検：作動点検・機能点検・外観点検について6か月に1回、実施する。
- 総合点検：1年に1回、実施する。

機器点検とは、外観と簡易な操作による点検、総合点検とは、設備を使用して総合的な機能を確認する点検だ。

→ 消火設備

消火設備とは、火災時の火を消す設備で、主な消火設備の概要は次のとおりである。

◆屋内消火栓設備

屋内消火栓設備は、入館者が消火栓からホース、ノズルを介して火源に散水することで消火する設備で、公設消防隊が到着するまでの初期消火を目的に設置される。

公設消防隊とは、消防署の消防隊のことだ。連結送水管は、公設消防隊のポンプ車に連結して公設消防隊が使用するもので消防隊専用栓ともいう。

◆スプリンクラ設備

スプリンクラ設備とは、散水ヘッドや感知器が火災による熱などを感知することにより、散水ヘッドから火源に散水して火を消す設備をいう。スプリンクラ設備は次のように分類される。

①散水ヘッド

散水ヘッドは、閉鎖型と開放型に分類される。

閉鎖型は、常時、散水ヘッドが閉鎖しており、火災時の熱により散水ヘッドの感熱部が分解して、開放、散水するものをいう。

開放型は、常時、散水ヘッドが開放しており、手動または感知器との連動により、配管に設けられた一斉開放弁が開放されることにより散水するものをいう。開放型は、火災時の延焼速度の速い舞台部に設置が義務づけられている。

②閉鎖型スプリンクラ設備

閉鎖型スプリンクラ設備には、湿式、乾式、予作動式がある。湿式とは、散水ヘッドに常時、水が充填している方式をいう。乾式とは、ヘッドに常時、圧縮空気が充填している方式をいう。乾式は、寒冷地において、スプリンクラ配管中の水が凍結するのを防止する目的で採用される。予作動式は、感知器と散水ヘッドの両方が作動すると散水を開始する方式をいう。予作動式は、非火災時に工事などで散水ヘッドに衝撃が加えられて破壊されただけでは散水しないようにしたもので、散水による損害（水損という）を防止する目的で採用される。

その他、スプリンクラ設備には放水型がある。放水型は、放水銃と呼ばれる散水装置を用いて、遠くの火源に向かって水を放射するもので、大空間の区域に採用される。

◆**泡消火設備**

泡消火設備とは、水と発泡剤を混和した消火剤を泡消火ヘッドより放出し、火災時の火炎を泡で包むことにより、泡による窒息作用と水による冷却作用により消火する設備をいう。泡消火設備は、散水では消火しにくい油火災用として、駐車場などに設置される。

◆**不活性ガス消火設備**

不活性ガス消火設備は、窒素やアルゴンなどの不活性ガス（他の物質と反応しにくい気体）を、貯蔵容器（ボンベ）、配管、放射ノズルを介して火災の発生

している区域に放出し、区域の酸素濃度を希釈する希釈作用により消火する設備をいう。水を用いた消火に適さない用途の電気室やボイラ室などに設置される。

◆粉末消火設備

粉末消火設備とは、粉末状の消火剤を火災による火炎に放出し、粉末消火剤の負触媒作用により消火する設備をいう。粉末消火設備は、マグネシウムやナトリウム（Na）など、酸素と反応しやすい金属の火災などの消火に用いられる。

負触媒とは、化学反応の反応を阻害する作用のある物質をいう。ここでいう負触媒作用とは、燃焼時の酸化反応を阻害する作用をいう。

燃えろ! 演習問題

正しいものには○、間違っているものには×を付けて本章で学んだことを復習だ！ 分からない問題は、テキストに戻って確認するんだ！ 分からないままで終わらせるなよ！！

問題

01 比エンタルピーとは、物質が単位質量当たりに保有している熱量で、単位はkJ/sで表される。

02 レイノルズ数がある数値より大きくなると乱流になりやくなり、ある数値より小さくなると層流になりやすくなる。

03 ニュートン域では、エアロゾル粒子の抵抗はレイノルズ数に反比例し、ストークス域では、エアロゾル粒子はレイノルズ数によらず一定となる。

04 炉筒煙管ボイラは、保有水量が多く、負荷変動に対して安定性があるという特徴を有している。

05 現寸図は、建築基準法上に基づく設計図書に該当する。

06 片持ち支持梁に荷重が加わった場合に片持ち支持梁に作用する力は、固定端である支持端が最小となる。

07 油圧式は、広範囲な速度制御が可能で、中・高層用に多用されている。ロープ式は、昇降高さと速度に制限があるため低層用に用いられている。

08 避難経路は、2方向避難とし、できるだけ避難導線は日常導線と一致させる。

09 基礎は、建築基準法上の主要構造部である。

10 鉄筋は、コンクリートより引張強度が大きい。コンクリートは、鉄筋より圧縮強度が大きい。

11 簡易専用水道とは、水道事業の用に供する水道及び専用水道以外の水道で、水道事業の用に供する水道から供給を受ける水のみを水源とし、水槽の有効容量の合計が10m³以下のもの。

12 貯湯槽の給湯温度は、レジオネラ菌対策のため、常時60℃（最低でも55℃）以上とする。

13 掃除口は、排水管の長さ30m以内ごとに設ける。排水管の管径が100mm以下の場合は、排水管の長さ25m以内ごとに掃除口を設ける。

14 浄化槽管理士は、浄化槽の保守点検の業務に従事する者をいう。浄化槽設備士は、浄化槽工事を実地に監督する者をいう。

🔥 **01**　✕　→テーマNo.20

比エンタルピーとは、物質が単位質量当たりに保有している熱量で、単位はkJ/kgで表される。

🔥 **02**　◯　→テーマNo.22

🔥 **03**　✕　→テーマNo.25

ストークス域では、エアロゾル粒子の抵抗はレイノルズ数に反比例し、ニュートン域では、エアロゾル粒子はレイノルズ数によらず一定となる。

🔥 **04**　◯　→テーマNo.28

🔥 **05**　✕　→テーマNo.40

現寸図は、建築基準法上に基づく設計図書から除かれている。

🔥 **06**　✕　→テーマNo.41

片持ち支持梁に荷重が加わった場合に片持ち支持梁に作用する力は、固定端である支持端が最大となる。

🔥 **07**　✕　→テーマNo.43

ロープ式は、広範囲な速度制御が可能で、中・高層用に多用されている。油圧式は、昇降高さと速度に制限があるため低層用に用いられている。

🔥 **08**　◯　→テーマNo.44

🔥 **09**　✕　→テーマNo.45

基礎は、建築基準法上の構造耐力上主要な部分である。

🔥 **10**　◯　→テーマNo.46

🔥 **11**　✕　→テーマNo.48

簡易専用水道とは、水道事業の用に供する水道及び専用水道以外の水道で、水道事業の用に供する水道から供給を受ける水のみを水源とし、水槽の有効容量の合計が10m³を超えるもの。

🔥 **12**　◯　→テーマNo.51

🔥 **13**　✕　→テーマNo.53

掃除口は、排水管の長さ30m以内ごとに設ける。排水管の管径が100mm以下の場合は、排水管の長さ15m以内ごとに掃除口を設ける。

🔥 **14**　◯　→テーマNo.57

第3科目

建築物の衛生

竜睛画点

残りの2章も気を抜かずにやり遂げるんだ。
72のテーマをやり遂げたとき、きっと合格への道が拓けるはずだ!

第6章

清掃

アクセスキー　**D**

（大文字のディー）

重要度：🔥🔥🔥

管理基準と作業計画

この項では、日常清掃で実施すべき清掃作業、定期清掃で実施すべき清掃作業、建築物環境衛生管理基準、建築物環境衛生維持管理要領、清掃等に係る技術上の基準、作業計画書、安全衛生などについて、学習していこう。

Step1 図解 ▶ 目に焼き付けろ！

■日常清掃で実施すべき清掃作業
フロアマットの除じん
エレベータかご内の除じん
エスカレータのランディングプレートの除じん
管理用区域
湯沸室の流し台の洗浄

■定期清掃で実施すべき清掃作業
フロアマットの洗浄
換気口の除じん
外周区域の洗浄
エスカレータパネル類の洗剤拭き
壁面スイッチ廻りの洗剤拭き
照明器具の清掃
廊下壁面のスポット清掃

除じんは日常清掃、洗浄は定期清掃が基本だが、換気口などの高所にあるものは定期清掃で計画する。

Step2 解説 爆裂に読み込め！

→ 管理基準

　管理基準については、建築物環境衛生管理基準、建築物環境衛生維持管理要領、空気調和設備等の維持管理及び清掃等に係る技術上の基準がある。

◆建築物環境衛生管理基準

　建築物環境衛生管理基準とは、空気環境の調整、給水及び排水の管理、清掃、ねずみ、昆虫等の防除その他環境衛生上良好な状態を維持するのに必要な措置について定めたもので、高い水準の快適な環境の実現を目的とした基準である。建築物環境衛生管理基準のうち本試験で頻出する項目は次のとおりである。
①掃除を日常に行う。
②大掃除を6月以内ごとに1回、定期的に、統一的に行う。

◆建築物環境衛生維持管理要領

　建築物環境衛生維持管理要領とは、建築物の維持管理に関する知見の集積等を踏まえ、建築物維持管理権原者等に対する指針である。建築物環境衛生維持管理要領のうち本試験で頻出する項目は次のとおりである。
①資材保管庫の点検：6月以内ごとに1回
②廃棄物処理設備の点検：6月以内ごとに1回
③資機材倉庫：大規模な建築物の場合は、必要に応じ分散させる。濡れるので、床、壁面は疎水性の建材または防水加工する。

　大掃除も資材保管庫の点検も廃棄物処理設備の点検も、実施する周期は6月以内ごとに1回だ。

◆空気調和設備等の維持管理及び清掃等に係る技術上の基準

　空気調和設備等の維持管理及び清掃等に係る技術上の基準とは、建築物衛生的法律施行規則に基づいた維持管理及び清掃等に係る技術上の基準である。そのうち清掃に関する事項は次のとおりである。

第6章

清掃

①床面の清掃について、日常における除じん作業のほか、床維持剤の塗布の状況を点検し、必要に応じ、再塗布等を行うこと。

②カーペット類の清掃について、日常における除じん作業のほか、汚れの状況を点検し、必要に応じ、シャンプークリーニング、しみ抜き等を行うこと。洗剤を使用した時は、洗剤分がカーペット類に残留しないようにすること。

③日常的に清掃を行わない箇所の清掃について、6月以内ごとに1回、定期に汚れの状況を点検し、必要に応じ、除じん、洗浄等を行うこと。

④建築物内で発生する廃棄物の分別、収集、運搬及び貯留について、衛生的かつ効率的な方法により速やかに処理すること。

日常的に清掃を行わない箇所の清掃も、6月以内ごとに1回、点検し、必要に応じ除じん、洗浄等を行う。そして、外装の清掃は本基準に含まれていないことも要チェックだ。

→ 作業計画

作業計画については、作業計画書と安全衛生に関する事項が出題される。本試験で頻出する事項は、次のとおりである。

◆作業計画書

作業計画書に関する事項は次のとおりである。

①清掃作業基準表とは、清掃内容の詳細を示した図表をいう。

②作業手順書には、作業名、作業項目、作業手順、使用資機材と数量、注意事項、品質状態などを記述する。

③作業標準時間とは、標準的な清掃従事者（よく慣れた人の適正な努力）の作業時間をいう。

④作業計画は、記憶、経験を基にした個人的管理手法ではなく、データを基にした合理的管理手法をもとに作成する。

⑤作業計画書は、作業実態分析を行い、状況に応じて作業方法を変える。

⑥清掃作業は、作業頻度により日常清掃、定期清掃、臨時清掃に分けて計画する。

⑦日常清掃で除去する汚れと、定期清掃で除去する汚れは、区別して作業計画を作成する。

◆**安全衛生**

安全衛生に関する事項は次のとおりである。

①清掃作業時における人身事故の類型は、転倒・転落が大多数を占めている。

②高所作業でローリングタワー（移動足場）を使用する場合は、保護帽（ヘルメット）を着用する。

③脚立は、踏面は適切な面積を有しているものを使用する。

図60-1：ローリングタワー

（移動式足場）

 ローリングタワーとは、脚輪がついており、移動させて使用することのできる足場をいう。

第**6**章

清掃

Step3 暗記 何度も読み返せ！

- ☐ 大掃除を6月以内ごとに1回、定期的に、統一的に行う。
- ☐ 資材保管庫の点検：6月以内ごとに1回
- ☐ 廃棄物処理設備の点検：6月以内ごとに1回
- ☐ 日常的に清掃を行わない箇所の清掃について、6月以内ごとに1回、定期に汚れの状況を点検し、必要に応じ、除じん、洗浄等を行うこと。
- ☐ 作業標準時間とは、標準的な清掃従事者（よく慣れた人の適正な努力）の作業時間をいう。

No. 61 /72 評価・予防・汚れの除去

この項では、建築物清掃管理の品質、ビルクリーニング5原則、品質評価、組織品質と作業品質、予防清掃、ほこりの侵入防止、ダストコントロール法、ダストクロス法、バキュームクリーニングなどについて、学習していこう。

Step1 図解 目に焼き付けろ！

■建築物清掃管理の品質

```
          建築物清掃管理の品質
        ┌──────────┴──────────┐
      作業品質                組織品質
    各場所ごとの          ┌──────┴──────┐
  衛生・美観・安全・保全  現場管理品質      事業所管理品質
                        現場組織管理体制    事業所組織管理体制
```

■ビルクリーニング5原則
①建材の知識
②汚れの知識
③洗剤の知識
④作業方法の知識
⑤保護膜の知識

保護膜とは、汚れが付きにくく、かつ、清掃しやすくする目的で、建材の表面に適用される薄い膜状の物質をいう。

Step2 解説 爆裂に読み込め!

➡ 品質評価

　清掃作業の品質には、組織品質と作業品質があり、組織品質には、事業所管理品質と現場管理品質がある。また、作業品質の評価は、次のように実施する必要がある。

● 品質の評価は、利用者の立場に立って行う。
● きれいさの評価は、基本的に目視で行う。
● 評価範囲は、汚染度の高い箇所に重点を置く。
● 評価のフィードバックは、管理者→清掃責任者→清掃従事者の順で行う。

> 評価のフィードバックは、管理者から清掃従事者に直接するのではなく、清掃責任者を介して行うようにするということが、本試験でよく出題されているぞ。

➡ 予防清掃

　予防清掃とは、汚れたら清掃するという事後清掃に対して、汚れが付着する前にあらかじめ行う清掃をいう。また、汚れが付着したり、侵入したりしないようにすることも含めて予防清掃という。

◆建材と汚れの性質

　建材は、水となじみにくい疎水性と水となじみやすい親水性の建材に大別される。一方、汚れは、油溶性物質と水溶性物質に大別される。疎水性の建材には、油溶性物質が付着しやすく、親水性の建材には、水溶性物質が付着しやすい。また、建材の改良は、土ほこりなどの自然な汚れ、手あかなどの人為的な汚れの両方の汚れの防止に効果がある。

　また、次の事項もよく問われるので、覚えておこう。

第 **6** 章

清掃

- 平滑緻密な面は、汚れが付着しにくい。
- 建材に洗剤分が残留していると汚れが付着しやすい。
- シール材・床維持剤の塗布は、汚れの予防効果あり
  なお、平滑緻密面とは、平らでつるつるな面のことをいう。

◆ほこりの侵入防止

　気密性の高い現代建築のほこりの侵入経路は、出入口が重要視される。したがって、出入口にエアカーテンを設けることは、ほこりの侵入防止に有効である。

> エアカーテンとは、開口部にカーテン状に気流を発生させることにより、開口部からの外気やほこりなどの侵入を防止するための装置をいう。

→ ほこりや汚れの除去

　ほこりや汚れの除去に関する事項は、次のとおりである。

◆汚れの知識

　本試験において、よく出題される汚れに関する事項は次のとおりである。
① ほこりは、放置すると経時変化し、除去しにくくなるので、できるだけ速やかに除去する。
② 噛んで捨てられて床などに付着したチューインガムなど体積のあるかさ高固形物は、ヘラ等の物理的な力により除去する必要がある。
③ プラスチック製品上のほこりは、静電気力により吸着している。
④ 油溶性物質は、洗剤などを用いて化学的に除去する必要がある。
⑤ 現代の建築物内の汚れは、土ほこりなどの自然的な汚れよりも、手あかなどの人為的な汚れのほうが、付着量が多く、付着力が強い傾向にある。

◆作業方法の知識

　本試験において、よく出題される主な作業方法は次のとおりである。

①ダストコントロール法

　ダストコントロール法とは、粘度の低い不乾性の鉱油を含浸させた布を使用してほこりを除去する清掃方法である。ダストコントロール法では、ほこり以外は除去できないので、ダストコントロール法で使用される油剤処理されたダストモップは、油汚れの除去に適していない。

②ダストクロス法

　ダストクロス法は、化学繊維の不織布の静電気を利用し、繊維のすき間でほこりや土砂を除去、回収する清掃方法をいう。ダストクロス法は、油剤処理していないので、ダストコントロール法より油分の弊害が少ないという特徴を有している。

③バキュームクリーニング

　バキュームクリーニングとは、真空掃除機によりほこりを吸引して除去する清掃方法で、カーペットの織り目内のほこり等を除去できるという特徴を有している。

　その他、次の事項もよく問われるので、覚えておこう。

● はたき掛けは、ほこりが飛散するため閉鎖空間に適していない。
● おがくずは、ほこりを付着する効果が大きい。
　おがくずとは、木材を切断したときに生じる細かい木くずをいう。

第 **6** 章

清掃

Step3 暗記 → 何度も読み返せ！

☐ 建材の改良は、土ほこりなどの自然な汚れ、手垢などの人為的な汚れの両方の汚れの防止に効果がある。
☐ シール材・床維持剤の塗布：汚れの予防効果あり
☐ かさ高固形物は、ヘラ等の物理的な力により除去する必要がある。
☐ ダストコントロール法とは、粘度の低い不乾性の鉱油を含浸させた布を使用してほこりを除去する清掃方法である。
☐ ダストクロス法は、化学繊維の不織布の静電気を利用し、繊維のすき間でほこりや土砂を除去、回収する清掃方法をいう。

最後まで丁寧に読み込むんだ！

重要度：🔥🔥🔥

建材、洗剤など

この項では、硬性材料（石材やコンクリート）、弾性材料（合成樹脂）、繊維材料などの建材や洗剤、床維持剤（フロアオイル、フロアシーラ、フロアポリッシュ）、剥離剤などについて、学習していこう。

Step1 図解　目に焼き付けろ！

床維持剤の分類図

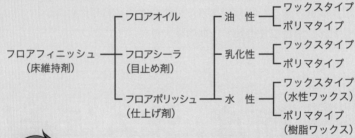

```
                          ┌ フロアオイル      ┌ 油  性 ┬ ワックスタイプ
                          │                   │        └ ポリマタイプ
フロアフィニッシュ ─────┼ フロアシーラ      ┼ 乳化性 ┬ ワックスタイプ
（床維持剤）              │ （目止め剤）      │        └ ポリマタイプ
                          │                   │        ┌ ワックスタイプ
                          └ フロアポリッシュ  └ 水  性 ┤ （水性ワックス）
                            （仕上げ剤）               └ ポリマタイプ
                                                        （樹脂ワックス）
```

床維持剤とは、床材の保護と美観を維持するために床面に適用されるものをいう。フロアオイル、フロアシーラ、フロアポリッシュに大別される。とりあえず、「おい、シラを切るなとポリスマン」と覚えよう。

Step2 解説 爆裂に読み込め！

→ 建材

　建材には様々なものが用いられているが、清掃の対象になるものは、表面の仕上げ材である。清掃対象となる仕上げ材は、硬性材料、弾性材料、繊維材料などに分類され、本試験でよく出題される内容は次のとおりである。

◆硬性材料

　硬性材料とは、金属、石材、コンクリートなど硬い性質を有しているものをいう。主な硬性材料と特徴は次のとおりである。

①アルミニウム：耐アルカリ性に乏しい。

②大理石、テラゾ（人造大理石）：耐酸性に乏しい。

③花崗岩：耐酸性、耐アルカリ性に富むが、耐熱性に乏しい。

④セラミックタイル：耐酸性、耐アルカリ性に富む。

⑤コンクリート：耐酸性に乏しい。

> テラゾとは、大理石の破片をセメントで固めたもので人造大理石ともいう。コンクリートはアルカリ性であり、酸性と相性が悪い。あと、大理石の床材にゲロすると胃酸の酸で侵されて表面がザラザラになるので、ゲロは可及的速やかに除去せねばならない。

◆弾性材料

　弾性材料とは、ゴムやビニルなどの合成樹脂など弾力性を有しているものをいう。主な弾性材料と特徴は次のとおりである。

①リノリウム：耐アルカリ性に乏しい。

②ゴムタイル：耐摩耗性に富むが、耐溶剤性、耐アルカリ性に乏しい。

③塩化ビニルタイル：可塑剤を含む。耐薬品性、耐洗剤性、耐水性に富む。

④塩化ビニルシート、塩化ビニルタイルピュア系：床維持材の密着性に難がある。

第 **6** 章

清掃

リノリウムとは、亜麻仁油に石灰岩、松ヤニ、コルク粉などを練り合わせ、麻布に塗り付けて乾燥させて製造された木質系材料だ。塩化ビニルは給水管に使用されるくらいだから、耐水性に富んで当然だ。

◆繊維材料

　繊維材料とは、繊維で構成される材料で、カーペットなどに用いられている。繊維材料はウールなどの天然繊維とポリエステルなどの合成繊維に大別される。

①ウール：含水率が高く、染色されやすい。

②ポリプロピレン：復元性に乏しい。

③ポリエステル：含水率が低く、親水性の汚れが取りやすい。

④アクリル：含水率が低く、染色されにくい。親水性の汚れが取りやすい。

⑤ナイロン：耐久性に富む。

　ウールとは羊毛、すなわち、ひつじの毛を原料にした天然繊維だ。広義には、ヤギなどの動物の毛、獣毛を含めてウールともいう。

➡ 洗剤、床維持剤、剥離剤

　建材には、建材の保護と美観の維持のために、洗剤、床維持剤、剥離剤が適用される。洗剤とは、建材の汚れを除去するもの、床維持剤とは、床材の保護と美観の維持のために表面に適用されるもの、剥離剤は床維持剤を床材から除去するためのものである。

◆洗剤、床維持剤、剥離剤を用いた弾性床材の清掃作業の基本フロー

　洗剤、床維持剤、剥離剤を用いた弾性床材の清掃作業の基本フローは次のとおりである。

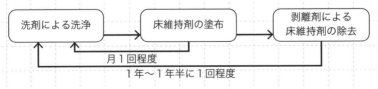

図62-1：清掃作業の基本フロー

◆洗剤

洗剤とは建材の汚れを除去するために使用されるもので、本試験で出題される事項は次のとおりである。

①合成洗剤：化学的に合成された界面活性剤。硬水中での洗浄力が低下しない。

②表面洗剤：床維持剤を傷めないよう中性またはアルカリ性で、泡立ちが少ない。表面洗剤とは、主に床面の表面を洗浄するために使用される洗剤のことをいう。

③カーペット用洗剤：発泡性の強い界面活性剤。

④一般用洗剤：弱アルカリ性。

⑤酸性洗剤：尿石や水あかの除去に用いられる

⑥界面活性剤の分類：陰イオン系、陽イオン系、両性系、非イオン系に分類される。

⑦助剤：界面活性剤の表面張力を低下させ、洗浄力を向上させる。リン酸塩は使用されていない。

⑧洗剤の濃度と洗浄効果は比例しない。

◆床維持剤

床維持剤とは、フロアフィニッシュともいい、床面の保護と美観を維持するために床面に適用されるもので、床維持剤を塗布することにより、ほこりの除去頻度を減らすことができる。床維持剤に関して、本試験で出題される事項は次のとおりである。

①フロアフィニッシュ：フロアオイル、フロアシーラ、フロアポリッシュに大別され、床用塗料を含有していない仕上げ剤である。

②フロアオイル：表面加工されていない木質床に用いられる。

③フロアシーラ：物理的・化学的方法により容易に除去できない目止め剤である。

④フロアポリッシュ：ワックスタイプとポリマタイプがあり、水性ポリマタイプが多用されている。シールされていない木質床材には、油性ポリッシュ（油性ワックス）を使用する。

フロアシーラは剥離剤で除去できない。フロアポリッシュは剥離剤で除去できる。このことも覚えておこう。

第**6**章

清掃

◆剥離剤

　剥離剤は、床維持剤を除去するために用いられる薬剤である。床維持剤の内部に入り込んだ汚れは、表面を洗剤で洗浄しても除去できないので、定期的に、剥離剤で汚れた床維持剤ごと除去する必要がある。剥離剤に関して、本試験で出題される事項は次のとおりである。

①アルカリ性で、樹脂床維持剤の被膜を溶解する。

②低級アミンを主剤とし、界面活性剤が添加されている。

③塩化ビニル系床材に、変色などの影響を及ぼさない。

④ゴム系、リノリウムなどの木質床材に、変色などの影響を及ぼす。

⑤フロアシーラを容易に除去できない。

⑥剥離作業後は、すすぎを十分（すすぎ拭き1回では不足）に行うか、リンスで中和させる必要がある。

⑦剥離剤は、清掃作業者の皮膚を侵すおそれがある。

> 低級アミンとは、低分子構造のアンモニア化合物のことをいう。

Step3 暗記 何度も読み返せ！

硬性材料（こうせいざいりょう）

- [ ] アルミニウム：耐（たい）アルカリ性（せい）に乏（とぼ）しい
- [ ] 大理石（だいりせき）、テラゾ（人造大理石（じんぞうだいりせき））：耐酸性（たいさんせい）に乏（とぼ）しい
- [ ] 花崗岩（かこうがん）：耐酸性（たいさんせい）、耐（たい）アルカリ性（せい）に富（と）むが、耐熱性（たいねっせい）に乏（とぼ）しい

弾性材料（だんせいざいりょう）

- [ ] ゴムタイル：耐摩耗性（たいまもうせい）に富（と）むが、耐溶剤性（たいようざいせい）、耐（たい）アルカリ性（せい）に乏（とぼ）しい
- [ ] 塩化（えんか）ビニルタイル：可塑剤（かそざい）を含（ふく）む。耐薬品性（たいやくひんせい）、耐洗剤性（たいせんざいせい）、耐水性（たいすいせい）に富（と）む

No. 63 /72　清掃機材

この項では、床みがき機、カーペット洗浄機械（スクラバ方式、ローラブラシ方式、噴射吸引式（エクストラクタ）、スチーム洗浄機）、真空掃除機（ドライ式とウェット式、ポット型とアップライト型）などについて、学習していこう。

Step1 図解　目に焼き付けろ！

黒　茶　緑　青　赤　白

硬 ←――――――→ 柔

床磨き機のパッドは、硬い順に、黒茶緑青赤白だ。

爆裂に読み込め！

→ 床みがき機

◆床みがき機の概要

　床みがき機とは、スクラバマシンまたはポリッシャーともいい、電動機によりパッドまたはブラシを回転させて、回転するパッドまたはブラシを床面にこすりつけて、床面の汚れを除去する清掃機材をいう。一般的には、直径20〜40cm程度のブラシが1つの1ブラシ式で、交流電源による毎分150〜300回転のものが用いられている。一方、毎分1,000〜3,000回転のものは超高速床みがき機といい、後述する弾性床材のドライメンテナンス法などに用いられている。なお、床みがき機は横回転、後述のロールブラシは縦回転である。

◆ブラシとパッド

　ブラシは、タイルなど凹凸のある床面に用いられ、パッドは、塩化ビニルなど平滑な床面の清掃に用いられる。また、パッドは粗度（粗さ）により色分けされており、剥離作業には、黒や茶の粗く硬いパッドが、研磨作業には、赤や白の細かい柔らかいパッドが、洗浄作業には、緑や青の中間的な粗度、硬さのパッドが用いられる。

床面洗浄には、床面洗浄用ロボットも用いられている。
「床洗浄用ロボットの連続作業時間は、1バッテリー当たり30〜60分程度である。」などということも出題されているので、覚えておこう。

図63-1：床みがき機

→ カーペット洗浄用機械

　カーペット洗浄用機械には、スクラバ方式、ローラブラシ方式、噴射吸引式（エクストラクタ）、スチーム洗浄機などが用いられている。

◆スクラバ方式とローラブラシ方式

スクラバ方式とは、洗剤供給式床みがき機のブラシにより、洗剤がカーペットにこすりつけられて発泡することにより洗浄するもので、タイルカーペットなどに用いられる化学繊維のタフテッドカーペットの洗浄に適している。

図63-2：ローラブラシ方式の
洗浄機械の例

一方、ローラブラシ方式は、洗剤が機械内部で発泡して、床に供給されることで洗浄するものである。

洗浄力は、スクラバ方式のほうが、ローラブラシ方式に比べて優れている。

◆噴射吸引式（エクストラクタ）とスチーム洗浄機

噴射吸引式は、エクストラクタともいい、洗剤液を噴射して直ちに吸引することでカーペットを洗浄するものをいう。スチーム洗浄機は、蒸気を噴射してカーペットを洗浄するものをいう。洗浄作業後の残留水分量は、スチーム洗浄機のほうが噴射吸引式（エクストラクタ）よりも少ない。

スクラバ方式のカーペットの洗浄には、低速度の床みがき機が用いられ、高速度のものは用いられない。このことも覚えておこう。

図63-3：噴射吸引式（エク
ストラクタ）の例

➔ 真空掃除機

真空掃除機とは、機械内部に空気の低圧域をつくり、ほこりなどを吸引する清掃機械である。一般的に、フィルタにより0.5～10μm以上の微粒子を捕捉することが可能である。

第**6**章

清掃

◆ドライ式とウェット式

　真空掃除機は、ほこりなどの乾燥したもののみ吸引できるドライ式と、汚水も吸引できるウェット式に大別される。ウェット式は、吸引した汚水は機内の汚水タンクに溜まり、かつ、汚水が混入する可能性のある排気がモータ部に回らない構造になっている。

◆ポット型とアップライト型

　真空掃除機には、形状からポット型とアップライト型などに分類される。アップライト型は、回転ブラシで掃きながら、カーペットパイル内のほこりを吸引するフィルタ付き掃除機で、フィルタバッグが大きく吸込み風量が多いなどの特徴を有している。

ポット型掃除機

アップライト型掃除機

図63-4：ポット型とアップライト型

　その他、次のことも覚えておこう。
- 床移動型のドライ式は充電式よりもコード式が主流である。
- 自動床洗浄機は、洗剤供給式床みがき機と吸水式真空掃除機を組み合わせたものである。

No.

64
/72

床清掃

この項では、ドライメンテナンス法（ドライバフ法、スプレーバフ法、スプレークリーニング法）やドライメンテナンス法とウェットメンテナンス法との比較、カーペット床清掃などについて、学習していこう。

Step1 図解 目に焼き付けろ！

■ドライメンテナンス法

● ドライバフ法
ドライバフ法は、スプレー液を使用せず、研磨剤を含まない白パッドにて床面を高速でみがく床清掃の方法である。

● スプレーバフ法
スプレーバフ法は、床面にスプレー液を使用して、表面の細かな傷と軽度の汚れを赤パッドで床面をみがいて除去する床清掃の方法である。

● スプレークリーニング法
スプレークリーニング法は、床面にスプレー液を使用して、フロアポリッシュ被膜内の汚れを、フロアポリッシュ被膜とともに削り取り、仕上げにフロアポリッシュを塗布する床清掃の方法である。

バフとは、英語の[buff]のことで、日本語でいうと「磨いて輝かせる。」というような意味だ。

> カーペットに限らず、しみ抜きはすぐに行う必要がある。

→ ドライメンテナンス法

　床清掃の方法には、洗剤や水を用いて床面を洗浄するウェットメンテナンス法と、洗剤や水による洗浄をしないで清掃するドライメンテナンス法がある。

　ドライメンテナンス法は、ウェットメンテナンス法と比較して、使用資機材が少なく作業がしやすい。滑りや転倒が少ないので安全性が高いという特長を有している一方、熱影響に注意が必要である。

　ドライメンテナンス法には、ドライバフ法、スプレーバフ法、スプレークリーニング法の清掃方法がある。

> ドライメンテナンス法は、床みがき機の回転数が高いほど光沢回復が容易である。

→ カーペット床清掃

　カーペット床清掃に関する事項は次のとおりである。

◆全面クリーニングとスポットクリーニング

　カーペット床清掃は、床面全面を清掃する全面クリーニングと、床面の一部を清掃するスポットクリーニングに大別される。

　全面クリーニングは、パイル奥の汚れの除去を主目的に行われ、ローラブラシ方式、エクストラクション方式、シャンプークリーニング方式などの清掃方式が適用される。

　スポットクリーニングは、パイル上部の汚れの除去を主目的に行われ、パウ

ダー方式、拭き取り方式、エクストラクション方式などの清掃方式が適用される。

> エクストラクション方式とは、前述したエクストラクタを使用した清掃方式だ。

◆カーペットのほこりの除去

　カーペットのほこりの除去には、アップライト型真空掃除機とカーペットスイーパが用いられる。

　アップライト型真空掃除機は、電動回転ブラシで掃きながらほこりを吸引するもので、カーペット表面の繊維の束であるパイル内のほこりを除去することが可能である。

　カーペットスイーパは、手動回転ブラシでほこりを巻き込むもので、パイル表面のほこりは除去できるがパイル内のほこりは除去できない。

> カーペット清掃については、次のことも覚えておこう。
> ●カーペットのしみ取り作業は、すぐに行う必要がある。
> ●カーペットのほつれは、施工初期にカットすればよい。

第6章

清掃

Step3 暗記 何度も読み返せ！

- □ アップライト型真空掃除機は、電動回転ブラシで掃きながらほこりを吸引するもので、カーペット表面の繊維の束であるパイル内のほこりを除去することが可能である。
- □ カーペットスイーパは、手動回転ブラシでほこりを巻き込むもので、パイル表面のほこりは除去できるがパイル内のほこりは除去できない。

外装・窓ガラス・その他の清掃

この項では、外装清掃、窓ガラス清掃、トイレ清掃、エレベータ清掃、その他などについて、学習していこう。外装清掃・窓ガラス清掃の頻度、自動窓拭き設備、ノロウイルス感染者の嘔吐物の消毒などが出題されている。

Step1 図解　目に焼き付けろ！

塩素系消毒液
※床や壁の素材によっては、塩素系消毒液が使えない場合がある

ノロウイルス感染者の汚物の処理方法

①窓を開け換気をする
②ペーパータオルなどで、外側から内側に向かってそっとふき取る。使ったペーパータオルはすぐにビニル袋にしまう
③汚物の処理中、他の人は近づかない
④拭き終えたら、消毒液を染み込ませたペーパータオルや布を汚物のあった場所とその周囲にしばらくの間被せる
⑤汚物やペーパータオルなどを入れた袋はしっかり口を縛る

ノロウイルス感染者の嘔吐物は、塩素系消毒液で消毒して清掃する。ノロウイルスは感染力が強いので、ノロノロせずにすぐに処置しよう。

Step2 解説 爆裂に読み込め！

> 汚れは落とすが建材は傷つけないことが大事。

→ 外装・窓ガラス清掃

　外装とは、外壁や屋根など外から見える設備や装飾のことをいう。外装材には磁器タイルや金属材などが使用されているので、材質にあった清掃方法を適用する必要がある。

　窓ガラス清掃は、清掃対象のガラスは種類によって清掃方法が大きく異なることはないが、材質とともに使用環境にあった清掃方法を適用する必要がある。

◆外装清掃

　外装清掃に関して、本試験でよく出題される事項は次のとおりである。

①磁器タイルは、他の材質の外装材に比較して、汚れが目立たないという特徴を有している。

②金属材の汚れは、軽微なうちに、スポンジやウエスで拭き取って除去する。

③金属材の清掃回数は、通常、1年に1回程度で計画、実施するが、汚染されやすい臨海工業地帯については、1年に4〜6回程度で計画、実施する。

④光触媒チタンコーティングは、清掃回数を減らす効果が期待されている。光触媒とは、光を受けることで特有の作用を起こさせる物質をいう。光触媒チタンコーティングとは、光触媒である酸化チタンを部材の表面に適用することをいい、表面に付着した汚れを分解する作用を期待して用いられる。

> 金属材を硬いワイヤブラシでゴシゴシすると、傷がつくのでNGだ。

何度も読んで、覚えるんだ！　　341

◆窓ガラス清掃

窓ガラス清掃は、ガラス面に水を塗布し、窓用スクイジーでかき取るスクイジー法が多用されている。窓ガラス清掃は人の作業によるもののほか、自動窓拭き設備が用いられている。自動窓拭き設備は、水または洗剤を塗布して、ブラシ洗いし、スクイジーでかき取るもので、仕上りは人の作業に劣るが、天候に左右されず効率がよいという特徴を有している。

窓ガラス清掃の清掃回数は、通常は1〜2か月に1回で計画、実施し、汚染されやすい臨海工業地帯では1か月に1回程度で計画、実施する。

また、窓ガラス用フィルムは剥がさず、ガラスに張ったフィルム面を水または研磨剤の入っていない洗剤で洗浄する。

 窓ガラス用フィルムに研磨剤を用いると、傷がつくのでNGだ。

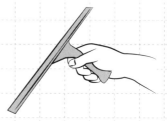

図65-1：スクイジー

➡ その他の清掃作業

その他の清掃作業としては、トイレ、エレベータなどがある。トイレ、エレベータはその他に分類されているが、使用頻度も高く、汚れやすく、かつ、汚れると目につきやすいので、最重点清掃箇所といえる。

◆トイレ清掃

トイレ清掃に関して、本試験でよく出題される事項は次のとおりである。
①全館のトイレを全面的に使用禁止するような措置をとらないで清掃を行う。
②小便器内側の汚れは、尿石や鉄分を含んだ水あかである。
③便器の清掃用具とその他の清掃用具は、共用せず区別して使用する。

水あかの除去には、酸性洗剤を用いるのは前述したとおりだ。

◆**エレベータ清掃**

エレベータ清掃に関して、本試験でよく出題される事項は次のとおりである。

①使用頻度の高い出退勤時・昼食時は、清掃作業は避ける。

②人の出入りにより、エレベータの床面が摩耗やすく、土砂が持ち込まれやすい。

③気流により、ほこりが付着しやすい。

④インジケータや扉の汚れは人の手あかであり、非水溶性（油溶性）で、夏のほうが冬よりも付きやすい。

夏は汗ばみ、手あかが付きやすい。冬は乾燥し、ほこりが目立つ。そして、手指の接触による汚れは、から拭きでは落ちないので、洗剤等を使用する。

第
6
章

清
掃

◆**その他**

その他、清掃に関して、本試験でよく出題される事項は次のとおりである。

①ほこりの付着量は、廊下の壁面よりも階段の壁面のほうが多い。

②空調吹出し口の清掃は、真空掃除機と拭き取りを併用して行う。

③金属の部材に保護膜を塗布すると、汚れが付着しにくく、落としやすくなる。

④木材に適用される透明な塗装剤であるクリアラッカは、半年後くらいから黄変（黄色く変色）することがある。

⑤机の上のほこりは、よく絞ったタオルで拭き取る。

空調吹出し口の清掃は、まず真空掃除機で除じんしてから、雑巾で水拭きまたは洗剤拭きして汚れを除去する。

- [ ] 金属材の清掃回数は、通常、1年に1回程度で計画、実施するが、汚染されやすい臨海工業地帯については、1年に4～6回程度で計画、実施する。
- [ ] 自動窓拭き設備は、水または洗剤を塗布して、ブラシ洗いし、スクイジーでかき取るもので、仕上りは人の作業に劣るが、天候に左右されず効率がよい。
- [ ] 窓ガラス清掃の清掃回数は、通常は1～2か月に1回で計画、実施し、汚染されやすい臨海工業地帯では1か月に1回程度で計画、実施する。
- [ ] 窓ガラス用フィルムは剥がさず、ガラスに張ったフィルム面を水または研磨剤の入っていない洗剤で洗浄する。
- [ ] 小便器内側の汚れは、尿石や鉄分を含んだ水あかである。
- [ ] 便器の清掃用具とその他の清掃用具は、共用せず区別して使用する。
- [ ] 人の出入りにより、エレベータの床面が摩耗しやすく、土砂が持ち込まれやすい。
- [ ] エレベータは気流により、ほこりが付着しやすい。
- [ ] エレベータのインジケータや扉の汚れは人の手垢であり、非水溶性（油溶性）で、夏のほうが冬よりも付きやすい。
- [ ] 手指の接触による汚れは、から拭きでは落ちないので、洗剤等を使用する。
- [ ] ほこりの付着量は、廊下の壁面よりも階段の壁面のほうが多い。
- [ ] 空調吹出し口の清掃は、真空掃除機と拭き取りを併用して行う。
- [ ] 金属の部材に保護膜を塗布すると、汚れが付着しにくく、落としやすくなる。
- [ ] クリアラッカは、半年後くらいから黄変（黄色く変色）することがある。

No. 66 /72 廃棄物の概要

この項では、廃棄物統計（一般廃棄物統計の概況、産業廃棄物統計の概況）、建築物廃棄物の特徴、最終処分場（遮断型、安定型、管理型）やマテリアルリサイクル、サーマルリサイクルなどについて、学習していこう。

Step1 図解 目に焼き付けろ！

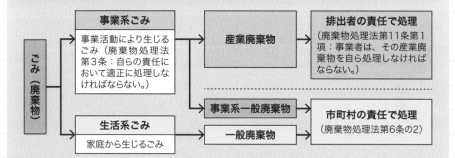

事業系ごみ
事業活動により生じるごみ（廃棄物処理法第3条：自らの責任において適正に処理しなければならない。）

→ **産業廃棄物** → **排出者の責任で処理**
（廃棄物処理法第11条第1項：事業者は、その産業廃棄物を自ら処理しなければならない。）

ごみ（廃棄物）

生活系ごみ
家庭から生じるごみ

→ **事業系一般廃棄物**
→ **一般廃棄物** → **市町村の責任で処理**
（廃棄物処理法第6条の2）

事業活動に伴って排出される廃棄物は産業廃棄物だが、一部、一般廃棄物に該当する。それを事業系一般廃棄物という。
廃棄物の排出量は、一般廃棄物より産業廃棄物のほうが多いが、一般廃棄物の排出量のうちでは、事業系よりも生活系の方が多い。間違えないようにしよう。

爆裂に読み込め！

統計は水物なので、細かい数字は気にするな。

➡ 廃棄物統計

廃棄物統計は、当然、年度によって変化する。例年、大きく変化しないような内容について、現時点でのデータをざっくり押さえておこう。

◆一般廃棄物統計の概況

環境省資料によると、令和元年の一般廃棄物統計の概況は次のとおりである。

①1人1日当たりのごみ排出量は918グラム。
②ごみ総排出量、1人1日当たりのごみ排出量ともに横ばい。
③最終処分量は前年比1.1%減少。リサイクル率も減少。
④ごみ焼却施設数は減少（1,082施設→1,067施設）。
⑤発電設備を有するごみ焼却施設数は全体の36.0%であり、昨年度の35.0%から増加。
⑥ごみ焼却施設における総発電電力量は増加。
⑦発電設備を有するごみ焼却施設数、ごみ焼却施設における総発電電力量ともに増加。
⑧最終処分場の残余容量と最終処分場の数は概ね減少傾向にあり、最終処分場の確保は引き続き厳しい状況。
⑨ごみ処理事業経費はわずかに減少。
⑩生活系と事業系の一般廃棄物：生活系のほうが多い（生活系約70%）。
⑪ごみ収集手数料の有料化：過半数の自治体で実施している。
出典：環境省「一般廃棄物の排出及び処理状況等（令和元年度）について」より

一般廃棄物に関しては、1人1日当たり1kg弱、事業系よりも生活系が多く、生活系約7割ということだけでも覚えておこう。

◆産業廃棄物統計の概況

　環境省資料によると、平成30年の産業廃棄物統計の概況は次のとおりである。

①全国の産業廃棄物の総排出量：前年度に比べ、約471万トン（約1.2%）減少。

②業種別排出量：上位業種は前年度と同様、上位5業種で総排出量の8割以上。

③産業廃棄物の多い業種：上位5業種（平成30年度）

　　1位　電気・ガス・熱供給・水道業（26.1%）

　　2位　農業・林業（21.4%）

　　3位　建設業（19.9%）

　　4位　パルプ・紙・紙加工品製造業（8.6%）

　　5位　鉄鋼業（6.9%）

④種類別排出量：前年度と同様、上位3品目で総排出量の8割以上。

　　1位　汚泥（44.2%）

　　2位　動物のふん尿（21.3%）

　　3位　がれき類（14.9%）

⑤産業廃棄物の処理状況：前年度に比べ、最終処分量が約57万トン（約5.9%）減少。

　　1位　再生利用量（52.5%）

　　2位　減量化量（45.1%）

　　3位　最終処分量（2.4%）

出典：環境省「産業廃棄物の排出及び処理状況等（平成30年度実績）について」

産業廃棄物は、排出量が一番多い業種、種類と、産業廃棄物の約半数が再生処理されていることだけでも覚えておこう。

第 **6** 章

清掃

➡ 廃棄物の特徴

建築物などから排出される廃棄物の主な特徴は次のとおりである。

①容積質量値（単位容積当たりの質量）の比較

ちゅう芥の容積質量値は、可燃ごみの5〜6倍ある。また、家庭からの廃棄物の容積質量値は、ちゅう芥が多いため事務所建築物の廃棄物よりも大きい。

②建築物廃棄物の特徴

建築物廃棄物の主な特徴は次のとおりである。

- 事務所、百貨店の廃棄物は紙類の比率が高い。
- ホテルの廃棄物は、紙類とちゅう芥の比率が高い。
- 廃棄物発生量の原単位（単位時間・単位面積当たりの廃棄物発生量）は、事務所ビルよりも店舗ビルのほうが多い。

ちゅう芥とは、厨芥とも書き、厨房から出る芥（ごみ）だ。いわゆる生ごみで、水分を多く含むので容積質量値が大きくなる。

➡ 廃棄物に関する用語

廃棄物に関する主な用語は、次のとおりである。

◆最終処分場

最終処分場は、埋め立てられる廃棄物の環境に与える影響の度合いにより遮断型、安定型、管理型の3種類に分類され、概要は次のとおりである。

①遮断型処分場

遮断型処分場は、ばいじん、汚泥などの有害な産業廃棄物を対象にした処分場である。

②安定型処分場

安定型処分場は、性質が安定している産業廃棄物（廃プラスチック類、ゴムくずなど）を対象にした処分場である。

③管理型処分場

管理型処分場は、遮断型処分場、安定型処分場で処分される産業廃棄物以外

の産業廃棄物と一般廃棄物を埋め立てる処分場である。管理型処分場では、浸出液による汚染を防止するため、しゃ水設備、集水設備、処理施設が必要である。

 一般廃棄物は管理型最終処分場で処分される。ここを覚えておこう。

◆ **廃棄物処理に関する用語**

その他、廃棄物処理に関するよく出題される用語は、次のとおりである。

①マテリアルリサイクルとは、廃棄物を原料として再利用することで、「材料リサイクル」「材料再生」「再資源化」「再生利用」などといわれる。

②サーマルリサイクルとは、廃棄物の処理の際に発生する熱をエネルギーとして回収して利用することで、いわゆる熱回収といわれる。

③コンポストとは、廃棄物をたい肥化することをいう。

第 **6** 章

清掃

Step3 暗記 ➡ 何度も読み返せ!

一般廃棄物統計の概況
- ☐ 1人1日当たりのごみ排出量は918グラム。
- ☐ 生活系と事業系の一般廃棄物：生活系のほうが多い（生活系約70%）

産業廃棄物統計の概況
- ☐ 業種別排出量：上位業種は前年度と同様、上位5業種で総排出量の8割以上
- ☐ 産業廃棄物の多い業種：1位　電気・ガス・熱供給・水道業（26.1%）
- ☐ 種類別排出量：上位3品目で総排出量の8割以上。1位　汚泥（44.2%）

廃棄物処理法、リサイクル関連法

この項では、廃棄物処理法、廃棄物の定義、産業廃棄物と一般廃棄物、建築物廃棄物の分類、再生利用の目的となる廃棄物、電子マニフェスト、リサイクル関連法などについて、学習していこう。

Step1 図解 目に焼き付けろ！

排出事業者 →廃棄物→ 収集運搬業者 →廃棄物→ 処分業者

電子情報の送受信

・運搬・処分終了の通知
・報告期限切れ情報の通知
・マニフェスト情報の保存・管理

情報処理センター
（公益財団法人 日本産業廃棄物処理振興センター）
廃棄物処理法第13条の2に基づき
環境大臣が全国を通じて1つに限り指定
電子マニフェストの流れ

マニフェストとは、排出事業者が産業廃棄物の移動・処理状況を把握するために設けられている制度だ。電子マニフェストとは、従来は産業廃棄物の移動管理を紙の帳票で交付、保管していたものを、電子データで行うようにした制度だ。

Step2 解説　爆裂に読み込め！

➡ 廃棄物処理法

廃棄物処理法とは、廃棄物の処理及び清掃に関する法律のことで、廃棄物の排出を抑制し、及び廃棄物の適正な分別、保管、収集、運搬、再生、処分等の処理をし、並びに生活環境を清潔にすることにより、生活環境の保全及び公衆衛生の向上を図ることを目的とした法律である。

◆廃棄物の定義

廃棄物とは、廃棄物処理法により、ごみ、汚泥、その他の汚物又は不要物で、固形状又は液状のもの（放射性物質で汚染された物を除く）と定義されている。なお、気体は廃棄物の定義から除外されている。

◆産業廃棄物と一般廃棄物

廃棄物は、産業廃棄物と一般廃棄物に分類される。産業廃棄物とは、事業活動に伴って生じた廃棄物をいい、一般廃棄物とは産業廃棄物以外の廃棄物をいう。ビルなどの事業者から排出される産業廃棄物の処理は、排出者責任が原則である。

①廃棄物処理の委託

廃棄物処理を委託する場合は、一般廃棄物の処理（収集、運搬、処分）は、市町村長の許可を受けた業者へそれぞれ委託、産業廃棄物の処理（収集、運搬、処分）は、都道府県知事の許可を受けた業者へそれぞれ委託しなければならない。

②建築物廃棄物の分類

主な建築物廃棄物の分類は次のとおりである。
- し尿を含まない汚泥：産業廃棄物
- し尿を含む汚泥：一般廃棄物
- グリース阻集器の油分：産業廃棄物

第6章　清掃

- 紙くず、木くず、繊維くず、生ごみ

  特定の業種（建設業・製造業など）の場合は、産業廃棄物

  特定の業種以外の場合は、一般廃棄物（事業系一般廃棄物）

③再生利用の目的となる廃棄物

　再生利用の目的となる廃棄物とは、下記の条文のとおり、収集、運搬の許可が不要な廃棄物をいう。

> （産業廃棄物処理業）
> 第14条　産業廃棄物（特別管理産業廃棄物を除く。）の収集又は運搬を業として行おうとする者は、当該業を行おうとする区域を管轄する都道府県知事の許可を受けなければならない。ただし、事業者（自らその産業廃棄物を運搬する場合に限る。）、専ら再生利用の目的となる産業廃棄物のみの収集又は運搬を業として行う者その他環境省令で定める者については、この限りでない。

　再生利用の目的となる廃棄物は、廃棄物処理法制定前から再生利用目的に収集運搬・処分されてきたもので、古紙、くず鉄、空きビン類、古繊維の廃棄物が該当する。

> 診療所から排出される医療系廃棄物などは特別管理産業廃棄物という。特別管理産業廃棄物の排出事業者は、特別管理産業廃棄物管理責任者を置かなければならない。建物内の診療所の場合は、診療所が特別管理産業廃棄物管理責任者を置く必要がある。本試験で問われているので、覚えておこう。

● 産業廃棄物管理票（マニフェスト）

　産業廃棄物管理票（マニフェスト）とは、排出事業者が産業廃棄物の移動・処理状況を把握するために設けられている制度で、従来からの紙の帳票によるものと、新規に創設された電子データによる電子マニフェストがある。

◆電子マニフェスト

電子マニフェストに関する事項は次のとおりである。

①電子マニフェスト制度の概要

　電子マニフェスト制度は、マニフェスト情報を電子化し、排出事業者、収集運搬業者、処分業者の3者が情報処理センターを介したネットワークでやり取りする仕組みである。

　情報処理センターとは、廃棄物処理法第13条の2の規定に基づき指定された公益財団法人で、電子マニフェストシステムの運営を行う組織である。

　電子マニフェストを利用する場合には、排出事業者、収集運搬業者、処分業者の3者が制度に加入している必要がある。

②排出事業者が行う電子マニフェストの運用

　排出事業者が行う電子電子マニフェストの主な運用は、次のとおりである。

- 登録：排出事業者は、廃棄物を収集運搬業者、または処分業者に引渡した日から3日以内にマニフェスト情報を情報処理センターに登録する。
- 終了報告：情報処理センターからの運搬終了報告、処分終了報告、最終処分終了報告の通知（電子メール等）により確認する。
- マニフェストの保存：情報処理センターが保存するので、排出事業者でのマニフェストの保存が不要である。
- 産業廃棄物管理票交付等状況報告：情報処理センターが都道府県・政令市に報告するため、報告が不要である。

> 電子マニフェストの普及に伴い、出題のウェイトも電子マニフェストに向かうと推測される。ただ、紙のマニフェストも全く出題されないともいえないので、次の項で押さえておこう。

◆**紙マニフェスト**

　紙マニフェストに関する事項は次のとおりである。

①紙マニフェストの確認

　下記の場合、排出事業者は処分状況を確認しなければならない。

- D票：依頼後90日を経過しても返却されない場合
- E票：依頼後180日を経過しても返却されない場合

第6章　清掃

②産業廃棄物管理票交付等状況報告

　　紙マニフェストの場合は、都道府県・政令市に自ら報告しなければならない。

→ リサイクル関連法

　　主なリサイクル関連法と概要は、次の主な法律の正式名称を覚えておこう。

①循環型社会形成推進基本法

　　循環的な利用とは、再使用、再生利用及び熱回収をいう。

②食品循環資源の再生利用等の促進に関する法律（食品リサイクル法）

③容器包装に係る分別収集及び再商品化の促進等に関する法律（容器包装リサイクル法）

④特定家庭用機器再商品化法（家電リサイクル法）

　　特定家庭用機器：エアコン、テレビ、冷蔵庫、洗濯機、乾燥機

⑤使用済小型電子機器等の再資源化の促進に関する法律（使用済小型家電リサイクル法）

⑥特定有害廃棄物等の輸出入等の規制に関する法律（バーゼル法）

⑦建設工事に係る資材の再資源化等に関する法律（建設リサイクル法）

Step3 暗記　何度も読み返せ！

- ☐ 一般廃棄物の処理は、市町村長の許可を受けた業者へ委託。
- ☐ 産業廃棄物の処理は、都道府県知事の許可を受けた業者へ委託。
- ☐ 再生利用の目的となる廃棄物は、古紙、くず鉄、空きビン類、古繊維の廃棄物。

重要度：🔥🔥🔥

この項では、容積質量値の計算問題、建築物内廃棄物の収集・運搬、中間処理・保管、貯留・搬出方式（容器方式、貯留・排出機方式、コンパクタ・コンテナ方式、真空収集方式）などについて、学習していこう。

Step1 図解 → 目に焼き付けろ！

■容積質量値の計算問題

容積質量値とは、廃棄物1m³の容量の質量kgをいい、単位はkg/m³である。容積質量値を用いた廃棄物の計算問題の主な出題パターンは次のとおりである。

- ●パターン1
  1日当たりA［m³］、B［日］でC［t］排出される廃棄物の容積質量値［kg/m³］はいくらか。
  $$\frac{1000C}{B} \div A$$

- ●パターン2
  ちゅう芥が1日あたりA［m³］排出されている。
  ちゅう芥は全廃棄物質量のB［%］を占める。
  全廃棄物質量は1日あたりC［t］であった。
  紙くずの容積質量値［kg/m³］はいくらか
  $$\frac{1000C \times 0.01B}{A}$$

- ●パターン3
  容積質量値A［kg/m³］の廃棄物がB［日］でC［t］排出されている。
  1日当たりの排出量［m³］はいくらか
  $$\frac{1000C}{B} \div A$$

- ●パターン4
  1m³あたりの質量A［kg］のごみを、B［L］の容器に収納できる質量［kg］はいくらか
  $$\frac{B}{1000} \times A$$

> 丸暗記ではなく、容積質量値の理屈から導き出せるようにしておこう。

爆裂に読み込め!

2つの比較表を理解し、覚えよう。

➡ 建築物内廃棄物の収集・運搬

　建築物内各所の廃棄物を収集し、ごみ処理室まで運搬するまでの収集・運搬に関する主な事項は次のとおりである。

◆収集運搬用具

　収集運搬用具は、乾燥しているか、湿っているかなどの廃棄物の性状に適したものを使用する必要がある。主な建築物廃棄物と使用される収集運搬用具の組み合わせは次のとおりである。

表68-1：主な建築物廃棄物と収集運搬用具

廃棄物	使用される収集運搬用具
吸殻	ふた付きの金属製容器
紙くず	キャンバス製コレクタ
ちゅう芥 （厨房から出る食物くず）	ふた付きのポリバケツ、ステンレス製コレクタ

キャンバス製コレクタとは、ダストカートともいう。右の用具だ。

図68-1：キャンバス製コレクタ

356

◆縦搬送方式

縦搬送とは、建築物内廃棄物を垂直方向、通常は、各階の廃棄物を低層部分にあるごみ処理室まで搬送することをいう。建築物内廃棄物の縦搬送方式には、エレベータ方式、ダストシュート方式、自動縦搬送方式が用いられている。各方式の概要は次のとおりである。

①エレベータ方式

エレベータ方式とは、各階で収集された廃棄物を、人手によりエレベータを使用して垂直搬送する方式である。エレベータ方式は、建設費等の初期コストは少ないが、作業性に劣り、人件費等のランニングコストが多いという特徴を有している。

②ダストシュート方式

ダストシュート方式とは、各階で収集された廃棄物を、ダストシュートと呼ばれる導管内を自由落下させることにより、垂直搬送する方式である。ダストシュート方式は、ランニングコストは少なくて済むが、廃棄物の分別がされにくく、ダストシュート内が汚損しやすく衛生性に劣るという特徴を有している。

③自動縦搬送方式

自動縦搬送方式には、専用エレベータ方式やエアシュート方式がある。エアシュート方式とは、各階で収集されたプラスチック袋に詰められた廃棄物を、エアシュート内を自由落下と空気圧を制御することにより垂直搬送する方式をいう。自動縦搬送方式は、初期コストはかかるが、作業性、衛生性に優れ、高層建築物に適している方式である。

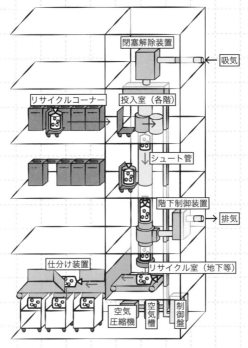

図68-2：自動縦搬送方式の例

➡ 建築物内廃棄物の中間処理・保管

ごみ処理室に集められた建築物内廃棄物は、圧縮、破砕など中間処理されたうえで、排出されるまで保管される。建築物内のごみ処理室で行われる処理を、処分場での最終処理に対して、中間処理という。建築物内廃棄物の中間処理・保管に関する事項は、次のとおりである。

◆廃棄物の種類と中間処理の方法

主な建築物廃棄物と中間処理の方法は次のとおりである。

表68-2：主な建築物廃棄物と中間処理の方法

廃棄物	中間処理の方法
OA用紙・再生紙	圧縮、切断、梱包
段ボール・新聞紙・雑誌	梱包
廃棄紙類	圧縮、梱包
缶類	圧縮、破砕
ビン類	破砕
ちゅう芥	冷蔵、粉砕、脱水、乾燥、たい肥化（コンポスト）
プラスチック類	圧縮、梱包、破砕、溶融固化

 通常の中間処理では、情報漏洩の観点からOA用紙は切断されるが、新聞紙や雑誌は切断されない。

◆保管場所

建築物内廃棄物の保管場所は、下記の条件を満足するよう、設置、運用する必要がある。

①専用室（他の用との室と兼用しない室）、密閉構造、防虫・防鼠構造とし、出入口には自動ドアを設ける。
②床に勾配を設け、通路に段差を設けない。
③第1種または第3種換気設備を設け、室内を負圧にする。
④給水栓には、バキュームブレーカなどの逆流防止装置を設ける。
⑤保管場所は、所有者・管理権原者が準備する。
⑥感染性廃棄物は、できるだけ短期間の保管とする。

⊖ 建築物内廃棄物の貯留・搬出

建築物内廃棄物を貯留し、パッカー車と呼ばれるごみ収集運搬車に搬出する貯留・搬出する方式には、容器方式、貯留・排出機方式、コンパクタ・コンテナ方式、真空収集方式がある。各方式の概要は、次のとおりである。

①容器方式

　容器方式とは、廃棄物をポリバケツ等の容器に貯留し、廃棄物収集車に人力で積み替えて搬出する方式である。容器方式は、初期コストがかからないが、貯留・搬出の作業性、防災・防犯性に劣るという特徴を有している。

②貯留・排出機方式

　貯留・排出機方式とは、貯留・排出機によりスクリューやドラムの回転により廃棄物を圧縮貯留し、廃棄物収集車に自動的に積み替えて搬出する方式である。貯留・排出機方式は、容器方式に比べて、作業性、防災・防犯性に優れている。

ダストスクリュー（スクリュー式）　　　　ダストドラム（ドラム式）

図68-3：貯留・排出機方式

③コンパクタ・コンテナ方式

　コンパクタ・コンテナ方式とは、コンパクタ（圧縮機）によりコンテナ内に廃棄物を圧縮貯留し、コンテナごとトラックにより搬出する方式である。コンパクタ・コン

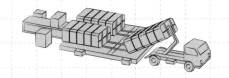

図68-4：コンパクタ・コンテナ方式の例

テナ方式は、容器方式や貯留・排出機方式より、初期コストはかかるが、作業性、衛生性、防災・防犯性に優れ、大規模建築物に適用される。

④真空収集方式

　真空収集方式とは、貯留・排出機に貯留された廃棄物を、輸送管によって空気搬送する方式である。真空収集方式は、他の方式よりも初期コストが高いが、作業性、衛生性に優れた方式である。一方、防災・防犯性については、真空収集方式よりも、密閉空間で圧縮貯留をする貯留・排出機方式やコンパクタ・コンテナ方式の方が有利な方式といる。

Step3 暗記 何度も読み返せ!

□ 縦搬送方式の比較

方式	エレベータ方式	ダストシュート方式	自動縦搬送方式
初期コスト	◎	○	△
ランニングコスト	△	◎	○
衛生性	△	×	◎
作業性	×	△	◎
分別性	◎	×	◎
設置スペース	◎	○	△

□ 貯留・搬出方式の比較

方式	容器方式	貯留排出機方式	コンパクタ・コンテナ方式	真空収集方式
初期コスト	◎	○	△	×
衛生性	△	○	◎	◎
防災性	△	◎	◎	△
作業性	×	○	◎	◎

凡例：◎優、○良、△可、×不可

第**6**章 清掃

第7章

ねずみ、昆虫の駆除

アクセスキー　8
（数字のはち）

蚊、ゴキブリ、ダニ

この項では、蚊（アカイエカ、チカイエカ、ヒトスジシマカ）、ゴキブリ（ゴキブリ指数、チャバネゴキブリ、クロゴキブリ）、ダニ（イエダニ、ツメダニ、ヒゼンダニ、ヒョウヒダニ、マダニ）などについて、学習していこう。

Step1 図解 → 目 に焼き付けろ！

● ゴキブリ指数と防除率

$$ゴキブリ指数 = \frac{ゴキブリの捕獲総数}{トラップの設置数 × トラップの設置日数}$$

$$防除率 = \frac{防除前のゴキブリ指数 - 防除後のゴキブリ指数}{防除前のゴキブリ指数} × 100 \ [\%]$$

標準的な目標水準	内容	ゴキブリ指数
許容水準	環境衛生上、良好な状態。定期的な調査を継続する。	0.5未満
警戒水準	放置すると今後、問題になる可能性がある状況	0.5以上1未満
措置水準	すぐに防除作業が必要な状況	1以上

トラップに、1日1個あたり1匹かかったら、措置しよう。

Step2 解説 爆裂に読み込め！

➡ 蚊

　蚊については、蚊の生態と防除に関する事項が本試験で出題される。出題される主な事項は次のとおりである。

◆蚊の生態

　日本国内の建築物において問題となる代表的な蚊は、アカイエカ、コガタアカイエカ、シナハマダラカ、チカイエカ、ヒトスジシマカで、よく出題される事項は次のとおりである。

①アカイエカ

　アカイエカに関する事項は、次のとおりである。
- 九州から北海道まで広く分布し、ヒトや野鳥等から主に夜間に吸血する。
- 有機物の多い下水溝や雨水ますに発生する。
- 成虫のステージで休眠して越冬する。
- **チカイエカ**と、外部形態での区別が困難である。
- チカイエカと異なり、羽化後、最初の産卵を無吸血で行うことができない。

> アカイエカとチカイエカは成虫の外見では区別できないので、実務上では、卵の形状で区別している。

②コガタアカイエカ

　コガタアカイエカに関する事項は、次のとおりである。
- 田んぼや湿地などの水域に発生し、ブタ、ウシ、ヒト等から吸血する。
- 関東以西に多く生息し、北海道には少ない。
- 日本脳炎を媒介する。

第 7 章 ねずみ、昆虫の駆除

③シナハマダラカ

シナハマダラカに関する事項は、次のとおりである。

● 水田や湿地帯などで発生し、ヒトから吸血する。

● 九州から北海道まで広く分布する。

● マラリアを媒介する。

> シナハマダラカは温帯である日本にも分布しているが、マラリア原虫の分布は熱帯から亜熱帯だ。

④チカイエカ

チカイエカに関する事項は、次のとおりである。

● 建築物内の地下などで1年中発生し、ヒトから吸血する。

● 九州から北海道まで分布する。

● 浄化槽や湧水槽などの閉鎖された空間で冬期に休眠せずに発生する。

● 狭い空間で交尾が可能である。

● 羽化後、最初の産卵を無吸血で行うことができる。

● アカイエカと、外部形態での区別が困難である。

> 蚊はそもそもメスが産卵のために吸血しているが、最初の産卵を無吸血でできれば、人のいない排水槽のような閉鎖空間でも、自分たちの子孫をつなぐことができるわけだ。

⑤ヒトスジシマカ

ヒトスジシマカに関する事項は、次のとおりである。

● 都市部の住宅街や公園、庭、墓地等などで発生し、夏期の昼間に激しくヒトから吸血する。

● 空き缶等の人工容器の少ない容量の溜まり水や雨水ますなど狭い水域に発生する。

● 南西諸島から東北地方にまで分布し、地球温暖化の影響で日本では北へ分布を拡げている。

- ネッタイシマカとともに、デング熱、チクングニア熱、ジカ熱を媒介する。

> ヒトスジシマカとは、縞模様のある蚊、いわゆるやぶ蚊だ。

◆蚊の防除

蚊の防除については、発生防止対策、幼虫対策、成虫対策、生息調査に関する事項が出題されている。

①蚊の発生防止対策

浄化槽や汚水槽、排水槽等に通ずる通気管などは、外部からの成虫の侵入経路となるので、チカイエカ対策として、通気管に防虫網を設置する。

②幼虫対策

蚊の幼虫は、いわゆるボウフラと呼ばれ、水中に生息している。浄化槽や汚水槽、排水槽等の水中に生息する幼虫対策に関する事項は、次のとおりである。

- 昆虫成長制御剤（IGR）

昆虫成長制御剤（IGR）とは、昆虫の変態や脱皮を制御して、脱皮や羽化を阻害する薬剤をいう。昆虫成長制御剤（IGR）は、幼虫及び蛹に対して遅効的に効果を発揮するもので、幼虫及び蛹に対する速効的な致死効果や、成虫に対する効果はない。

- 粉剤・乳剤処理

浄化槽や汚水槽、排水槽等における浮遊粉剤処理や乳剤処理は、幼虫対策として効果的である。ただし、浄化槽に殺虫剤を使用する場合は、浄化微生物への影響を考慮する必要がある。乳剤に含まれる界面活性剤や有機溶剤は、浄化槽内の微生物に影響を及ぼすおそれがあり、注意が必要である。特に、クレゾールなどの殺菌剤を含有する製剤は、浄化槽内の微生物に影響を及ぼすため、浄化槽に使用しないようにする。

第 7 章 ねずみ、昆虫の駆除

クレゾールとは、コールタールを蒸留、精製して得られるもので、汲み取り便所のいわゆる「ウジ殺し」として用いられている。

③成虫対策

　浄化槽や汚水槽、排水槽等における成虫対策としては、樹脂蒸散剤、ULV処理、燻煙等がある。

　樹脂蒸散剤とは、板状の合成樹脂に殺虫剤を練り込んだもので、比較的長期間にわたり殺虫成分を蒸散させることが可能で、密閉性が保たれている空間では、1〜3か月間の効果が期待できる。

　ULV処理とは、高濃度少量散布の意で、高濃度の薬剤を少量散布して処理を行うことをいう。ULV処理や燻煙は、速効性が高いが、残効性は期待できない。

④防除効果の判定

　蚊の防除を効果的に行うためには、吸血被害の聞取り調査や成虫の発生状況調査をすることが重要である。浄化槽や汚水槽、排水槽内の成虫の発生状態は、ハエ取りリボンなどの粘着トラップによる捕獲数で調査する。また、幼虫の生息状況は、柄杓などですくい取られた幼虫数によって調査する。

　殺虫剤処理後も成虫の発生数が減少しない場合は、薬剤抵抗性の発達を考慮する必要があり、異なる薬剤を複数回処理する等の対応が必要である。薬剤抵抗性は、作用機構が同一の薬剤が繰り返し使用されることによる淘汰によって発達するもので、同一の殺虫剤に曝露され続けることによって、数世代かけて発達する。

➜ ゴキブリ

　ゴキブリについては、ゴキブリの生態と防除に関する事項が本試験で出題される。出題される主な事項は次のとおりである。

◆ゴキブリの生態

　我が国で屋内に定着しているゴキブリは、チャバネゴキブリ、クロゴキブリ、ワモンゴキブリなど5〜6種ほどである。ゴキブリの生態について、よく出題さ

れる事項は、次のとおりである。

①ゴキブリの発育

　ゴキブリの卵塊は鞘におさまっているため、卵鞘という。ふ化したゴキブリの幼虫は、脱皮を繰り返して成虫となる。ゴキブリは、蛹（さなぎ）の段階のない不完全変態の昆虫である。したがって、成虫と幼虫は、同じ活動場所で同じ餌を摂取する。ゴキブリ類の食性は、雑食性で、発育段階によって変化しない。

> ゴキブリは、成虫と幼虫が同じ形態をし、蛹の期間がない不完全変態の昆虫だ。一方、蚊やハエは、幼虫はそれぞれボウフラ、ウジで、成虫と異なる形態をし、蛹の期間がある完全変態の昆虫である。

②ゴキブリの習性

　ゴキブリは、昼間よりも夜間に活動が活発となる夜間活動性を有している。ゴキブリが夜間の特定の時間帯に活動するのは、体内時計の働きによる。また、ゴキブリには一定条件の潜み場所があり、日中はほとんどその場所に潜伏している。

　屋内で見られるゴキブリ類は、体節から体外へ分泌されるフェロモンの働きにより集合性を示す。

> 体外に分泌する化学物質をフェロモン、体内に分泌する化学物質をホルモンという。

③チャバネゴキブリの生態

　チャバネゴキブリの生態について、よく出題される事項は、次のとおりである。
- 北海道から沖縄まで広く分布している。
- 低温に弱く、屋外での越冬が不可能である。

- 他のゴキブリ類と比較して、屋内生活性が強い。
- 雌成虫の一生の間の産卵回数は、約5回である。
- 雌成虫は、卵鞘（30〜40個の卵）を孵化直前まで尾端に付着させている。
- 25℃における卵から成虫までの発育期間は、約60日である。

ゴキブリの発育期間は温度により異なり、温度が高いほど短くなり、速く成長する。

④クロゴキブリ

　クロゴキブリは、本州、四国、九州で多く見られる木造民家の代表的なゴキブリである。雌は、卵鞘を唾液などでくぼみやすき間に固着させ、卵から成虫まで発育するのに1年以上を要する。

⑤その他のゴキブリ

　その他のゴキブリとしては、前胸背板に黄白色の輪状の斑紋があり、農村地帯の建築物でみられるワモンゴキブリ、日本における分布が局地的なトビイロゴキブリ、屋外生活性が強いヤマトゴキブリが出題されている。

◆ゴキブリの防除

　ゴキブリの防除については、生息状況の確認、毒餌処理、粘着式トラップ、残留処理、空間処理、薬剤等に関する事項が出題されている。

①生息状況の確認

　ゴキブリの潜伏場所の周辺には糞などの汚れが多く見られ、これらゴキブリの痕跡をローチスポットという。ローチスポットを確認することは、ゴキブリの生息状況を知るのによい方法の一つで、薬剤処理や毒餌配置をする際の目安となる。

ローチとは、ゴキブリという意味だ。

②毒餌処理

　毒餌処理とは、餌として薬剤を摂取させて、遅効性成分により中毒死させる方法で、速効性は期待できない。毒餌（食毒剤）には、一般的にホウ酸やヒドラメチルノンを有効成分とした製剤がよく使用されている。毒餌を設置する際には、食物の管理や環境の整備が重要となり、周辺にある餌となる食物を除去する必要がある。したがって、毒餌処理は、飲食店での使用には適していない。

　また、毒餌を配置する際に、毒餌に殺虫剤を噴霧すると効果が低下するので注意が必要である。近年、毒餌への喫食抵抗性を示すチャバネゴキブリの存在が確認されている。

ほかにおいしそうなエサがあれば、**毒餌なんか食べないだろう。**

③粘着式トラップ

　粘着トラップとは、粘着性を有しているシートにより、ゴキブリを捕獲するものをいう。粘着式トラップは、毎日設置場所を変えるとゴキブリに警戒心を起こさせ、効果が低下するので注意が必要である。

④残留処理

　残留処理とは、ゴキブリが部屋や通路の隅を歩き回る習性があることを利用し、フェニトロチオン製剤等の残留効果の高い殺虫剤を、予め部屋や通路の隅部に散布することにより、散布した薬剤に触れたゴキブリから経皮的に薬剤を取り込ませることにより、殺虫する処理方法である。

⑤空間処理

　昼間物陰に潜んでいるゴキブリに、薬剤を直接噴霧して防除することは難しい。したがって、ゴキブリの駆除として、ULV処理や燻煙処理等の空間に薬剤を処理する方法が行われている。空間処理に当たっては、気密性を高める必要がある。

　ULV処理は、高濃度の薬剤を少量散布する空間処理方法で、油剤等を使用せずに薬剤を散布する。ULV処理による殺虫剤は、速効性のあるもので、残効性

は期待できない。空間処理を効果的に行うためには、部屋の気密性を保ち、引出し、戸棚等の戸は開放して隅々まで薬剤がよく行きわたるようにする必要がある。

⑥薬剤

ゴキブリの殺虫剤の薬剤には、有機リン剤、ピレスロイド剤等が用いられている。ピレスロイド剤は、隙間に潜むゴキブリを追い出すフラッシング効果を示し、有機リン剤は、ゴキブリ類に対してフラッシング効果を示さない。

薬剤を用いて防除を行う際には、生息場所や生息密度などの調査を行う必要がある。また、殺虫剤についても、抵抗性を示す**チャバネゴキブリ**が確認されている。

→ ダニ

ダニについては、ダニの身体構造、生態と防除に関する事項が本試験で出題されている。出題される主な事項は次のとおりである。

◆ダニの身体構造

ダニの体は顎体部と胴体部からなり、成虫は、原則として4対の脚を有している。

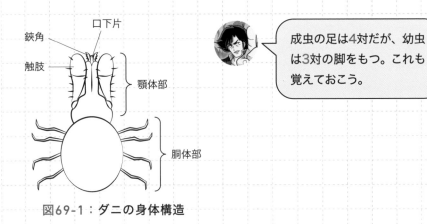

成虫の足は4対だが、幼虫は3対の脚をもつ。これも覚えておこう。

口下片
鋏角
触肢
顎体部
胴体部

図69-1：ダニの身体構造

◆ダニの生態と防除

　ダニは多種多様だが、建築物内において問題となり、よく出題されるダニの生態と防除は、次のとおりである。

①イエダニ

　イエダニは、**ネズミ類に寄生して増える吸血性のダニ**で、ヒトからも吸血し、激しいかゆみを引き起こす。吸血性のダニ類の被害を受けた場合には、周辺にヒト以外の宿主となる動物がいる可能性が高く、イエダニの被害があった場合、室内にネズミの巣がある可能性が高い。イエダニの防除では、本来の吸血源である宿主動物（ネズミ）の対策が重要である。

②コナダニ

　ケナガコナダニ等のコナダニ類は、保存食品などにも発生する屋内塵性ダニで、管理不十分な保存食品は、コナダニ類の発生源となる。ケナガコナダニは、長期間の乾燥状態に弱いので、ケナガコナダニの対策には、乾燥状態を保つことが重要である。

③タカラダニ

　タカラダニ類のカベアナタカラダニは、春から夏に発生し、全身が赤くて肉眼でも視認できる比較的大きなダニで、建築物の外壁などに多数が歩き回るため、人に不快感を与える。

④ツメダニ

　ツメダニ類は、ヒョウヒダニ等の他のダニ類やチャタテムシ等の小昆虫を捕食する。ツメダニ類による刺咬被害は、その数が屋内塵1g中100匹を超えると顕著になるといわれている。ツメダニ類は、殺虫剤感受性が低いので、殺虫剤による防除は難しい。ツメダニの被害は、ヒョウヒダニ類の防除対策で軽減されるので、ツメダニ類の対策には、殺虫剤処理よりも除塵の方が効果的である。

　ツメダニは、ヒトを刺咬するが、吸血はしない。

⑤トリサシダニ

　トリサシダニは、鳥に寄生する吸血ダニで、トリサシダニの防除には、鳥の巣の除去等の宿主動物の対策が重要である。

　ドバトの建築物への営巣は、ヒトに対するトリサシダニの寄生被害の原因となる。

⑥ハダニ

　ハダニ類は、植物に寄生して植物を枯らすダニで、鉢植えなどで屋内に持ち込まれることがある。

⑦ヒゼンダニ

　ヒゼンダニは、ヒトの皮膚内に内部寄生するダニで、通常型疥癬、角化型疥癬ともにヒゼンダニが原因種となって引き起こされる。ヒゼンダニによる被害は、高齢者福祉施設や病院等で起こりやすい傾向にある。

　疥癬とは、かゆみを伴う皮膚病である。

⑧ヒョウヒダニ

　ヒョウヒダニは、人のフケやアカ等の表皮の有機物を摂取して生息している。屋内塵には、コナヒョウヒダニ等のヒョウヒダニ類の栄養となる有機物が含まれており、屋内塵に生息するダニ類の中で、優占率の高い（一番多く生息している）ダニ類はヒョウヒダニ類である。ヒョウヒダニ類は、殺虫剤感受性が低く、殺虫剤による防除は効果的ではなく、屋内塵の除去による防除が効果的である。また、ヒョウヒダニ類の防除対策は、捕食者のツメダニ類の対策としても重要である。

⑨ホコリダニ

　ホコリダニ類は、外観が埃（ほこり）のようなダニで、植物寄生性のダニで

ある。

⑩マダニ

マダニ類は、吸血性のダニで、幼虫、若虫、成虫の全ての発育段階で、雌雄とも吸血する。飼い犬が宿主となって、庭先でマダニ類が発生することがあるので、家屋周辺にマダニ類を発生させないためには、ペットの衛生管理が重要である。ペットの犬にマダニ類が発見された場合には、獣医師に相談して動物体表のマダニ類を駆除してもらう必要がある。その他、野外活動時には忌避剤使用がマダニ類に有効である。

> マダニは吸血するが、寄生はしない。
> 吸血ダニは、室内塵性ダニよりも殺虫剤の感受性が高い。

⑪ワクモ

ワクモは、鳥に寄生する吸血ダニで、ワクモの防除には、鳥の巣の除去等の宿主動物の対策が重要である。

Step3 暗記 → 何度も読み返せ！

- □ アカイエカ：日本全国に分布している。成虫で越冬する
- □ チカイエカ：狭い空間での交尾、無吸血産卵が可能。冬期に休眠せず吸血する
- □ ヒトスジシマカ：吸血活動は、夜間よりも昼間のほうが盛んである
- □ チャバネゴキブリ：黒色の斑紋。ふ化〜成虫の期間は約60日（25℃）
- □ クロゴキブリ：本州以南の木造家屋によくみられる
- □ ヒョウヒダニ：ヒトのふけや垢を食べる。室内塵性ダニの優占種
- □ コナダニ：室内塵性ダニ。乾燥に弱い
- □ ツメダニ：室内塵性ダニ。他のダニを食べる
- □ ヒゼンダニ：ヒトの皮下に内部寄生する

この項では、建築物内で問題となる害虫類（ハエ、コバエ、ノミ、シラミ、アリ、ハチ）、ネズミ（クマネズミ、ドブネズミ、ハツカネズミ、ネズミの防除）、衛生害虫と疾病・健康被害などについて、学習していこう。

Step1 図解　目に焼き付けろ！

■発生場所
- ショウジョウバエ類：生ごみ、ちゅう芥など
- チョウバエ類：排水槽、浄化槽、下水処理場など
- ノミバエ類：腐敗した動物質など
- カツオブシムシ類：乾燥食品、動物性製品など
- シバンムシ類：乾燥食品、建築材料など
- チャタテムシ類：畳、乾燥食品など
- ノシメマダラメイガ：穀物など

■健康被害
- ネッタイシマカ、ヒトスジシマカ：デング熱、チクングニア熱、ジカ熱
- コガタアカイエカ：日本脳炎
- アカイエカ：フィラリア症
- ハマダラカ類：マラリア
- ユスリカ：アレルゲン
- 多種の蚊類：ウエストナイル熱
- マダニ類：ライム病、重症熱性血小板減少症候群（SFTS）、日本紅斑熱
- ヒゼンダニ：疥癬
- ヒョウヒダニ類：喘息などのアレルギー疾患
- イエバエ：腸管出血性大腸菌（O157）感染症
- コロモジラミ：発疹チフス
- ネズミノミ：ペスト
- ツツガムシ：つつが虫病
- セアカゴケグモ：刺咬による神経系障害
- ネズミ類：レプトスピラ症、サルモネラ症

ツツガムシの「つつが」とは病の意味だ。「つつがなく過ごす。」と言うだろう。

Step2 解説 爆裂に読み込め！

→ 建築物内の害虫

　建築物内で問題となる害虫類には、ハエ、コバエ、ノミ、シラミ、アリ、ハチなどが挙げられる。これらの害虫類について、よく出題される事項は、次のとおりである。

◆ハエ類
　ハエ類に関する事項は、次のとおりである。

①イエバエの主要な発生源は、畜舎やごみ処理場である。
②キンバエ類は、動物の死体や糞が発生源で、ハエ症（ハエによる疾患の総称）の原因となる。
③クロバエ類は、気温の低い時期に発生する大型のハエである。
④ニクバエ類は、大型のハエ類で、卵ではなく幼虫を産む卵胎生である。

◆コバエ類
　コバエ類に関する事項は、次のとおりである。

①キイロショウジョウバエ等のショウジョウバエ類は、腐敗した植物質や果物から発生し、ちゅう房の生ごみ等が発生源となる。
②ホシチョウバエ等のチョウバエ類の発生源は、浄化槽などの有機物の多い水域で、下水処理場の散水ろ床や、浄化槽の表面に浮いている**スカム**（浮きかす）から大量発生する。
③ノミバエ類の主要な発生源は、腐敗した動物質である。

> チョウバエは名前にハエという言葉がついているが、蚊の仲間だ。

第7章
ねずみ、昆虫の駆除

◆ノミ・シラミ

ノミ・シラミに関する事項は、次のとおりである。

①ネコノミ
- イヌやヒトにも寄生し吸血する。
- 発生源対策は、宿主のねぐらや常在場所に対して行うと効果的である。
- ノミ類は、成虫のみ吸血し、幼虫は吸血しない。幼虫は食べこぼし等の有機物を食べて発育する。

ノミは飢餓に強い。
ネコノミが吸血するのは、猫のみではない。ノミが吸血するのは、成虫のみである。

②トコジラミ
- 夜間吸血性で、昼間は柱、壁の割れ目に潜んでいる。
- 幼虫、雌雄成虫ともに吸血する。
- 近年、トコジラミによる吸血被害がホテル、旅館等の宿泊施設から報告されている。

寝床に発生するからトコジラミといい、カメムシの仲間の昆虫だ。

◆アリ・ハチ

アリ・ハチに関する事項は、次のとおりである。

①アルゼンチンアリは外来種で、砂糖、花の蜜、果物等を好み、日本各地に広がりつつある。
②イエヒメアリは、カーペットの下、壁の割れ目などの室内に巣をつくり、昼夜を問わず活動する。
③シバンムシアリガタバチの幼虫は、甲虫の一種であるシバンムシの外部寄生

虫で、成虫は人を刺すことがある。防除は、食物害虫であるシバンムシ発生
防止対策を講じる必要がある。

> シバンムシアリガタバチとは、シバンムシに寄生するアリのよう
> な形をしたハチという意味だ。害虫であり、ありがたくないハチ
> だ。

◆その他の害虫

その他の害虫に関する事項は、次のとおりである。

①イガの幼虫は羊毛などの動物性繊維を食し、イガは繊維や衣類の害虫である。
②カツオブシムシ類は、乾燥食品や動物性製品を加害し、ヒメマルカツオブシ
　ムシは、羊毛製品などから発生する。
③カメムシ類の中には、越冬のために建築物内に侵入する種類がある。
④キクイムシは木材を食害する。ヒラタキクイムシは、家具などを加害するが、
　針葉樹材を使用すると被害は発生しない。
⑤コナチャタテ類は、乾燥食品を食害する。
⑥チャタテムシ類は、高温・多湿時に大発生することがある。
⑦ノシメマダラメイガ等の一部のメイガ類の幼虫は、米等の穀物等から発生す
　る穀物害虫である。一部のメイガ類の防除に、性フェロモンを用いたトラッ
　プが使用されている。
⑧ユスリカ類は、屋内のプールで発生することがある。
⑨建築物衛生法に規定されているネズミ・昆虫等には、建築物に食害を及ぼす
　シロアリは含まれていない。

> チャタテムシは、茶せんでお茶をたてるときのような音を出すこ
> とから、その名がついた。これには、千利休もびっくりだな。

第**7**章

ねずみ、昆虫の駆除

● ネズミ

ネズミに関しては、ネズミ全般に関する生態、建築物内で確認されることのあるクマネズミ、ドブネズミ、ハツカネズミに関する生態について出題される。ネズミに関して、よく出題される事項は次のとおりである。

◆ネズミ全般に関する生態

ネズミ全般に関する生態は、次のとおりである。

①ネズミ類やネズミの糞からは、食中毒の原因となる種々の病原体が検出されることがある。
②ネズミの移動経路は一定しているので、体の汚れが通路となる壁やパイプに付着する。これをラブサイン（こすり跡）という。
③ネズミ類は、高圧変電器などをおそれずに近づき、高圧変電器に触れて、停電の原因となることがある。

> ラブサインとは、愛のしるしではない。ネズミの体がすって黒ずんだ跡だ。また、ネズミの排泄物や足跡などの痕跡をラットサインという。

◆クマネズミの生態

クマネズミの生態に関する事項は、次のとおりである。

①クマネズミの成獣は、ドブネズミの成獣に比べて小形である。
②クマネズミの尾は、体長より長い。
③クマネズミは雑食性であるが、植物質の餌を好む。
④クマネズミは、ドブネズミやハツカネズミに比べて警戒心が強く、毒餌の喫食性が低いので、毒餌やトラップによる防除が困難である。
⑤クマネズミは、垂直な壁や電線を伝わって屋内に侵入し、都市の大型建築物では、運動能力に優れたクマネズミが優占種となる傾向がある。

> クマネズミは、元々、熱帯雨林のジャングルで樹上生活をしていたので、木登りが得意だ。

◆ドブネズミの生態

ドブネズミの生態に関する事項は、次のとおりである。

①ドブネズミの成獣は、クマネズミの成獣に比べて大形である。
②ドブネズミの尾は、体長より短い。
③ドブネズミは雑食性であるが、動物質の餌を好む。
④ドブネズミは、クマネズミに比べて獰猛である。
⑤ドブネズミは、床下や土中や屋外の植込みに巣を作ることが多く、下水道内部にも生息しており、水洗便所の中から侵入することがある。

◆ハツカネズミの生態

ハツカネズミの生態に関する事項は、次のとおりである。

①ハツカネズミの成獣は、クマネズミの成獣よりも小形である。
②ハツカネズミは農村や港湾地域に分布しており、建築物では少ない。
③ハツカネズミは、畑地周辺に生息しているが、家屋に侵入することもある。
④ハツカネズミは、好奇心が旺盛で、トラップにかかりやすい。

> ハツカネズミは、妊娠期間が約20日であることから名づけられたという説がある。いずれにしても、ネズミの妊娠期間はヒトよりもはるかに短く、しかも多産なので、環境によってはねずみ算的に増えるわけだ。

→ ネズミの防除

ネズミの防除に関する事項は、ネズミの防除の基本、生息状況の調査、防鼠構造、忌避剤、トラップによる捕獲、毒餌処理等の内容が出題され、概要は次

第 7 章　ねずみ、昆虫の駆除

のとおりである。

◆ネズミの防除の基本

　ネズミの防除の基本は、餌を絶つこと、巣材料を管理等して巣を作らせないこと、及び通路を遮断することである。餌の管理や通路の遮断などの防除対策は、生息数を減少させる効果が期待できる。

> 入れさせない、住まわせない、エサを与えない。これは害虫防除の基本だ。

◆生息状況の調査

　ネズミの生息状況調査を行う際には、目視により生息や活動の証跡を確認する方法等により、証跡を確認することが重要である。

◆防鼠構造

　防鼠構造検討委員会作成の防鼠構造・工事基準案では、ネズミの侵入を防ぐため、ドア周辺の隙間は1cm以内にすることとされている。同様に、通風口や換気口の金属格子の目の幅も、ネズミの侵入を防ぐため1cm以下にすることとされている。

◆忌避剤

　トウガラシの辛味成分である**カプサイシン**は、ケーブル等に含有させることで、ネズミによるケーブル等のかじり防止の目的のため、忌避剤として使用されている。なお、忌避剤である**カプサイシン**や**シクロヘキシミド**には、処理空間からネズミを追い出す効果はない。

> カプサイシンは、かじらなくなるだけで、ネズミが出ていくわけではない。

◆トラップによる捕獲

トラップによるネズミの捕獲効果を上げるためには、警戒心を減少させる目的で、餌をつけたうえで数日間はトラップが作動しないようにするなどの工夫をする必要がある。

◆毒餌処理

毒餌処理では、喫食性のよい餌を確認するため、毒餌配置前の2〜3日間は何種類かの餌材で予備調査を行う等の工夫が必要である。また、クマネズミを対象とした毒餌は、植物性の餌を基材とすると効果的である。

全ての殺鼠剤は、製剤を経口的に体内に取り込ませることを目的として製造され、抗凝血性殺鼠剤（血液凝固阻害作用を利用した殺鼠剤）は、連続的な取り込みにより効果が発揮される。したがって、殺鼠剤を用いた防除では、原則として毒餌を連続して喫食させる必要がある。なお、殺鼠剤を用いた防除は次善の策であり、ネズミの防除の基本は、餌を絶つこと、巣を作らせないこと、及び通路を遮断することである。

抗凝血性殺鼠剤は、血が固まる作用を阻害することにより、ネズミを出血死させる殺鼠剤だ。

➡ 衛生害虫と疾病・健康被害

衛生害虫と媒介される疾病、吸血・かゆみ等の健康被害に関する事項が出題される。概要は次のとおりである。

◆蚊と疾病・健康被害

蚊と疾病・健康被害に関する事項は、次のとおりである。

①コガタアカイエカは、日本脳炎を媒介し、日本脳炎の患者は、西日本を中心に発生している。

②ヒトスジシマカは住環境で発生が見られ、デング熱、チクングニア熱、ジカ熱の媒介蚊である。

第**7**章

ねずみ、昆虫の駆除

③デング熱は、ヒトスジシマカ、ネッタイシマカにより媒介される。

④多種類の蚊が**ウエストナイル熱**を媒介する。

⑤マラリアは、ハマダラカ類により媒介される。

地球上で、最も数多くの人類を死に至らしめている生物は、蚊といわれている。

◆ハエと疾病・健康被害

ハエと疾病・健康被害に関する事項は、次のとおりである。

- イエバエは、腸管出血性大腸菌O157などの病原体の運搬者として注目されている。

◆ダニと疾病・健康被害

ダニと疾病・健康被害に関する事項は、次のとおりである。

①マダニ類は、重症熱性血小板減少症候群（SFTS）や日本紅斑熱の媒介者である。

②ヒゼンダニは、疥癬の原因となる。

③ヒョウヒダニ類は、小児喘息の原因となる。

マダニは、数多くの病原体を媒介する厄介者だ。

◆シラミと疾病・健康被害

シラミと疾病・健康被害に関する事項は、次のとおりである。

①コロモジラミは、発疹チフスを媒介する。

②アタマジラミは、頭部に寄生するシラミで、吸血後の掻痒感が強い。

③宿泊施設において、トコジラミによる吸血被害が問題となっている。

④トコジラミは、感染症の媒介に関わらないと考えられている。

> 寝床にはトコジラミ、頭にはアタマジラミ、衣服にはコロモジラミが発生する。

◆ノミと疾病・健康被害

ノミと疾病・健康被害に関する事項は、次のとおりである。

①ネズミノミは、ペストを媒介する。
②ネコノミは、宿主の範囲が広く、ネコ以外の動物からも吸血する。
③我が国におけるノミの吸血被害は、ネコノミによるものが多い。

> ペストといえばネズミだが、実際には、ネズミに寄生するネズミノミがペスト菌を媒介する。ネズミノミの駆除には、宿主のネズミ対策が効果的だ。

◆その他の害虫と健康被害

その他の害虫と健康被害に関する事項は、次のとおりである。

①セアカゴケグモは、人を咬む毒グモで、刺咬により激しい痛みと神経系の障害を起こす。
②シバンムシアリガタバチやスズメバチに刺されると、ハチ毒によるアレルギー反応が起き、人によってはアナフィラキシーショック（重篤なアレルギー症状）を起こす。

◆ネズミと疾病・健康被害

ネズミと疾病・健康被害に関する事項は、次のとおりである。

● ネズミ類は、ペストやレプトスピラ症を媒介する。レプトスピラ症は、人獣共通感染症である。

第**7**章

ねずみ、昆虫の駆除

☐ クマネズミの成獣は、ドブネズミの成獣に比べて小形である。

☐ クマネズミの尾は、体長より長い。

☐ クマネズミは雑食性であるが、植物質の餌を好む。

☐ クマネズミは、ドブネズミやハツカネズミに比べて警戒心が強く、毒餌の喫食性が低いので、毒餌やトラップによる防除が困難である。

☐ ネズミの防除の基本は、餌を絶つこと、巣材料を管理等して巣を作らせないこと、及び通路を遮断することである。

☐ ネズミの生息状況調査を行う際には、目視により生息や活動の証跡を確認する方法等により、証跡を確認することが重要である。

☐ 防鼠構造検討委員会作成の防鼠構造・工事基準案では、ネズミの侵入を防ぐため、ドア周辺の隙間は1cm以内にすることとされている。

☐ トウガラシの辛味成分であるカプサイシンは、ケーブル等に含有させることで、ネズミによるケーブル等のかじり防止の目的のため、忌避剤として使用されている。

☐ 忌避剤であるカプサイシンやシクロヘキシミドには、処理空間からネズミを追い出す効果はない。

☐ クマネズミを対象とした毒餌は、植物性の餌を基材とすると効果的である。

☐ 全ての殺鼠剤は、製剤を経口的に体内に取り込ませることを目的として製造され、抗凝血性殺鼠剤（血液凝固阻害作用を利用した殺鼠剤）は、連続的な取り込みにより効果が発揮される。

☐ ネズミ類は、ペストやレプトスピラ症を媒介する。レプトスピラ症は、人獣共通感染症である。

No.

71 /72

殺虫剤、殺鼠剤

この項では、殺虫剤の有効成分、殺鼠剤の有効成分、薬剤（油剤、粉剤、乳剤、懸濁剤、水和剤）殺虫剤の毒性（LD50、LC50、KT50、IC50）、選択毒性、殺虫剤・殺鼠剤の安全性（ADI、NOAEL）などについて、学習していこう。

Step1 図解　目に焼き付けろ！

殺虫剤、殺鼠剤の毒性
　殺虫剤、殺鼠剤の毒性について、よく出題される主な事項は次のとおりである。

①LD50：50%致死薬量。50%の虫が致死する薬剤の量［μg］
②LC50：50%致死濃度。50%の虫が致死する薬剤の濃度［ppm］
③KT50：50%ノックダウンタイム（50%仰転時間）。50%の虫が仰転する所要時間。KT50は致死効果を表すものではなく、速効性の評価指標である。
④IC50：50%阻害濃度。50%の虫が羽化阻害される薬剤の濃度。昆虫成長制御剤（IGR）の評価指標である
⑤LD50，LC50、KT50、IC50の数値は、いずれも数値が小さい方が、硬化が強く、毒性が強い。
⑥選択毒性とは、ヒトと害虫の間での毒性の違い。選択毒性が高いとは、害虫には効果があるがヒトには効果がない、すなわち安全性が高い。

選択毒性が高いと言われると、毒性が高い＝危険みたいに感じるが、選択性が高いと読めば、安全に感じる。自分でうまく工夫して、暗記に頼らず、できるだけ理解するようにしよう。

爆裂に読み込め！

→ 薬剤

　殺虫剤、殺鼠剤に用いられている薬剤について、よく出題される主な事項は次のとおりである。

①油剤：煙霧機による煙霧処理に使用される。
②粉剤：そのまま散布して使用される。
③乳剤、懸濁剤、水和剤は、水で希釈して使用される。
④樹脂蒸散剤：揮発性の高い有効成分を樹脂に含ませたもの。
⑤ULV（高濃度少量散布）：水性乳剤が使用される。密閉空間のみ有効、開放空間では効果がない。
⑥薬剤抵抗性の原理：同じ薬剤に繰り返し接触することで、数世代で獲得する。薬剤抵抗性の獲得の原理は、ネズミも昆虫も同じである。

→ 殺虫剤・殺鼠剤の安全性

　殺虫剤、殺鼠剤の安全性について、よく出題される主な事項は次のとおりである。

①殺虫剤や殺鼠剤のほとんどは、薬機法の普通薬である。
②ADI：1日摂取許容量 [mg/kg/day]。ヒトが一生毎日取り込んでも安全な1日摂取許容量を、体重1kgあたりのmg量で表したものである。
③NOAEL：最大無毒性量。実験動物に長期間連続投与して、毒性が認められない薬量である。
④殺鼠剤は、殺虫剤に比べて選択毒性が低く、ヒトに対しても毒性を示す。ただし、体重当たりの毒性はヒトのほうが強いが、有効成分が低く抑えられていること、ヒトとネズミの体重差が大きいことから、人体への誤食の影響は少ない。
⑤殺虫製剤は毒薬に該当する毒性値を示さない。

⑥特定建築物内では農薬は使用できない。

ネズミは我々と同じ哺乳動物だ。なので、ネズミに効く殺鼠剤はヒトにも効きやすい。クマネズミの成獣の体重は100〜200g、ヒトの成人の体重は50〜100kgで、ヒトのほうが250〜1,000倍くらい重い。なので、ネズミの致死量の含まれる殺鼠剤を人が食しても致死量に到らない。ただし、当然、食べないほうがよい。

Step3 暗記 ▶ 何度も読み返せ！

殺虫剤（さっちゅうざい）の有効成分（ゆうこうせいぶん）

☐ アミドフルメト：屋内塵性（おくないちりせい）ダニに有効（ゆうこう）な成分（せいぶん）

☐ エトフェンプロックス：ピレスロイド様化合物（さまかこうぶつ）

☐ 昆虫成長制御剤（こんちゅうせいちょうせいぎょざい）（IGR）：速効的（そっこうてき）な致死効果（ちしこうか）はない。成虫に対する致死効果（しこうか）はない。昆虫（こんちゅう）、節足動物以外（せっそくどうぶついがい）に影響（えいきょう）が少（すく）ない

☐ ジクロボス：速効性（そっこうせい）が高（たか）く、残効性（ざんこうせい）が低（ひく）い

☐ ジフルベンズロン：幼虫（ようちゅう）の脱皮（だっぴ）を阻害（そがい）する表皮形成阻害剤（ひょうひけいせいそがいざい）

☐ ダイアジノン：有機（ゆうき）リン剤（ざい）。多くの害虫（おお がいちゅう）に有効（ゆうこう）。マイクロカプセル剤（ざい）が製造（せいぞう）されている

☐ ディート：吸血昆虫対象（きゅうけつこんちゅうたいしょう）の忌避剤成分（きひざいせいぶん）

☐ ヒドラメチルノン：ゴキブリ用食毒剤（ようしょくどくざい）。遅効性（ちこうせい）

☐ ピリプロキシフェン：幼若（ようじゃく）ホルモン様化合物（さまかこうぶつ）。羽化（うか）を阻止（そし）する昆虫（こんちゅう）成長制御剤（せいちょうせいぎょざい）

- ☐ ピレスロイド剤：速効性が高い。フラッシング（追い出し）効果がある。魚毒性が高い。除虫菊に含まれる
- ☐ フェニトロチオン：対称型有機リン剤。マイクロカプセル製剤（MC剤）がある
- ☐ フェノトリン：残効性に優れる。シラミ用の人用シャンプーの有効成分
- ☐ フルスタリン：ピレスロイド剤蚊取り線香の薬剤。ノックダウン効果が高い
- ☐ ホウ酸：ゴキブリ用食毒剤。遅効性
- ☐ メトフルトリン：常温揮散でも効力を発揮
- ☐ 有機リン剤：ノックダウンした虫が蘇生せず死亡する傾向が高い

殺鼠剤の有効成分
- ☐ 第1世代の抗凝血性殺鼠剤
  遅効性。少量を4〜5日間摂取すると失血死。
  クマリン系殺鼠剤（ワルファリン、フマリン、クマテトラリルなど）
- ☐ 殺鼠剤は、経口摂取で致死。経皮摂取で効果が発揮する殺鼠剤はない。
- ☐ リン化亜鉛：1回の摂取で致死
- ☐ ドブネズミに抗凝血性殺鼠剤に抵抗性を持つものが報告されている。

No. 72 /72

害虫の防除

この項では、防虫・防鼠構造、防除機器（ULV機、電撃式殺虫機など）、生息調査法（ファンライトトラップ法など）、発生源対策と発生時対策、ベクターコントロール、IPM、ペストコントロールなどについて、学習していこう。

Step1 図解 目に焼き付けろ！

防除機器と粒子径
- 煙霧機の粒子径：0.1～10μm
- ULV機：高濃度の薬剤を少量散布。粒子径は10μm程度。
- ミスト機の粒子径：20～100μm
- 噴霧機の粒子径：100～400μm

防除機器から放出される薬剤の粒径は、小さい順に、煙霧、ULV、ミスト、噴霧だ。「英雄がミスして糞」と覚えよう。あと、順番だけではなく数字も覚えよう。

391

爆裂に読み込め！

→ 防虫・防鼠構造、防除機器、生息調査法

防虫・防鼠構造、防除機器、生息調査法について、よく出題される事項は次のとおりである。

◆防虫・防鼠構造

防虫・防鼠構造に関して、よく出題される事項は、次のとおりである。

①昆虫の屋内侵入防止のため設置する網戸は、20メッシュより細かくする。
　（メッシュ：1インチ（2.54cm）当たりの網目糸の本数）
②白色蛍光灯による照明は、高圧ナトリウム灯による照明に比べて、昆虫類を誘引しやすい。
③ねずみの侵入を防ぐために、通風口や換気口の金属格子の目の幅は1cm以下にする。
④ねずみの侵入防止には、自動開閉式ドアの設置が有効である。

高圧ナトリウム灯は、黄色の単色光で昆虫類を誘引しにくい。光源の色は昆虫の誘引性に関係するのだ。

◆防除機器

防除機器について、よく出題される事項は、次のとおりです。

①建築物ねずみ昆虫等防除業の登録基準の機械器具
　建築物における衛生的環境の確保に関する法律に規定された建築物ねずみ昆虫等防除業の登録基準に示される機械器具は、次のとおりである。

• 照明器具、調査用トラップ及び実体顕微鏡
• 毒じ皿、毒じ箱及び捕そ器
• 噴霧機及び散粉機

- 真空掃除機
- 防毒マスク及び消火器

②ULV機

　ULV機は、高濃度の薬剤を10μm前後の粒子にして、均一に噴射する機器である。

ULV機は速効性の高い機器だ。

図72-1：ULV機の例

③煙霧機

　煙霧機は、殺虫剤の油剤を気化させて、室内空間に飛んでいる害虫の駆除を目的として使用する。煙霧機は、殺虫剤を0.1～10μmの粒子にして噴射するもので、噴霧機よりも噴射できる薬剤の粒径が小さいという特徴を有している。

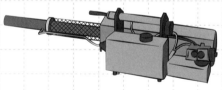

たばこの煙と同様に、煙霧器の煙も粒子が小さい。

図72-2：煙霧機の例

④ミスト機

　ミスト機とは、汚水槽、雑排水槽等の蚊やチョウバエの成虫の防除に多く使用されるもので、20～100μm程度の粒子を噴射する。

よく頑張った。試験まで何度もやり直すことが大事だ！

⑤噴霧機

　噴霧機は、薬剤を100〜400μm前後の粒子にして、均一に噴射する機器である。噴霧機のうち、容器への蓄圧が機械力により自動で行われるものを、全自動噴霧機という。

　容器への蓄圧が人力により手動で行われるものは、手動式噴霧機という。

⑥散粉機

　散粉機とは、粉剤を散布する機器をいい、隙間や割れ目などの細かな部分に使用するときには、手動式の散粉機が用いられる。

⑦電撃式殺虫機

　電撃式殺虫機は、紫外線を発する短波長誘引ランプに誘引されて集まった昆虫を高圧電圧に触れさせて感電死させる器具である。電撃式殺虫機は、窓際に設置すると外に灯がもれて、かえって昆虫を集めてしまうおそれがあるので、注意が必要である。

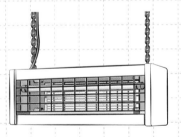

　電撃式殺虫機は、飛んで火にいる夏の虫作戦だな。電撃とは、電気による衝撃という意味だ。

図72-3：電撃式殺虫機の例

◆**害虫の生息調査方法**

　害虫の生息調査は、目視調査や聞き取り調査とともに、トラップ等による捕獲調査を行う。生息調査対象と主な生息調査方法は、次のとおりである。

表72-1：害虫の主な生息調査方法

生息調査対象	主な生息調査方法
蚊の成虫	ファン式ライトトラップ法
蚊の幼虫	柄杓すくい取り法
ゴキブリ	粘着トラップ法
ダニ	粘着クリーナ法
ハエの成虫	粘着リボン法
ねずみ	証跡調査法

ファン式ライトトラップとは、ライト（明かり）でおびき寄せ、ファン（送風機）で吸引するトラップ（わな）だ。

図72-4：ファン式ライト
トラップの例

🔁 防除業務の管理

防除業務の管理について、よく出題される事項は次のとおりである。

①建築物衛生法に基づく特定建築物内で、殺虫剤による害虫防除を行う場合、医薬品又は医薬部外品として承認された薬剤を使用しなければならない。農薬は、建築物衛生法に基づく特定建築物内では使用できない。

②殺虫剤の散布に際しては、遅くとも散布3日前までにその内容を通知し、当該区域の入口に散布3日後まで掲示する。

③薬剤散布後、一定期間入室を禁じて、換気を行うなど利用者の安全を確保する。

④殺虫剤散布時に中毒を起こした場合には、体温が低下しないように保温する。

⑤殺虫剤の油剤や乳剤の多くは、消防法で定める危険物の第4類第2石油類に相当するので、乳剤や油剤を一定量以上保管する場合は、消防法に基づく少量危険物倉庫の届出が必要となる。

⑥煙霧処理やULV処理によって、煙感知器が誤作動することがあるので、煙霧機等を使用する場合には、煙感知器を切ってから散布処理を開始する。

⑦毒餌は、食品取扱い場所、子供やペットがいる場所、屋外に配置する場合には、毒餌箱に入れる。

⑧毒餌の使用に当たっては、誤食防止を図るとともに、防除作業終了後、直ちに回収する。

⑨調査には通気性のよい手袋を用い、乳剤等の薬剤の取扱いには耐有機溶媒性のある手袋を用いる。

⑩殺虫剤の噴霧処理時には、活性炭入りの防毒マスクを着用する。

⑪ピレスロイド剤は、有機リン剤に比べて魚毒性が高いものが多いので、エアポンプが使用されている観賞魚用水槽がある場所等での、薬剤の空間処理を控える。

⑫カーペットや大理石に薬剤が付着すると、変色する場合があるので注意をする。

⑬配電盤には、殺虫剤は使用しない。

殺虫剤散布のお知らせは、散布前だけではなく、散布後も必要だ。

➡ 特定建築物内の防除

特定建築物内の防除に関する事項は、次のとおりである。

◆ねずみ・害虫対策の基本

建築物内に発生するねずみ・害虫の防除対策の基本は、室内への侵入防止対

策と発生環境の清掃や整理などによる発生源対策（発生予防対策）である。また、現に発生しているねずみ・害虫に対しては、薬剤や器具などによる発生時対策を行う。

　防除は、発生時対策より発生源対策を重視し、まずは、発生源対策を行う必要がある。しかしながら、建築物内に発生するねずみ・害虫に対する防除は、発生源対策が軽視されているのが実情である。

　発生予防のためには、建築物内の利用者・管理者が日常的に行うべき環境的対策が重要である。ベクターコントロール（感染症の媒介を阻止するために行われる防除）の観点からも、環境対策による発生予防対策が重要である。

　環境対策は、維持管理権原者の下、区域の管理者が行う。

◆IPM（総合的有害生物管理）

　IPM（総合的有害生物管理）とは、ねずみ・害虫管理の考え方（理念）であり、建築物における衛生的環境の維持管理について（平成20年1月25日健発第0125001号）に示された建築物環境衛生維持管理要領において、次のように示されている。

> ねずみ等の防除を行うに当たっては、建築物において考えられる有効・適切な技術を組み合わせて利用しながら、人の健康に対するリスクと環境への負荷を最小限にとどめるような方法で、有害生物を制御し、その水準を維持する有害生物の管理対策である総合的有害生物管理の考え方を取り入れた防除体系に基づき実施すること。

①有効・適切な技術を組み合わせて利用

　IPM（総合的有害生物管理）手法による防除でも、状況に応じて、薬剤を使用した化学的防除を実施する。

②有害生物の制御・水準の維持

　昆虫などに対する不快感の程度は、第三者による客観的な判断が困難である。また、不快だからといって、すべての昆虫を防除することは非現実的であるので、許容限度としての数値目標を設けて、それを防除目標として有害生物を制御する必要がある。

　IPM（総合的有害生物管理）手法では、防除率等の数値から導き出される次

第**7**章　ねずみ、昆虫の駆除

の標準的な目標水準により、有害生物の制御を行うことが示されている。

- 許容水準：環境衛生上良好な状態であり、定期的な調査を継続すればよい状況。
- 警戒水準：放置すると今後、問題になる可能性がある状況。
- 措置水準：すぐに防除作業が必要な状況。

◆建築物衛生法の特定建築物におけるねずみ等の防除

建築物衛生法の特定建築物のねずみ等の防除において、食料取扱い区域などのねずみ等が発生しやすい場所を中心に、2か月以内ごとに発生状況調査を実施する必要がある。調査の結果、措置が必要な場合、PCO（ねずみ等の防除業者）による薬剤処理等を実施し、措置を行った後には、効果判定を実施する。なお、PCOとはPest Control Operatorの略で、ペストコントロールのペスト（pest）とは、ネズミや害虫などの有害な生物を指す。

効果判定では、目視調査、聞き取り調査、トラップ調査などの生息調査を行う。

Step3 暗記　何度も読み返せ！

- □ 昆虫の屋内侵入防止のため設置する網戸は、20メッシュより細かくする。
- □ ねずみの侵入を防ぐために、通風口や換気口の金属格子の目の幅は1cm以下にする。
- □ 殺虫剤の散布に際しては、遅くとも散布3日前までにその内容を通知し、当該区域の入口に散布3日後まで掲示する。
- □ ねずみ等が発生しやすい場所を中心に、2か月以内ごとに発生状況調査を実施する必要がある。

正しいものには○、間違っているものには×を付けて本章で学んだことを復習だ！ 分からない問題は、テキストに戻って確認するんだ！ 分からないままで終わらせるなよ！！

問題

🔥 **01** 建築物環境衛生維持管理要領では、資材保管庫の点検を1年以内ごとに1回行うことと規定されている。

🔥 **02** 空気調和設備等の維持管理及び清掃等に係る技術上の基準では、カーペット類の清掃について、日常における除じん作業のほか、汚れの状況を点検し、必要に応じ、シャンプークリーニング、しみ抜き等を行うこと。洗剤を使用した時は、洗剤分がカーペット類に残留するようにすることと規定されている。

🔥 **03** 疎水性の建材には、油溶性物質が付着しにくく、親水性の建材には、水溶性物質が付着しにくい。

🔥 **04** 自動床洗浄機は、洗剤供給式床みがき機と吸水式真空掃除機を組み合わせたものである。

🔥 **05** ノロウイルス感染者の嘔吐物は、アルコール消毒剤で消毒して清掃する。

🔥 **06** 電子マニフェスト制度においても、排出事業者でのマニフェストの保存が必要である。

🔥 **07** ヒトスジシマカは、昼間よりも夜間のほうが盛んに吸血し、空き缶、雨水ますなどの狭い水域で発生する。

🔥 **08** ゴキブリ指数とは、1トラップ、1日あたりのゴキブリの捕獲数をいう。

🔥 **09** ヒトスジシマカは、デング熱、チクングニア熱、ジカ熱を、コガタアカイエカは、日本脳炎を媒介する。

🔥 **10** ノミ類は、幼虫のみ吸血し、成虫は吸血しない。

🔥 **11** ドブネズミは雑食性であるが、植物質の餌を好む。クマネズミは雑食性であるが、動物質の餌を好む。

🔥 **12** ADIとは、1日摂取許容量 [mg／kg／day]。ヒトが一生毎日取り込んでも安全な1日摂取許容量を、体重1kgあたりのmg量で表したものである。

🔥 **13** 殺虫剤散布時に中毒を起こした場合には、体温が上昇しないように冷やす。

🔥 **01** ✕ →テーマNo.60

建築物環境衛生維持管理要領では、資材保管庫の点検を6月以内ごとに1回行うことと規定されている。

🔥 **02** ✕ →テーマNo.60

空気調和設備等の維持管理及び清掃等に係る技術上の基準では、カーペット類の清掃について、日常における除じん作業のほか、汚れの状況を点検し、必要に応じ、シャンプークリーニング、しみ抜き等を行うこと。洗剤を使用した時は、洗剤分がカーペット類に残留しないようにすることと規定されている。

🔥 **03** ✕ →テーマNo.61

疎水性の建材には、油溶性物質が付着しやすく、親水性の建材には、水溶性物質が付着しやすい。

🔥 **04** ◯ →テーマNo.63

🔥 **05** ✕ →テーマNo.65

ノロウイルス感染者の嘔吐物は、塩素系消毒剤で消毒して清掃する。

🔥 **06** ✕ →テーマNo.67

電子マニフェスト制度においては、排出事業者でのマニフェストの保存は不要である。

🔥 **07** ✕ →テーマNo.69

ヒトスジシマカは、夜間よりも昼間のほうが盛んに吸血し、空き缶、雨水ますなどの狭い水域で発生する。

🔥 **08** ◯ →テーマNo.69

🔥 **09** ◯ →テーマNo.69

🔥 **10** ✕ →テーマNo.70

ノミ類は、成虫のみ吸血し、幼虫は吸血しない。

🔥 **11** ✕ →テーマNo.70

クマネズミは雑食性であるが、植物質の餌を好む。ドブネズミは雑食性であるが、動物質の餌を好む。

🔥 **12** ◯ →テーマNo.71

🔥 **13** ✕ →テーマNo.72

殺虫剤散布時に中毒を起こした場合には、体温が低下しないように保温する。

Index | 索引

著者

石原 鉄郎（いしはら てつろう）

ドライブシヤフト合同会社　代表社員　資格指導講師　保有資格は、建築物環境衛生管理技術者、ボイラー技士、冷凍機械責任者、消防設備士、給水装置工事主任技術者、管工事施工管理技士、建築設備士、労働安全コンサルタントほか。著書に『建築土木教科書 ビル管理士 出るとこだけ！』、『工学教科書 炎の２級ボイラー技士 テキスト&問題集』、『建築土木教科書 給水装置工事主任技術者 出るとこだけ！』、『建築土木教科書 ２級管工事施工管理技士 学科・実地 テキスト&問題集』、『建築土木教科書 １級・２級 電気通信工事施工管理技士 学科・実地 要点整理&過去問解説』（いずれも翔泳社）などがある。

装丁・本文デザイン	植竹　裕（UeDESIGN）
DTP	株式会社 明昌堂
漫画・キャラクターイラスト	内村靖隆

建築土木教科書

炎のビル管理士 テキスト&問題集

2022 年 2 月 16 日　初版第 1 刷刊行

著　　者	石原 鉄郎	
発 行 人	佐々木 幹夫	
発 行 所	株式会社 翔泳社（https://www.shoeisha.co.jp）	
印刷・製本	株式会社広済堂ネクスト	

本書へのお問い合わせについては、ii ページに記載の内容をお読みください。

造本には細心の注意を払っておりますが、万一、乱丁（ページの順序違い）や落丁（ページの抜け）がございましたら、お取り替えいたします。03-5362-3705 までご連絡ください。

ISBN978-4-7981-7254-5　　　　　　　　　　Printed in Japan